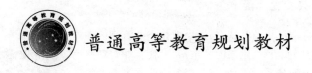

普通高等教育规划教材

汽车服务企业管理

（第 2 版）

王生昌　主编

人民交通出版社股份有限公司
China Communications Press Co.,Ltd.

内 容 提 要

本书是普通高等教育规划教材。本书针对汽车服务企业的特点,运用现代企业管理的理论和方法,对汽车服务企业各项管理活动进行系统论述。全书共分九章。主要内容包括:现代企业管理概论、汽车服务企业营销管理、汽车服务企业生产与技术管理、汽车服务质量管理、汽车服务企业人力资源管理、汽车服务企业物资与设备管理、汽车服务企业财务管理、汽车服务企业信息管理、汽车服务企业文化与形象等。

本书是汽车服务工程专业的本科教材,也可供从事汽车服务行业管理和企业管理的管理人员和工程技术人员参考。

图书在版编目(CIP)数据

汽车服务企业管理/王生昌主编. —2版. —北京:人民交通出版社股份有限公司,2018.4

ISBN 978-7-114-14534-6

Ⅰ. ①汽… Ⅱ. ①王… Ⅲ. ①汽车企业—工业企业管理 Ⅳ. ①F407.471.6

中国版本图书馆 CIP 数据核字(2018)第 021372 号

书　　名:汽车服务企业管理(第2版)
著 作 者:王生昌
责任编辑:曹　静
责任校对:孙国靖
责任印刷:张　凯
出版发行:人民交通出版社股份有限公司
地　　址:(100011)北京市朝阳区安定门外外馆斜街 3 号
网　　址:http://www.ccpress.com.cn
销售电话:(010)59757973
总 经 销:人民交通出版社股份有限公司发行部
经　　销:各地新华书店
印　　刷:北京市密东印刷有限公司
开　　本:787×1092　1/16
印　　张:15.25
字　　数:352 千
版　　次:2007 年 10 月　第 1 版
　　　　　2018 年 4 月　第 2 版
印　　次:2018 年 4 月　第 2 版　第 1 次印刷　累计第 5 次印刷
书　　号:ISBN 978-7-114-14534-6
定　　价:38.00 元

(有印刷、装订质量问题的图书由本公司负责调换)

Preface to the Second Edition 第2版前言

本教材第1版是根据全国汽车服务工程专业教学指导委员会2006年8月武汉会议审定的"汽车服务企业管理教学基本要求"编写的。按照40学时安排内容,是汽车服务工程专业本科生必修的专业课程之一。

本教材第2版将原版第一章和第二章内容合并、精简,按照36学时安排内容。本次修订在注意吸取现代企业管理学科最新的研究成果的基础上,系统讲述了现代企业管理的理论与方法,以及企业管理学原理和方法在汽车服务企业管理中的应用。修订后全书共分九章。第一章现代企业管理概论;第二章为汽车服务企业营销管理;第三章为汽车服务企业生产与技术管理;第四章为汽车服务质量管理;第五章为汽车服务企业人力资源管理;第六章为汽车服务企业物资与设备管理;第七章为汽车服务企业财务管理;第八章为汽车服务企业信息管理;第九章是汽车服务企业文化与形象。本书在修订编写中博采众长,结合汽车服务领域的工程实践特点,努力做到理论与实践相统一。在文字表达上,尽量做到深入浅出,通俗易懂,精练准确。

本书由长安大学王生昌教授主编,负责组织编写、统稿、修改和定稿工作,王生昌教授修订编写了第一、第二章和第六章第四节,长安大学郝艳召博士和董元虎教授修订编写了第三章和第四章,长安大学李春明高级工程师修订编写了第五章和第六章(第一、二、三节),重庆交通大学彭勇副教授修订编写了第七章和第八章,长安大学郝艳召博士和司利增副教授修订编写了第九章。

由于本书涉及面较广,内容较多,加之作者水平有限,书中难免存在纰漏与不足,敬请各位同行专家和广大读者批评指正。

编　　者
2018年1月

Preface to the First Edition 第1版前言

进入21世纪以来,伴随国家汽车产业发展政策的调整,我国汽车产业进入健康、持续、快速发展的轨道。在汽车工业大发展的同时,汽车消费主体日益多元化,广大消费者对高质量汽车服务的渴求日益凸现,汽车厂商围绕提升服务质量的竞争业已展开,市场竞争从产品、广告层面提升到服务层面,这些发展和变化直接催生并推进了一个新兴产业——汽车服务业的发展与壮大。

当前,我国的汽车服务业正呈现出"发展快、空间大、变化深"的特点。"发展快"是与汽车工业本身的发展和社会汽车保有量的快速增长相伴而来的。"空间大"是因为我国的汽车普及率尚不够高,每千人拥有的汽车数量还不及世界平均水平的1/3,汽车服务市场尚有很大的发展潜力,汽车服务业将是一个比汽车工业本身更庞大的产业。"变化深"一方面是因为汽车后市场空前繁荣,蓬勃发展,大大拉长和拓宽了汽车产业链。汽车技术服务、金融服务、销售服务、物流服务、文化服务等新兴的业务领域和服务项目层出不穷;另一方面是因为汽车服务的新兴经营理念不断涌现,汽车服务的方式正在改变传统的业务分离、各自独立、效率低下的模式,向服务主体多元化、经营连锁化、动作规范化、业务集成化、品牌专业化、技术先进化、手段信息化、竞争国际化的方向发展,特别是我国加入WTO,汽车产业相关的保护政策均已到期,汽车服务业实现全面开放,国际汽车服务商加速进入,以上变化必将进一步促进汽车服务业向纵深发展。

汽车工业和汽车服务业的发展,使得汽车厂商和服务商对高素质的汽车服务人才的需求比以往任何时候都更为迫切,汽车服务业将人才竞争视作企业竞争制胜的关键要素。在这种背景下,全国高校汽车服务工程专业教学指导委员会(筹)顺应时代的呼唤,组织全国高校汽车服务工程专业的知名教授,编写了汽车服务工程专业规划教材。

本套教材总结了全国高校汽车服务工程专业的教学经验,注重以本科学生就业为导向,以培养综合能力为本位。教材内容符合汽车服务工程专业教学改

革精神,适应我国汽车服务行业对高素质综合人才的需求,具有以下特点:

1. 本套教材是根据全国高校汽车服务工程专业教学指导委员会审定的教材编写大纲而编写,全面介绍了各门课程的相关理论、技术及管理知识,符合各门课程在教学计划中的地位和作用。教材取材合适,要求恰当,深度适宜,篇幅符合各类院校的要求。

2. 教材内容努力做到由浅入深,循序渐进,并处理好了重点与一般的关系;符合认知规律,便于学习;条理清晰,文字规范,语言流畅,文图配合适当。

3. 教材努力贯彻理论联系实际的原则。教材在系统介绍汽车服务工程专业的科学理论与管理应用经验的同时,引用了大量国内外最新科研成果和具有代表性的典型例证,分析了发展过程中存在的问题,教材内容具有与本学科发展相适应的科学水平。

4. 教材的知识体系完整,应用管理经验先进,逻辑推理严谨,完全可以满足汽车服务行业对综合性应用人才的培养要求。

《汽车服务企业管理》是汽车服务工程专业规划教材之一,由长安大学王生昌教授主编,长安大学博士生导师马天山教授主审,马天山教授审阅全书后提出了许多宝贵意见和建议,提高了本书的质量。本书第一章、第二章和第三章由王生昌教授编写,第四章和第五章由长安大学董元虎副教授和陕西百佳汽车贸易有限公司副总经理赵春奎高级工程师编写,第六章和第七章由长安大学李春明高级工程师编写,第八章和第九章由重庆交通大学彭勇副教授编写,第十章由长安大学司利增副教授编写。

本书作为普通高等学校汽车服务工程专业的规划教材,将对汽车服务工程专业和相关专业(方向)的教学起到促进作用。此外,本书也可作为国内汽车服务业就业群体学习提高和职工培训的教材或参考读物。

由于时间仓促,本套教材定有许多不尽如人意的地方,敬请广大读者和同仁使用后批评指正,以便教材再版时修正。

全国高校汽车服务工程专业教学指导委员会(筹)
2007年7月

Contents 目录

- 第一章 现代企业管理概论 ··· 1
  - 第一节 企业与企业管理 ·· 1
  - 第二节 现代企业组织类型 ··· 3
  - 第三节 企业管理基本原理和手段 ··· 7
  - 第四节 现代企业制度 ·· 14
  - 第五节 现代企业战略管理 ·· 17
  - 第六节 汽车服务企业特点及管理任务 ·· 30
- 第二章 汽车服务企业营销管理 ··· 38
  - 第一节 市场营销概述 ·· 38
  - 第二节 营销机会分析 ·· 41
  - 第三节 市场细分与目标市场 ·· 49
  - 第四节 汽车服务市场营销策略 ··· 53
  - 第五节 汽车服务企业顾客满意营销战略 ·· 60
- 第三章 汽车服务企业生产与技术管理 ··· 67
  - 第一节 汽车服务经营计划 ·· 67
  - 第二节 汽车维修服务生产组织与管理 ·· 75
  - 第三节 汽车服务技术管理 ·· 87
- 第四章 汽车服务质量管理 ·· 99
  - 第一节 汽车服务质量与质量管理概述 ·· 99
  - 第二节 汽车服务质量管理方法 ·· 104
  - 第三节 汽车服务质量管理体系 ·· 117
- 第五章 汽车服务企业人力资源管理 ··· 129
  - 第一节 人力资源管理概述 ·· 129
  - 第二节 汽车服务企业人力资源工作分析与设计 ····································· 132
  - 第三节 汽车服务企业人员招聘与培训 ·· 137
  - 第四节 汽车服务企业绩效考核与激励 ·· 141
  - 第五节 汽车服务企业人员的管理 ··· 145

第六章　汽车服务企业物资与设备管理 ················ 151
第一节　汽车服务企业物资管理概述 ················ 151
第二节　汽车服务企业物资定额管理 ················ 152
第三节　汽车服务企业物资库存决策 ················ 162
第四节　汽车服务企业设备管理 ················ 166

第七章　汽车服务企业财务管理 ················ 173
第一节　汽车服务企业财务管理概述 ················ 173
第二节　汽车服务企业投资与资产管理 ················ 176
第三节　汽车服务企业成本费用管理 ················ 183

第八章　汽车服务企业信息管理 ················ 190
第一节　汽车服务企业信息管理系统 ················ 190
第二节　基于电子商务的汽车服务 ················ 194
第三节　汽车服务企业资源计划 ················ 199

第九章　汽车服务企业文化与形象 ················ 207
第一节　企业文化与形象概述 ················ 207
第二节　汽车服务企业文化建设 ················ 218
第三节　汽车服务企业形象塑造 ················ 226

参考文献 ················ 235

第一章　现代企业管理概论

第一节　企业与企业管理

一、企业的概念、特征

1. 企业的概念

企业是从事生产、运输、贸易、服务等经济活动,在经济上独立核算的组织。企业为了生存必须创造利润;为了创造利润必须承受环境的考验,即承担风险;为了降低风险、增加利润必须讲求效率;为了提高效率必须注意经营方法。这就要求企业经营必须有计划、有组织,且能进行有效控制。企业活动是一切微观经济活动的基础。因此,企业是从事生产、流通、服务等经济活动,为满足社会需求和获取利益,依照法定程序成立的具有法人资格,进行自主经营,享受权利和承担义务的经济组织。

企业组织的产生和发展过程大致经历了由个体业主制企业、合伙制企业向股份制企业的演进过程。随着社会生产力的不断发展壮大和市场范围的逐步扩大,现代企业组织也在不断发展壮大,同时,伴随着企业规模的扩张,使资本所有权与管理经营权分离和内部管理层级制的产生。

2. 企业的特征

1)企业的存在有社会性和经济性双重目的

满足社会需求是企业存在的社会性目的,主要是指满足顾客的需求;获取盈利是企业存在的经济性目的,企业应谋求最大的或尽可能多的盈利,获取最佳的经济效益,为职工提供日益增长的物质和精神福利、为企业的生存和发展提供利润、为国家提供税收等。

2)企业应自主经营、自负盈亏

自主经营是实现企业目的和自负盈亏的基本条件,经营决策权和投资决策权是企业最主要的自主权。自负盈亏是企业的动力,权利和义务是对等的,企业应承担权利带来的全部后果。

3)企业具有独立的法人地位

所谓法人是指具有一定的组织机构和独立财产,能以自己的名义享有民事权利和承担民事义务,依照法定程序成立的组织。法人应具备的条件如下:

(1)必须正式在国家政府的有关部门注册备案完成登记手续;

(2)应有专门的名称、固定的工作地点和一定组织机构及组织章程;

(3)应有独立的财产,实行独立核算;

(4)能独立承担民事责任。

4)企业是经济组织

企业必然要追求经济效益,它的存在和发展的前提就是能够赚钱,盈利和追求利润最大化是企业的动力源泉。因此不能把企业当作公益部门,更不是政府部门和事业单位。

二、企业管理

1. 企业管理的概念

企业管理是对企业生产经营活动进行计划、组织、指挥、协调和控制等一系列活动的总称,是社会化大生产的客观要求。企业管理是尽可能利用企业的人力、物力、财力、信息等资源,实现"多、快、好、省"的目标,取得最大的投入产出效率。随着生产精细化的发展,分工越来越细,生产专业化程度不断提高,生产经营规模不断扩大,企业管理也就越来越重要,科学化管理成为培育企业核心竞争力、实现企业可持续发展的重要途径。

2. 企业管理的基本特征

1)企业管理是一种组织活动

在人类的社会生产活动中,多人组织起来,进行分工能达到单独活动所不能达到的效果。只要是多人共同活动(即向同一目标努力),都需要通过制订计划、确定目标等活动来达到协作的好处,这就需要管理。因此,管理活动存在于组织活动中,或者说管理的载体是组织。

组织的类型、形式和规模可能千差万别,但其内部都含有五个基本要素:人(管理的主体和客体)、物(管理的客体、手段和条件)、信息(管理的客体、媒介和依据)、机构(反映了管理的分工关系和管理方式)、目的(表明为什么要有这个组织)。外部环境对组织的效果与效率有很大影响,外部环境一般包含9个要素:行业,原材料供应,财政资源,产品市场,技术,经济形势,政治状况,国家法律、规章、条例,社会文化。一般认为,组织内部要素是可以控制的,组织外部要素是部分可以控制(如产品市场)、部分不可以控制的(如国家政策)。

2)企业管理的主体是管理者

既然管理是让别人和自己一道去实现既定的目标,管理者就要对管理的效果负重要责任。管理者的第一个责任是管理一个组织,第二个责任是管理管理者,第三个责任是管理工作和工人。

企业管理者在企业生产活动中处于领导地位,具有特殊重要的作用。现代企业管理者一般独立于企业的资本所有者,自主地从事企业经营活动,是企业管理的最高决策者和企业各项经营活动的统一领导者,其职能可归纳如下。

(1)确立企业的目标与计划。

企业管理都有其既定的最终目的。在一定时期内,为了实现企业的目的,就要使之具体化,形成企业的经营目标。企业的经营目标可分为长期目标与短期目标、总体目标与部门目标。企业管理者通过确立企业的具体目标和计划来统一企业全体员工的思想和行动,引导企业通过最有利的途径来实现其既定的目的。因为企业的目标与计划是执行其他各项职能的前提和依据,所以,它的正确与否决定着企业经营的成败,关系到企业的前途和命运。因此,它是企业经营者的首要职能。

要正确制订企业的目标和计划,必须正确分析和判断企业的各种环境因素,把握市场的需求趋势、竞争企业的特点和企业自身的优势和劣势,能及时抓住有利的投资机会,巧妙地应对可能出现的风险。同时要善于利用企业各级主管人员的经验和智慧,以便做出最佳决策。

(2)建立和健全企业的组织机构。

建立和健全企业的组织结构,充分发挥其各自作用,并保证企业整体发挥最大的效率,是实现企业目标的手段。因此,企业的组织机构必须适应企业目标或任务,而且还要不断地健全和完善。

(3)配备重要的企业主管人员。

企业经营者必须充分重视人才建设,善于发现人才。首先,要重视人才的选拔;其次,要重视人才的考核与评价,因为它是人才的选拔、提升、确定报酬和奖励的依据,否则,容易挫伤员工的工作积极性;最后是充分重视人才的培训,它是人才选拔、提升的可靠基础。

(4)实现对企业全局的有效指挥。

一个优秀的企业经营者必须同时是一个优秀的领导者,这就要求经营者必须学会运用诱因去激励下属的行为动机,使其心甘情愿,满腔热情地为企业的共同目标而努力。

(5)实现对企业经营全局的有效控制。

企业经营者在确定企业的目标和计划后,就要发动和指挥企业全体员工去执行这些既定的计划并实现既定目标,其控制的职能就在于保证员工的执行活动始终不会偏离目标和计划的要求,从而保证目标得以顺利的实现。

(6)实现对企业经营整体的有效协调。

企业的经营活动是由众多相互联系的部门、环节和因素构成的统一体,客观上存在着一定的相互制约关系。在经营过程中,有可能出现这样或那样的矛盾,使这种相互关系出现不协调的现象。作为经营者,其协调职能就是要设法解决这些矛盾,保证企业的生产活动始终处于协调状态,从而保证企业计划和预期目标能顺利实现。

3. 管理的职能、任务与层次

管理的职能有五个,即计划、组织、指挥、协调和控制。管理者的任务就是设计和维持一种环境,使在这种环境中工作的人员能够用尽可能少的支出,实现既定的目标。管理组织通常划分为三个层次,即上层管理、中层管理和基层管理。

4. 管理的核心是处理好人际关系

人既是管理中的主体又是管理中的客体,管理的大多数情况是人和人打交道。管理的目的是实现多人共同完成目标,因此,管理中一定要处理好人际关系。切忌,管理者给人一种高高在上的感觉。

第二节 现代企业组织类型

一、按照企业组织形式划分

1. 单一企业

单一企业是指一厂、一店就是一个企业。这类企业的经营领域往往比较专业,也比较单一，但也必须承担财产责任和经营责任，独立核算，自负盈亏。

2. 多元企业

多元企业是指由两个以上不具备法人资格的工厂或商店组成的企业，它是按照专业化、联合化以及经济合理的原则由若干个分散的工厂或商店所组成的经济法人组织。如由两个以上分公司组建的公司，由一些分店组成的连锁企业等。

3. 经济联合体

经济联合体是指经济组织之间按照一定章程或协议，在生产、技术、科研和贸易等领域的经济合作。经济联合体一般由两个以上的企业在自愿互利的基础上，打破所有制、行业、部门和地区的界限，本着专业化协作和合理分工的原则，进行部分或全部统一经营管理所形成的经济实体。它是一个具有法人资格的经济组织，主要形式有专业公司、联合公司、总公司和各类合资经营企业。

4. 企业集团

企业集团是由两个或两个以上的企业以资产为纽带而形成的有层次的企业联合组织，其中的成员企业都是相对独立的企业法人。企业集团的特点是规模大型化、经营多元化、资产纽带化，是目前企业联合组织中最成熟、最紧密和最稳定的企业运行模式。企业集团一般分为四个层次：第一层为核心层，通常由一个或几个大企业构成，如集团公司、商业银行、综合商社等，它们对集团中其他成员企业有控股或参股行为；第二层为紧密层，一般由核心层的控股子公司构成；第三层为半紧密层，由紧密层的子公司或核心层的参股公司构成；第四层为松散层，主要是由与前三个层次的企业有协作或经营关系的企业构成，彼此之间已不是资产纽带关系，但可以有资金融通关系。

二、按照企业的所有制关系分类

1. 国有企业

国有企业是生产资料归全民所有，以代表全民的国家作为所有者的一种企业形式。国有企业的基本特点是：国家作为全体人民的代表拥有企业的财产所有权，企业规模较大，技术设备较先进，技术力量强大，是国民经济的主导力量，如我国的铁路运输、邮政、电信、石油、水利、电力等关乎国计民生行业中的国有企业。

2. 集体所有制企业

集体所有制企业是生产资料归群众集体所有的一种企业形式。集体所有制企业有多种具体形式，在农村有生产、供销、信用、消费等合作经济组织、股份合作经济组织和股份经济组织，从事农、林、牧、副、渔生产和工业、建筑、运输等服务性劳动生产经营活动。在城镇有手工业合作社或股份合作社、股份合作工厂、街道工业生产或生活服务组织以及机关、学校、部队等单位举办的集体经济组织等，乡镇企业是集体所有制企业的典型代表。其特点是：①生产资料归集体所有；②坚持自筹资金、自主经营、自负盈亏的原则；③实行民主管理，企业管理人员由企业全体成员民主选举或罢免。

3. 个体私营企业

个体私营企业是指生产资料归私人所有，主要依靠雇工从事生产经营活动的企业。在我国,私营企业是国家政策法令所允许的,它的产生和存在是由当前社会生产力发展水平决定的,是社会主义经济重要组成部分。我国私营企业有三种基本形式:独资企业、合伙企业和有限责任公司。

4. 中外合资经营企业

中外合资经营企业是指把国外资本引入国内,同国内企业合股经营的一种特殊形式企业,特点是:共同投资、共同经营、共负盈亏、共担风险。

5. 中外合作经营企业

中外合作经营企业是中外各方依据平等互利的原则建立的契约式经营企业。中外各方的权利、义务、责任有共同签订的合同、协议加以确定,而不是根据出资额来确定,合作经营一般由中方提供场地、厂房、设施和劳动力等,外方者提供资金、技术、主要设备、材料等,合作双方根据商定合作条件,进行合作项目或其他经营活动,确定产品分成、收入分成或利润分成比例。

6. 外资企业

外资企业是指除土地外,全部由外方投资经营的企业,其全部资本都是外方的,企业所有权、经营权及利润全部归外方投资者所有,但是外资企业必须遵守我国的相关法律、法规和政策,并依法缴纳税金。

三、按资产的组织形式分类

1. 私人独资企业

私人独资企业是一种最古老、最基本的企业形式,是有一个人出资兴办的企业,企业的财产完全归投资者所有,企业由投资这个人经营和控制。即:由个人投资、个人经营、个人管理、个人受益、个人承担经营风险的企业,资产的所有权和经营权完全统一。这种企业组织结构简单,开设、出让和关停比较简便;个人决策、个人经营,效率较高;开支少、成本低;便于技术保密,容易保持经营特色。但是这种独资企业资本有限,风险较大。所以这种企业一般适合于零售商业、服务业、家庭农场、开业律师、个人诊所等,在美国这种企业约占企业总数的75%。应注意的是,私人独资企业对于风险大的项目是不适宜的。

2. 合伙企业

合伙企业是指由两个或两个以上合伙人共同出资、共同经营、共享收益和共担风险的企业。其优点表现在两个方面:

一是由众多合伙人共同筹资,因而可以扩大资本规模;由合伙人共负偿债的无限责任,减少了贷款者的风险,因此筹集资金,获得商业贷款的能力比独资企业强。

二是合伙人对企业负有完全责任,意味着他们以自己的身家性命来为企业担保,因而有助于增强企业经营者的责任心。

它的缺点主要表现在:

(1)合伙人对企业经营负有连带责任,风险较大;

(2)所有权转让困难;

(3)集体决策,遇到重大问题难免互相干扰;

(4)易形成多头领导、权力分散,增大了管理协调的难度。

3. 公司制企业

公司制企业是指依法由两个以上股东共同出资组成,或由两个以上企业出资联合而成的企业。按集资的方式和股东承担责任的不同,公司制企业可分为以下形式。

(1)有限责任公司。由两个或两个以上股东共同出资,每个股东按其出资额对公司承担有限责任,公司以其全部资产对其债务人承担责任的法人企业。有限责任公司必须在2人以上50人以下,由于股东人数少,利益目标明确,能较好地监督企业经理经营行为,维护股东自己的利益,但是资金筹集渠道窄,社会化程度低,且公司不发行股票,以股权证书作为利益凭证,公司成立的法律程序较为简单。

(2)股份有限公司。是将注册资本分成等额股份,并通过发行股票或股权证筹集资本,股东以其所认购的股份对公司承担有限责任,公司以其全部资产对公司债务承担责任的企业。设立股份有限公司,应当有5个以上发起人,股东人数有最低限,不设最高限,投资主体呈现出极度的分散化、多元化和社会化,是社会化程度最高的企业。其特征是公司以自己的法人资格,取得并拥有资产、承担债务、签订合同、履行民事权利和义务。为了保障股东权益,各国法律一般要求公司应向股东公开账目,包括经营报告书、资产负债表、利润表、盈余分配表、财产目录等,有利于投资者了解企业经营状况,确保社会资源流入生产经营状况好的企业,优化微观资源配置。

公司制是企业发展的高级形式,具有以下特点:一是公司是法人,具有独立的法人主体资格,具有法人的行为和权利;二是公司实现了股东最终财产所有权和法人财产权的分离,即不是财产所有者亲自经营自己的财产,而是将其委托给专门的经营者(即公司法人)代为经营,实现了企业财产权与经营权的分离;三是公司法人财产具有整体性、稳定性和连续性,由于股东投入企业的资产不能抽回,公司的财产来源稳定,可以连续使用,保持了一定的连续性,只要公司存在,公司的法人就不会丧失财产权,公司的信誉大为提高;四是公司实行有限责任制度,对股东而言,他们以其出资额为限对公司承担有限责任,对公司法人而言,公司以其全部自有资本为限对公司的债务承担责任,有限责任一般只是到公司破产时才表现出来。

4. 股份合作制企业

股份合作制企业是指企业全部资本划分为等额股份,主要由员工股份构成,员工股东共同劳动、民主管理、利益共享、风险共担,依法设立法人经济组织的企业。企业享有全部法人财产权,以其全部财产对企业承担责任,股东以其出资额为限,对企业承担责任。企业实行入股自愿、民主管理、按股分红相结合的投资管理原则。

股份合作制企业具有以下特征:①入股自愿。参加股份合作制企业的成员可以依据自己的意愿决定是否入股和入股额,所投股份可以转让,在特定情况下可以退出,允许退股是股份合作制与一般股份制的最大区别;②资本联合与劳动联合相结合。股份合作制企业员工既是企业的投资者,又是企业的员工,这种双重生身份,能有效促使员工认真努力工作;③收益分配实行按劳分配与按股分红相结合,股份合作制企业的收益分配,不仅以入股份额为标准,也以劳动者所提供的劳动为标准进行分配。

四、按照企业内部生产力各要素所占比重分类

1. 劳动密集型企业

劳动密集型企业是指使用劳动力较多、技术装备程度低、产品成本中劳动消耗所占的比重大的企业。如纺织、服装、日用百货、饮食、玩具制造等企业。

2. 资本密集型企业

资本密集型企业是指原材料成本较高、产品技术复杂、所需技术装备水平较高、生产单位产品所需投资较多,使用劳动较少的企业;具有劳动生产率高、物资消耗省、劳动消耗少、竞争力强的优点。如钢铁企业、机械制造企业、石油化工企业等。

3. 技术密集型企业

技术密集型企业是指应用现代化、自动化、智能化、信息化等先进技术装备较多的企业。如计算机企业、电脑软件、IT企业、信息企业、飞机制造企业、技术咨询管理公司等。技术密集型企业需要较多的具有科学技术知识和能力的科技人员从事科研和生产经营。

第三节　企业管理基本原理和手段

一、企业管理基本原理

企业管理基本原理是指经营和管理企业必须遵循的一系列最基本的管理理念和规则。关于企业管理基本原理有多种表述,这里介绍其中主要的观点。

1. 系统原理

企业管理作为一个系统,它是一个多极、多目标的大系统,又是国民经济大系统的一个组成部分。因此,企业管理系统应具有以下特点。

(1)企业管理系统具有统一的生产经营目标,也就是说,生产适应市场需求的产品,才能提高经济效益。

(2)企业管理系统的总体具有可分性,即可将企业管理工作按照不同的业务需要分解为若干个不同的子系统,使各子系统互相衔接、协调,以产生协同效应。

(3)企业管理系统建立要具有层次性,各层次的系统组成部分必须职责明确,其功能应具有相对独立性和有效性。高层次功能必须统帅其隶属的下层次功能,下层次功能必须为上层次功能的有效发挥服务。

(4)企业管理系统必须具有相对的独立性,任何企业管理系统都是处在社会经济发展的大系统之中,因此,必须适应社会经济发展的大环境,但又要独立于这一环境,才能使企业管理系统处于良好的运行状态,达到管理系统的最终目标——盈利。

2. 分工原理

1)企业管理分工原理的基本思想

分工原理基本思想是在承认企业及企业管理是一个有机系统的前提下,对企业管理的各项职能与业务按照一定的标志进行适当分类,并由相应的单位或人员来承担各类工作,这就是企业管理的分工原理。

分工是生产力发展的要求,早在17世纪机器工业开始形成时期,英国经济学家亚当·斯密(Adam Smith)就在他的《国民财富的性质和原因研究》一文中,系统地阐述了劳动分工的理论,20世纪初,泰勒(F. W. Taylor)又做了进一步的发展。

2)企业管理分工的作用

(1)分工可以提高劳动生产率。劳动分工使工人重复完成单项操作,从而比较容易的提高劳动的熟练程度,带来劳动生产率的提高。

(2)分工可以减少工作损失时间。劳动分工可以使工人长时间从事单一的工作项目,减少了中间因变换工作而造成的时间损失。

(3)分工有利于技术革新。劳动分工可以简化劳动、使劳动者的注意力集中在一种特定的对象上,有利于劳动者创造新工具和改进设备。

(4)分工有利于加强管理,提高管理工作效率。从20世纪初泰勒将管理业务从生产现场分离出来之后,随着现代科学技术和生产的不断发展,管理业务也得到了进一步的划分,并成立了相应的职能部门,配备了有关专业人员,从而提高了管理工作效率。

分工原理适用范围非常广泛,大到影响国计民生的宏观国民经济,小到一个企业,甚至一个家庭。从整个国民经济来说,可分为工业、农业、交通运输、邮电、商业等部门。在企业内部还可根据管理职能不同,将企业管理业务分解为不同的类型,分别有相应的职能部门去从事管理,从而可以提高管理工作效率,使企业处于良好运转状态。

分工要讲究实效,要根据实际情况进行认真分析,实事求是。一般企业内部分工既要职责分明,又要团结协作,在分工协作的同时要注意建立必要的制约机制,避免推诿、扯皮现象的发生。在专业分工的前提下,按岗位要求配备相应技术人员,是企业产品质量和工作质量得到保证的重要措施。

3. 弹性原理

弹性原理是指企业为了达到一定的经营目标,在企业外部环境或内部条件发生变化时,有能力适应这种变化,并在管理上表现出的灵活的可调性。现代企业是国民经济这个大系统中的一个极小的子系统,它的投入和产出都离不开国民经济这个大系统。可见,国民经济系统是企业系统的外部环境,是企业不可控制的因素,而企业内部条件则是企业本身可以控制的因素。当企业外部环境发生变化时,可以通过改变内部条件来适应这种变化,以保证达到企业既定的经营目标。

弹性原理在企业管理中应用范围也很广,如计划工作中留有余地的思想,仓储管理中保险储备量的确定,新产品开发中技术储备的构思,劳动管理中弹性工作时间的应用等,都在管理工作中得到广泛的应用,且取得较好的成果。

近年来,弹性原理还在价值领域得到广泛应用,而且收到意想不到的效果,称其为产品弹性价值。产品弹性价值又称产品的无形价值或精神价值,来源于产品设计者、制造者、销售者、商标以及企业的声誉和形象,是不同产品的"精神极差"。这种"精神极差"是产品市场价值可调性的重要标准,是企业获得非常超额利润的无形源泉,在商品交易过程中呈弹性状态,是当今企业孜孜追求的目标之一。

产品弹性价值的货币表现是非常超额利润,它与产品刚性价值的货币表现的平均价格共同构成个别产品的市场价格。在没有弹性价值的情况下,市场价格就是社会平均价格,企业只能获得社会平均利润。个别企业若想获得超额利润,只能靠节约生产成本的手段,但生产成本的节约总是有限的,因此超额利润的获取也是有限的。企业为了获得更多的利润,在节约成本的同时,开始转向对产品非常超额利润的追逐。非常超额利润就是产品的"精神极差",是产品弹性价值的具体货币表现,是企业精神资源消耗的产物,在市场交易过程中呈弹性状态。非常超额利润的存在,可以规避市场价格竞争的风险。在现代市场经济条件下,企业应当在提高产品刚性价值的同时,努力提高产品弹性价值含量,以减少市场营销战略风险。

4. 效益原理

效益原理,是指企业通过加强企业管理工作,以尽量减少的劳动消耗和资金占用,生产出尽可能多的符合社会需要的产品,不断提高企业经济效益和社会效益。

企业在生产经营管理过程中,一方面努力设法降低消耗、节约成本;另一方面又努力生产适销对路的产品,保证质量,增加附加值。从节约和增产两个方面来提高经济效益,以求得企业的生存与发展。

企业在提高经济效益的同时,也要注意提高社会效益。一般情况下,经济效益与社会效益是一致的,但有时会发生矛盾。这种情况下,企业应从大局出发,首先要满足社会效益,在保证社会效益的前提下,最大限度地追求经济效益。

5. 激励原理

激励是指通过科学的管理方法激励人的内在潜力,使每个人都能尽其所能,展其所长,为完成规定的目的而自觉、努力、勤奋地工作。

人是生产力诸要素中最活跃的因素,创造团结和谐的环境,满足职工不同层次的需求,正确运用奖惩办法,实行合理的按劳分配制度,开展不同形式的劳动竞赛等,都是激励原理的具体应用,都能较好地调动人的劳动热情,激发人的工作积极性,从而达到提高工作效率的目的。

激励有两种模式,对工作业绩突出的个人实行奖励,在更大程度上调动其积极性,属于正激励;对于由于个人原因导致工作失误且造成一定损失的人实行惩罚,迫使其吸取教训,以便做好工作,完成任务,属于负激励。管理中,按照公平、公正、公开、合理的原则,正确运用激励模式,可以充分挖掘人的潜力,把工作做得更好。

6. 动态原理

动态原理是指企业管理系统随着企业内外部环境的变化而不断更新自己的经营观念、经营方针和经营目标,为达到这一目的,必须相应地改变管理方法和手段,使其与企业的经营目标相适应。作为企业既要随着经营环境的变化,适时变更自己的经营策略,又要保持管理业务的适当稳定。没有相对稳定的企业管理秩序,也就失去了高质量企业管理的基础。因此,在企业管理中要运用辩证的方法,正确、恰当地处理矛盾的两个方面,使其朝着有利于实现企业经营目标的方向转化。

7. 创新原理

创新原理是指企业为实现总体战略目标,在生产经营过程中,根据内外部环境变化的实际,按照科学态度,不断否定自己,创造出具有自身特色的新思想、新思路、新经验、新技术,并加以组织实施。

企业创新一般包括产品创新、技术创新、市场创新、服务创新、组织创新和管理方法创新等。产品创新主要是提高质量、扩大规模、创立名牌;技术创新主要是加强科学技术研究,不断开发新产品,提高设备技术水平和职工队伍素质;市场创新主要是加强市场调查研究,提高产品市场占有率,努力开拓新市场;服务创新主要服务观念、意识和方法的创新;组织创新主要是企业组织结构改组为符合现代企业要求的组织形式;管理方法创新主要是企业生产经营过程中具体管理技术和管理方法的创新。

8. 可持续发展原理

可持续发展原理是指企业在整个生命周期内,随时注意调整自己的经营策略,以适应外部环境的变化,从而使企业始终处于兴旺发达的发展阶段。现代企业家追求的目标不应该是企业一时的兴盛,而应是长盛不衰。这就需要按可持续发展的原理,从历史和未来的高度全盘考虑企业资源的合理安排,既要保证近期利益的获取,又要保证后续事业能得到蓬勃的发展。

二、企业管理的手段与方法

1. 现代企业管理的手段

管理过程中的诸多不确定性是有效配置资源、履行组织职责、达成组织既定目标与责任的障碍。为此,作为管理主体就必须在管理过程中寻找一些特殊手段或行为来降低这些不确定性,使实际的结果与预期的目标相一致。计划、组织、指挥、协调、控制等就是这一类的行为活动。

1) 计划

计划是指对未来的行动或活动以及未来资源供给与使用的筹划。计划是一种协调过程,它给管理者和员工都指明了方向,所以计划指导着一个组织系统循序渐进地去实现其组织的目标,其目的就是要使系统适应变化中的环境,并使系统占据更有利的环境地位。计划在组织系统中可以成为一种体系,并有其内在的层级,如战略计划是最高层次的总的长远计划;职能计划与部门工作计划是中层的操作性较强的计划;而下级的工作计划则是近期的具体计划。

从计划的定义、目标和功能来看,计划是降低组织系统在资源配置过程中的不确定性的一种手段。事实上,无论是战略计划,还是职能部门计划,作为对未来行为的一种筹划就是希望通过事先的安排,有准备地迎接未来,或按照设定的目标循序渐进地工作,管理过程中缺乏计划就会走许多弯路,从而使实现目标的过程失去效率。因此,计划是实施有效管理的重要手段。

2) 组织

组织实质上是协调人或物的集合体,可以定义为人们为了实现一项共同目标建立的组织机构,是综合发挥人力、物力、财力等有效资源效应的载体。它有两个含义:一是,将组织系统内的各种资源按照配比及程序要求有序地进行配置;二是,一群人为了实现一定的目的,按照一定的规则组成一个团体或实体。作为一种行为活动的组织自然是指前一种含义,这种含义的组织事实上也是一种降低不确定性的手段。如果不能将无序的资源按照配比及程序的要求在整合之初及整合过程中达到有序化,有效配置资源就成为一句空话,而这样的一种有序化行为正是为了降低获取成果或业绩时可能产生的不确定性。

3) 指挥

指挥是指领导、指示组织内的所有人同心协力去执行组织的计划,实现组织的目标。指挥有以下四个方面的作用:

(1) 及时根据外部环境的变化,指挥组织内的所有人与资源配置去适应环境,并采取适当的行动。

(2) 调动组织系统内成员的积极性,激发他们的潜力,给他们创造发展的机会。

(3) 有效地协调组织系统内的人际关系,使组织内有一个良好的工作氛围,从而降低内耗。

(4) 督促组织内成员尽自己的努力,按照既定的目标与计划做好自己本职工作。

从指挥的四个功能来看,既要降低成员在劳动过程中努力程度难以发挥和难以判断的不确定性,又要降低组织内与组织外经常性不一致的非确定性,还要督导所有成员按照责任要求进行工作,以防止某个成员的工作差错导致全局的差错。因此,指挥这一行为活动也是一种降低组织运行过程中不确定性的手段。

4) 协调

协调是指将资源按照一定的规则和配比安排的一种活动,也是将专业化分工条件下各自的工作行为成果有序统一的活动。

专业化分工后,由于一个人拥有从事这类活动的专门技能,从而便于加强知识的积累,使工作效率得到提高。然而,专业化分工本身也会带来风险和不确定性。因为这种分工之后的合作不是在一个工作主体之间进行,而是在多个工作主体中进行的,这就会产生不同工作主体之间的配合问题,如果配合不好,可能使总效率下降,甚至产生负效应。为了防范这种状况的出现,就需要协调行为。协调得好,就会产生合力;否则,由分工产生的不确定性就无法消除。

5) 控制

控制是指根据既定目标,不断跟踪和修正所采取的行为,使之朝着既定的目标方向运行,并实现预想的成果或业绩。由于现实行为是在各种不确定性因素作用下发生的,故每一行为都有可能偏离预定要求,从而可能使既定目标或业绩难以实现,显然这是组织所不愿见到的。为了防范这种状况的发生,控制这一类行为就非常必要。通过控制,可以降低工作行为及其结果与既定目标和要求的不一致性。

6) 激励

心理学家认为,人的行动都是由某种动机引起的,动机是人的一种精神状态,它对人的行动起着激发、推动和加强的作用。所以美国管理学家贝雷尔森(Berelson)和斯坦尼尔(Steiner)给激励下了如下定义:"一切内心要争取的条件、愿望、希望和动力都构成了对人的激励,它是人类活动的一种内心状态"。人有目的的行为都是出于对某种需要的追求,为得到需要而产生激励的起点,进而导致某种行为。未满足的需要对人的激励作用大小,取决于这一行动给行为这个人带来的满足程度和满足的可能性。

在企业管理中,需要时个体和群体的自发行为变成组织的行为。因为管理中经常使用组织的规章制度和规范去约束个体和群体的行为,而这种约束带有明显的强制性,强迫人去遵守,人在行为时并非出自本身的意愿,轻则,人们消极、被动地接受,致使效率低下;重则,会产生对抗。所以单纯地用组织的规章制度和规范去约束人的行为是不够的,必须把它与激励方式结合起来,激励能产生高效率和凝聚力。

激励可采用多种方式,常用的有以下手段:

(1)目标激励——给予一定的目标,以目标为诱因促使人们采取适当的行动去实现;

(2)参与激励——让职工参与企业重大问题的决策和管理,使其产生主人翁责任感;

(3)领导者激励——利用领导者的表率作用给职工带来激励;

(4)关心激励——领导的真诚关心,使职工产生强烈的归属感,达到激励的目的;

(5)认同激励——职工做出成绩时得到领导的认同,产生的激励,效果更好;

(6)奖励激励——利用物质(如工资、奖金、晋级)和精神(评选先进或劳模、当众表扬)奖励为诱因对职工产生激励;

(7)惩罚激励——通过对犯规人员的惩罚,激励其本人或为犯规人员自觉、积极地去遵守规范;

(8)公平激励——利用职工等量劳动成果给予等量待遇,多劳多得产生激励作用。

传统的管理理论将计划、组织、指挥、协调、控制看作是管理的职能,显然是局限了管理和管理职能的内涵。如果把管理职能定义为管理分类活动的总称,管理职能就绝不仅仅就只有计划、组织、指挥、协调和控制了,信息社会中信息的收集与处理等在管理中的作用将更为重要。所以,准确地说,计划、组织、指挥、协调、控制和激励只是组织进行资源有效整合、降低不确定性和风险,达成既定目标的基本管理手段。

2. 现代企业管理理论基础与方法

现代企业管理方法是建立在信息论、系统论和控制论的基本观点和理论基础上的。

1)企业管理理论基础

(1)信息论。

信息论是研究信息传输和处理系统规律的理论,其主要目标是达到信息传输的高效性、完整性和信息处理的科学性。信息论把各种低级和高级的信息系统都概括成数学模型,实施精确分析研究,将简单的通信系统提升到统计科学的高度。信息论与通信技术、自动控制、计算机技术、生物工程等许多学科密切相关,是控制论的基础。

企业管理的最终目标,是使企业的生产经营活动符合市场的发展规律,而市场情况及其变化则是通过信息反映的,企业经营管理可以看作是一个捕捉、判断市场信息,并做出适时的正确反应的过程。因此,企业经营管理的首要工作就是市场信息的搜集、传递、整理、分析和处理,以便为企业生产经营行为提供依据。完善健全的企业管理信息系统是企业参与市场竞争的必备条件。

(2)系统论。

系统论是以系统为研究对象的一门学科。在对研究对象进行分析和管理时,其出发点是将对象作为一个系统对待,注重其整体性,并运用系统分析的方法,以实现最佳效果和最优目标。

现代企业本身的结构和所处的生产经营环境日趋复杂,其本身就是一个由各种子系统和分系统相互联系、相互作用、相互制约而组成的,且具有特定功能的有机整体。对现代企业进行管理,从系统工程学观点来看,就必须综合考察企业系统的客观环境及其对企业的影响;内部子系统和分系统相互之间的关系;企业内部对外界环境变化产生的总体响应等,运用系统工程的分析方法,形成一个经营管理的系统工程,使其达到最优运行状态,以最大限度发挥企业的整体效益。

(3) 控制论。

控制论是研究系统管理控制功能的学科,是建立在信息论、系统论、预测技术和自控技术等基础上的一门学科。就企业经营管理范畴而言,其目的在于合理地控制经营与管理过程,发挥系统机能,实现最优目标。

现代企业管理控制的出发点应以过程控制为手段,以目标控制为目的,对企业经营管理的所有过程实行有机调控,克服随意性、粗放性和无序性。

2) 现代企业管理方法

信息—系统—控制(即 ISC 模式)确立了管理的理论基础。由此而发展起来且常用现代管理方法有:经济责任制、全面计划管理、全面质量管理、全面经济核算、网络技术、优选正交试验法、系统工程法、价值工程、市场预测、滚动计划、决策技术、ABC 管理、线性规划、全员设备管理、量本利分析、成组技术等。这些众多的方法并不是相互孤立地运用于企业管理之中,而是相互渗透、相互补充、相互制约,以整体形式作用于企业科学化、现代化管理。要确保这些科学方法得以实施,还必须辅之以经济、法律法规和教育等手段。另外,具体方法本身也存在着不断完善、不断改进、不断淘汰和不断创新的动态过程,不能孤立、静止、片面地看待和使用这些方法。

必须强调的是,企业管理从传统方式发展到现代方式,其指导思想已产生质的飞跃,即从注重对"物"的管理,变成注重对"人"的管理。各种现代化的管理方法都是由人来发现与掌握的,企业最终是通过人的行为来管理,方法仅是作为人来实施管理的工具,而不能取代人的作用与行为。不能幻想仅用某些现代化的管理方法就能取得经营管理的成功。企业要求得生存和发展,必须制定相应的人才战略,发掘人才资源,充分调动人的主观能动性和积极性,充分发挥人与人群的潜力和创造性,形成现代企业经营管理的基础和根本保证。

现代管理学的一个重要分支是行为科学,行为科学是将心理学、社会学和人类学等科学技术应用到管理领域,侧重于人的自觉行为,而不是机械、盲目地执行或实施。对各种管理方法的评价与取舍,均应以能否充分发挥人和人群的潜力为标准。在企业生产经营管理过程中,必须以发挥人的因素作为最根本的指导思想。

3) 运用企业管理方法必须遵循的原则

在管理方法的运用过程中,必须严格遵循法律性与政策性原则。所谓法律性原则,就是企业和企业全体员工必须具备高度的法律意识与法制观念,企业必须在法律许可的范围内经营,严格禁止违法经营行为,所以要有完备的法律手续。任何管理方法的使用和经营决策必须以合法为前提。所谓政策性原则,就是企业必须主动地关注和了解国家与企业所在地的有关政策与法令,注意对其分析研究,自觉地在其允许的范围内经营。这是我们在制定企业管理方法时所必须遵循的前提。违背法律性和政策性原则的行为与方法将破坏企业自下而上的环境,严重影响企业信誉与企业形象。

第四节 现代企业制度

建立现代企业制度,是发展社会化大生产和市场经济的必然要求,是适应社会主义市场经济的要求,符合中国改革发展实际情况,真正体现企业是一个独立的法人实体和市场竞争主体要求的一种企业制度。《中共中央关于建立社会主义市场经济体制若干问题的决定》提出,我国要建立"以公有制为主体的现代企业制度"。这表明,我国要建立的现代企业制度是社会主义市场经济的基础。因此,全面正确地把握现代企业制度的内涵、基本特征,认识现代企业制度的内容体系,对指导整个企业的改革具有重要的现实意义。

一、现代企业制度的概念与含义

现代企业制度是以企业法人制度为基础,以企业产权制度为核心,以产权清晰、权责明确、政企分开、管理科学为条件而展开的由各项具体制度所组成的,用于规范企业基本经济关系的制度体系。传统企业制度是以所有权与经营权的高度统一为基本特征,而现代企业制度则是以两权的彻底分离为基本特征。现代企业制度的基本内容包括三个方面:现代企业的产权制度、现代企业组织制度和现代企业管理制度。下文重点介绍现代企业管理制度。

现代企业制度包括以下几层含义。

(1)现代企业制度是企业制度的现代形式。

现代企业制度是商品经济或市场经济及社会化大生产发展到一定阶段的产物。现代企业制度中的"现代"一词具有双重含义:一是相对于传统企业制度而言;二是相对于企业组织发展史的角度而言,企业组织形式的发展经历了从独资企业到合伙企业再到公司企业的过程。现代企业制度下的企业组织形式主要是公司企业,它不仅包括股份有限公司和有限责任公司,还包括无限公司、两合公司、股份两合公司、独资企业和合伙企业等。"现代"一词有利于把握现代企业制度的动态性和可变性。

(2)现代企业制度是由若干具体制度相互联系而构成的系统。

现代企业制度不是企业的某一种制度,而是企业以及涉及企业的一系列制度和制度环境的统称,是现代企业法人制度、现代企业产权制度、现代企业组织领导制度、管理制度等有机耦合的统一体。这层含义有利于防止把建立现代企业制度简单地理解为公司化的倾向,有利于人们对建立现代企业制度的复杂性和艰巨性的理解。

(3)现代企业法人制度是现代企业制度的基础。

现代企业法人制度是企业产权的人格化。企业作为法人,有其独立的民事权利能力和民事行为能力,是独立享受民事权利和承担民事义务的主体。规范和完善的法人企业享有充分的经营自主权,并以其全部财产对其债务承担责任,而终极所有者对企业债务责任的承担仅以其出资额为限。正是在现代企业法人制度的基础上,才产生有限责任制度。强调建立现代企业制度,实质内容之一就是在我国确立规范、完善的现代企业法人制度,使国有大中型企业真正成为自主经营、自负盈亏、自我约束、自我发展的市场竞争主体,对作为终极所有者的国家承担有限责任。

（4）现代企业产权制度是现代企业制度的核心。

产权即财产权。构成产权的要素有所有权、占有权、处置权和收益权等。现代企业制度是以终极所有权与法人财产权的分离为前提的。现代企业产权制度就是企业法人财产权制度，在此制度下，终极所有权的实现形式主要是参与企业的重大决策，获得收益，法人企业则享有其财产的占有权、处置权等。只有建立现代企业产权制度，才能使国家公共权力与法人企业民事权利相分离，才能使国家所有权与法人企业财产权分离开来，才能真正实现政企分开。

（5）现代企业制度以公司制为主要组织形式。

公司制是现代企业制度的主要组织形式。公司制表现形式主要是股份有限公司和有限责任公司，建立现代企业制度主要是公司化。但是不能认为，建立了公司制就建成了现代企业制度，因为它还有其他丰富的内容。另外，股份有限公司和有限责任公司只是现代企业制度的典型形式，即并非其他符合现代企业制度内容的形式不算现代企业制度。这一点非常重要，因为在市场经济发达的美国，业主制企业从数量上来讲，仍然是主要的，约占企业总数的75%；公司制企业仅占企业总数的约16%，但资本额却占85%，营业额约占90%，可见公司制企业在现代经济中有着举足轻重的地位。

二、现代企业制度的特征

现代企业制度的基本特征概括起来就是产权明晰、政企分开、权责明确、管理科学。

1. 产权明晰

产权明晰是指要以法律的形式明确企业的出资者与企业的基本财产关系。完整意义上的产权关系是多层次的，应表明财产最终归谁所有、由谁实际占有、谁来使用、谁享受收益、归谁处置等财产权中一系列关系。在国有企业改造中，尤其要明确企业国有资产的直接投资主体，明确国家作为企业国有资产出资者的有限责任，改变国家对企业的债务实际上承担无限责任的状况，以确保国有资产的合法权益。

国有企业建立现代企业制度，应该明确企业与其所有者之间的基本财产关系，理顺企业的产权关系。企业中的国有资产属全民所有，即国家所有，由代表国有资产所有者的政府所授权的有关机构作为投资主体，对经营性国有资产进行配置和运用，作为企业国有资产的出资人，依法享有出资者权益，并以出资额为限对企业承担有限责任。

2. 权责明确

权责明确是指在产权明晰、理顺产权关系、建立公司制度、完善企业法人制度的基础上，通过法律法规确立出资人和企业法人对企业财产分别拥有的权利、承担的责任和各自履行的义务。

应在两方面明确权利和责任：一是出资者与企业的权利和责任划分，二是在企业内部，通过建立科学的法人治理机构，形成规范的企业领导体制和组织制度。

企业的出资人要按照其对企业的出资依法享有股东的各项权利，同时也要以其出资额为限对企业债务承担有限责任，但是出资人不直接参与企业的具体经营活动，不能直接支配企业的法人财产。

企业拥有法人财产权，以全部法人财产独立享有民事权利、承担民事责任，依法自主经营。企业以独立的法人财产对其经营活动负责,以其全部资产对企业债务承担责任。通过建立企业法人制度和公司制度形成企业的自负盈亏机制和对企业经营者的监督机制。同时,企业法人行使法人财产权,这种法人财产权形成和确立的组织基础也是公司制度和企业法人制度。企业法人财产权的行使要受出资人所有权的约束和限制,必须对出资人履行义务,依法维护出资人权益,对所有者承担资产保值和增值的责任。

3. 政企分开

政企分开是指在理顺企业国有资产产权关系、产权明晰的基础上,实行企业与政府的职能分离,建立新型的政府与企业的关系。

实行政企分开,建立企业与政府之间的适应社会主义市场经济体制的新型的政企关系,要求在明晰企业产权的基础上,实行政府对企业的调控、管理和监督。

首先,要把政府的社会经济管理职能与经营性国有资产所有权职能分开。通过构筑国有资产出资人与企业法人之间规范的财产关系,强化国有资产的产权约束。

其次,要把政府的行政管理、监督职能与企业的经营管理职能分开。政府主要通过法律法规和经济政策等宏观措施,调控市场,引导企业;规范国家与企业的分配关系,政府依法收税,企业依法纳税;把企业承担的政府和社会职能分离出去,分别由政府和社会组织承担。

4. 管理科学

管理科学是指要把改革与企业管理有机地结合起来,在产权明晰、权责明确、政企分开的基础上,加强企业内部管理,形成企业内部的一系列科学管理制度,尤其要形成企业内部涉及生产关系方面的科学的管理制度。

管理科学是建立现代企业制度的保证。一方面,要求企业适应现代生产力发展的客观规律,按照市场经济发展的需要,积极应用现代科技成果,在管理人才、管理思想、管理组织、管理方法、管理手段等方面实现现代化,并把这几方面的现代化内容同各项管理职能有机地结合起来,形成有效的现代化企业管理;另一方面,还要求建立和完善与现代化生产要求相适应的各项管理制度。

现代企业制度的四个特征有较强关联度,既互为因果,又互为条件,只有四个特征都充分地体现出来,才能从根本上解决我国现有企业改革中所面临的深层次问题。

三、现代企业管理制度

1. 现代企业领导制度

企业领导制度的核心是关于企业内部领导权归属、划分及如何行使等所做的规定。管理科学要求改革企业领导体制,建立和实行科学规范的公司治理。科学规范的公司治理是确立公司制度、实现公司正常运转和有效经营的基本保障。要根据决策权、执行权、监督权相互分离、相互制衡和相互配合的原则,建立由股东会、董事会、监事会和经理层组成的法人治理结构,机构之间权责明确、各司其职、相互制衡、相互配合,分别行使决策、监督和执行权。建立科学完善的企业领导制度,是搞好企业管理的一项最根本的工作。现代企业领导制度应体现领导专家化、领导集团化和领导民主化的原则。

2. 现代企业劳动人事制度

企业劳动人事制度是用来处理企业用工方式、工资分配以及企业法人、经营者与劳动者在劳动过程中所形成的各种经济关系的行为准则。建立与市场经济要求相适应的、能促进企业和劳动者双方相互选择、获得最佳经济效益和社会效益的市场化、社会化、法制化的企业劳动、人事和工资制度,从而实现劳动用工市场化、工资增减市场化、劳动争议仲裁法规化,是建立现代企业制度的重要内容。

在市场经济条件下,实行企业与职工双向选择的企业自主用工、劳动者自主择业的用工制度,打破身份界限,实行能者上、庸者下的管理人员聘任制度。

现代企业根据劳动就业供求状况和国家有关政策规定,由董事会自主确定本企业的工资水平等内部分配方式,实行个人收入货币化和规范化。职工收入依岗位、技能和实际贡献确定;高层管理人员的报酬由董事会决定;董事、监事的报酬由股东会决定;兼职董事和监事实行津贴制度。

3. 现代企业财会制度

现代企业财会制度是用来处理在企业法人与国家、股东、劳动者之间财会信息沟通和财产分配关系的行为准则,用以保护股东和国家的利益不受侵犯。

现代企业财会制度应充分体现产权关系清晰、财会政策公平、企业自主理财并与国家惯例相一致的原则。现代企业拥有充分的理财自主权,包括自主的市场取向筹资、自主投资、资产处置、折旧选择、科技开发费提取,以及留用资金支配等权利。现代企业有健全的内部财会制度,并配备合格的财会人员,其财务报告须经注册会计师签证,上市公司要严格执行公开披露财务信息的制度。

4. 现代企业破产制度

破产制度是用来处理企业在生产经营过程中形成的各种债权债务关系,维护经济运行秩序的法律制度。它不是以行政命令的方式决定企业的存亡,而是以法律保障的经济运行方式"自动"筛选和淘汰一些落后企业,为整个经济运行提供一种优胜劣汰的途径。

第五节 现代企业战略管理

一、概述

1. 企业战略的概念与内涵

1)企业战略的概念

自从1965年美国的安索夫(H. L. Ansoff)发表《企业战略论》以来,企业战略一词得到了越来越广泛的应用,越来越多的学者对企业战略管理理论展开了深入研究,战略的内涵也在研究中得到了丰富和完善。

综合多个战略管理学者的观点,企业战略管理可以定义为:是以企业未来为基点,为寻求和维持持久竞争优势做出的有关全局的重大筹划和谋略。

2)企业战略的内涵

应正确理解企业战略的内涵。加拿大麦吉尔大学管理学兹伯格教授借鉴市场营销学的四要素(4P),提出了企业战略的5P定义,即计划(Plan)、计策(Ploy)、模式(Pattern)、定位(Position)和观念(Perspective)。

（1）战略是一种计划战略,是行动之前的一种有意识、有预谋的,处理某种局势的方针,也就是在企业发生经营活动之前制定的筹划和谋略。

（2）战略是一种计策,是指在特定环境下,企业把战略作为威慑和战胜竞争对手的一种手段。一次战略只能作为一种计策,使之对竞争对手构成威胁。

（3）战略是一种模式,它反映企业的一系列行动。也就是说,无论企业事前是否对战略有所考虑,只要有具体的经营行为,就是战略。

（4）战略是一种定位、一种经营决策,今天看来是战术问题,明天就可能会被证实为战略问题,因此战略可以被认为是企业经营的定位。

（5）战略是一种观念,它体现组织中人们对客观世界固有的认识方式,企业经营者对客观世界的不同认识就会产生不同的经营效果。

2. 企业战略的性质和特点

（1）全局性。企业战略是企业发展的蓝图,是指导整个企业一切活动的计划,是指导企业全局的总方针。也就是说,全局性是对企业的未来经营方向和目标纲领性的规划和设计,对企业经营管理的所有方面都具有普遍的、全面和权威的指导意义。

（2）长远性。企业战略考虑的不是企业经营管理中一时一事的得失,而是企业未来相当长时期内的发展问题。企业战略通常着眼于未来3~5年乃至更长远的目标。

（3）指导性。企业战略规定了企业在一定时期内总体发展目标和实现目标的基本途径,用于指导和激励企业员工为实现目标而努力。

（4）竞争性。企业战略是企业在激烈市场竞争中如何与对手抗衡的行动方案,制定企业战略就是为了克敌制胜。因此,它是为企业赢得市场竞争的胜利、保障企业生存和发展服务的。

（5）稳定性。企业战略一经制定,就要在一定时间内保持相对稳定,以发挥其指导作用。同时,企业战略有时要根据经营环境进行局部调整,因此其稳定是相对的、有弹性的,指导企业生产经营的战略也应该是动态的。

（6）风险性。企业战略是对未来的发展规划和行动方针,但由于企业的外部环境是动态的、变化莫测的,这就使得管理者在做出企业重大战略决策时,总是伴随着很大的市场风险。

3. 企业战略的层次

现代企业战略可以分为三个层次,即企业总体战略、企业经营战略和企业职能战略。企业战略的各个层次之间相互联系,相互配合,每个层次战略构成了其他层次战略的赖以发挥作用的环境。同时低层次战略又为高层次战略的实现提供保障和支持。

1) 总体战略

企业总体战略是公司战略,是企业最高管理层指导和控制整个企业的一切行为的最高行动纲领。公司战略应着重解决两个方面的问题:一是从公司的全局出发,根据企业的外部环境变化和内部条件,选择企业从事的经营范围和领域,也就是回答我们的业务是什么,企业的发展和企业的投资决策等问题;二是在确定了所从事业务范围后,在各项业务之间进行资源配置,以实现公司的战略目标。

2) 企业经营战略

企业经营战略也称为竞争战略,主要是解决在总体战略的指导下,企业在某一项特定业务上如何与竞争对手展开竞争的问题,即竞争手段问题。涉及企业在某一经营领域中扮演具体的角色,是企业赖以生存和与竞争对手市场的基本工具。

3) 企业职能战略

企业职能战略是为贯彻实施和支持企业总体战略与经营战略而在企业特定的职能管理领域制定的战略。在既定的战略条件下,职能部门根据职能战略采取行动,集中潜能,支持和改进企业总体战略的实施,保证企业目标的实现。与企业总体战略和经营战略相比,企业职能战略更为详细、具体。它是由一系列详细的方案和计划构成的,涉及经营管理的所有领域,包括财务、人事、生产、营销、研究与开发、公共关系、采购、储运等。它是经营战略的延伸和细化,使经营计划更为具体、充实和完善。职能战略直接处理如何提高生产额营销系统效率、顾客服务的满意度、争取提高特定产品或服务的市场占有率等问题。

4. 企业战略管理过程

企业战略管理过程是对一个企业的未来发展方向制定决策和实施这些决策的动态管理过程。一个完整的战略管理过程可分为三个阶段,即战略分析阶段、战略选择与评价阶段、战略实施与控制阶段。

(1) 战略分析。是指对企业的战略环境进行分析评价,并预测这些环境未来的发展趋势,以及这些趋势对企业经营的影响。

(2) 战略选择与评价。其实质上是战略决策过程,即制定多个可以实现组织目标的战略方案,并依据某些评价标准从中选择一个最优方案的过程。

(3) 战略实施与控制。为了有效实施战略,不仅需要制定相关的职能战略,还需要对组织结构进行相应变革,需要领导者用强有力的措施保证战略的有效执行。同时,为了使实施中的战略达到预期目标,还必须对战略的实施过程进行控制。也就是说,将通过信息反馈的实际成效与预定战略目标进行比较,如有偏差,采取措施,加以纠正。

二、企业战略环境分析

企业作为一个可开放系统,在企业的内部以及在企业和它的外部环境要素之间发生物质和信息的交换,通常企业的活动受到它内外部环境的影响。因此,企业在制定战略目标和实现战略目标之前,必须对企业的外部环境进行分析,以识别环境变化给企业成长带来的机遇和威胁,同时也要对企业自身的内部环境和资源条件进行分析,以确定企业在行业竞争中的优势和不足。企业的战略环境可分为四个层次,结构如图1-1所示。其中宏观环境、行业环境和竞争环境统称为企业的外部环境。

1. 企业战略宏观环境分析

对企业来说,宏观环境属于不可控因素,它主要包括与企业环境相关联的经济、技术、政治、社会和自然环境等五个方面。

图1-1 企业战略环境关系图

1) 经济环境

经济环境分析首要分析的是宏观经济的总体状况,即国内生产总值(GDP)及其增长速度、人均收入等,它反映国家的经济发展总水平、国民的富裕程度及经济发展的情况。宏观经济运行环境对企业的经营成败与发展具有重要影响。

国家经济政策也会给企业经营带来巨大的影响。当国家实行膨胀的或紧缩的货币政策时,会使企业经营的融资成本或经营成本发生变化;国家产业政策会对处于某一行业企业的经营产生较大的影响;国家税收政策和税率对企业的经营成本也产生重要影响。

此外,国家的利率和货币汇率、失业率、消费者可支配收入及通货膨胀率等,会影响企业的投资、产品的进出口以及人力成本等。

另外,国家或区域经济活动所必需的基础设施,如交通运输、通信、互联网及能源和原材料的供应状况等"硬的经济环境",决定着企业能否保证生产所需的原材料和产成品的及时运输,也决定着企业是否能获得及时的市场信息。

2)技术环境

技术环境主要是指国家或地区的技术水平、技术政策、新产品开发能力以及产业化程度等,是衡量一个国家或地区综合实力和发展水平重要因素。例如,美国高技术产业在国内生产总值中的比重达到40%~60%。技术对企业经营的影响是多方面的,技术进步将使社会对企业产品或服务的需求发生变化,从而给企业发展提供有利机会。同时技术进步,理论成果转化为可应用产品的间隔会大大缩短,企业需投入的研发费用增加。

另外,企业在制定战略时还应注意到,一项新技术的发明和应用可能会影响甚至损害一些行业。例如通信的发达,使邮电行业举步维艰。

3)政治环境

政治环境包括国家或地区的政治体制、方针政策、法律法规等。政治环境的变化对企业的经营行为和利益具有显著的影响。政府一般通过税率、利率为杠杆的财政政策、货币政策以及制定一些法律法规来间接影响市场行为和企业的经营活动,通过干预外汇汇率来调整国际金融与贸易秩序。政局稳定、政策连续性强,对企业战略制定十分有利。因此在制定企业战略时,要正确判断政府政策的长期性和短期性行为,企业战略要对长期性政府政策做好充分准备,对短期性政策视其有效时间或周期做出反应。

4)社会环境和自然因素

社会环境包括文化、习俗、宗教信仰、社会道德观念、公众意识、价值观念和人口等。由于企业是组成社会的一个小团体,不可避免地要受到社会环境的影响和制约。

文化是人们的价值观念、思想、态度、社会行为的综合体。不同国家有不同的文化传统、社会习俗和道德观念,如日本强调集体的和谐及团体协作,韩国强调层次尊重和服从权威的和谐。社会文化意识影响人们的消费观念、消费行为、消费偏好和购买决策等,同时也影响着企业的经营行为和方式。

人口统计特征是社会环境的另一重要因素,直接影响消费行为。它包括人口数量、密度、年龄结构分布、地区分布、民族构成、职业构成、家庭规模、受教育程度等。

自然因素是一个国家或地区的客观条件,主要包括自然资源、地形地质、地理位置及气候等。

2. 企业所处行业环境分析

每个企业都属于某一行业,企业所在的行业和所要进入的行业,是对企业经营影响最大的和最直接的外部环境。

1)行业宏观环境分析

（1）行业所处的发展阶段分析。主要是分析判断企业所在的行业所处的阶段：是处于起步阶段和初始发展阶段，还是快速发展或成熟阶段，还是逐步衰退阶段。

（2）行业在社会经济中的地位和作用分析：①分析行业产值、利税额及吸引劳动力数量等方面在总量中比重；②行业现状和未来对整个经济社会及其他行业的影响程度；③行业在国际市场的竞争能力。

2)行业环境与竞争分析

行业环境是指企业所处的经营领域的环境，行业环境涉及的五种要素及其关系，如图1-2所示。

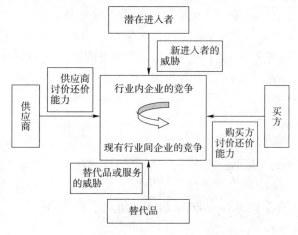

图1-2　行业环境涉及的五种要素及其关系

这五种要素的共同作用，决定了行业竞争的性质和程度，它们是形成企业在其某一竞争领域内竞争战略的基础。管理者要充分了解这五种要素是怎样影响竞争环境的，这样才能明确在该行业中企业所处的战略地位。

（1）新进入者的威胁。它是来自行业外的潜在加入者，是最敏感的影响因素。一般而言，当行业具有较高的投资回报时，就会吸引多的潜在加入者，新加入者的竞争将会导致整个行业平均利润的下降，除非行业市场正处于迅速扩张期。

潜在加入者是否会采取行动进入到本行业中来，取决于加入者对进入屏障和退出屏障的认识。进入屏障就是企业为进入某一行业所需克服的困难（技术障碍和风险）；退出屏障是企业要退出某一行业所要承担的损失。

（2）购买方讨价还价能力。购买方可能要求降低购买价格，要求高质量的产品和服务，其结果是行业竞争者竞争残杀，导致行业利润下降。主要因素是：①行业内企业的产品或服务差别化程度；②购买方对价格的敏感程度；③购买方拥有行业内企业成本信息的程度；④购买方行业与供应商行业的集中程度；⑤购买方转移成本的代价；⑥购买方后向整合进入行业的可能性大。

（3）供应商讨价还价能力。供应商一般是通过提高价格和降低产品质量或服务来转嫁和降低它们的成本，对行业内竞争企业显示自己的力量。较强讨价还价能力表现在：①供应行业的集中程度高于购买商行业的集中程度；②没有很好的替代品或服务供应；③行业中的企业不是供应商的重要客户;④供应商的产品是很重要的生产投入要素;⑤供应商的产品已给企业制造了很高的转换成本;⑥供应商前向整合,进入企业所在行业的可能性大。

(4)替代品的威胁。替代品给行业产品的价格定了一个上限。如果替代品的价格较低,投放市场后就会使本行业产品的价格上限处于较低水平,这就限制了行业的利润水平。一般来说,如果顾客面临的转换成本很低,或替代品的价格更低,或质量更好,或性能相似甚至超过竞争产品时,替代品的威胁就会很强。顾客认为具有价值的方面进行差异化(如价格、质量、服务、地点等),可以降低替代品的威胁。

(5)行业内企业的竞争。由于行业内企业相互制约,一个企业的行为必然会引发竞争反应。因此,企业为了追求战略竞争力和超额利润,都积极投身竞争。竞争手段通常表现为:价格战、广告战、服务战、产品(服务)开发与创新等。行业内企业的竞争程度取决于:①行业内竞争对手的数量及力量对比,当行业内具有多个实力均衡的竞争对手时,将会产生激烈竞争;②行业市场的增长速度;③行业内企业产品或服务的差异化和成本转换;④行业固定成本和库存成本的高低;⑤战略赌注和游戏规则;⑥行业分散与集中程度;⑦行业总体生产规模和能力;⑧行业进入和退出壁垒等。

3. 竞争对手分析

竞争对手是企业经营行为最直接的影响者和被影响者,这种互动关系决定了在企业外部环境中分析竞争对手的重要性。分析竞争对手的目的在于了解每个竞争对手可能采取的战略行动及其他企业的反应。对竞争对手的分析主要有四个方面:①竞争对手的长远目标;②竞争对手的现行战略;③竞争对手的假设;④竞争对手的实力。

4. 企业内部环境分析

企业的资源、能力、核心竞争力组成了企业的内部环境,它有时会比外部环境中的条件对企业的业绩产生更重要的影响。成功企业家均应认识到只有核心能力(通过企业内部环境研究可以找到)与机会(由企业外部环境所决定)相契合时,企业才能获得战略竞争能力和超值回报。

1)企业资源

企业资源是指投入企业生产过程的生产要素,即人、财、物、设备、技术、管理、信息及市场等,是企业战略实力的综合体现。显然,企业的资源实力不同,企业所能选择的战略也应不同。

企业资源也可以分为有形资源和无形资源。有形资源是指那些可见的、能量化的资源,包括财务资源、组织资源、实物资源和技术资源等。无形资源是指那些根植于企业的历史、长期积累下来的无形资产,如企业文化、员工敬业精神、创造能力、管理能力以及企业的品牌、声誉等,这些无形资产以一种独特的方式存在,很难被竞争对手了解、购买、模仿或替代,企业更愿意把无形资产作为它们能力和核心竞争力的基础,而且无形资产的价值是可以被更深地挖掘和利用的。

2)企业能力

企业能力来源于资源的有效整合,它是企业核心竞争力的来源。有形资产和无形资产的不断融合,形成企业所拥有的能力,企业能够利用洞察力和智慧创造并利用外部环境的机会,建立持久性的优势。研究表明,企业在某职能领域建立起来的竞争能力与企业的经营状况有关,因此,企业必须致力于在多元化企业里建立一种智能型的核心竞争力。如麦肯锡公司在市场营销领域中具有有效地推广其品牌的能力,使其成为当今世界最负盛名的管理咨询公司。

3)核心竞争力

核心竞争力是那些能为企业带来相对于竞争对手的竞争优势的资源和能力,是支持企业赖以生存和稳定发展的基础。每一种核心竞争力都是能力,但并非每一种能力都是核心竞争力。在实际操作中,一种能力要形成核心竞争力,它首先必须是:从客户角度出发,是有价值的并且是不可替代的;从竞争者角度出发,是独特的并且是不可模仿的。也就是说,要判断一种能力是否为核心竞争力,只需看它是否满足四个标准,即有价值的、稀有的、难以模仿的和不可替代的。

三、企业战略选择

企业战略管理框架也可分为总体战略、经营战略和职能战略。

1. 总体战略

总体战略即公司战略,所要解决的问题是确定企业经验范围,也就是企业在一个领域还是多个领域经营。因此我们把公司战略分为多样化战略和专业化战略两类。

1)多样化战略

多样化战略是企业在两个或两个以上领域进行经营。出于分散经营风险、避免业务萎缩、提高资源配置效率等方面的考虑会采取多样化经营战略。根据多样化业务之间的关联程度,多样化战略可分为:横向多样化、纵向多样化、同心多样化和复合多样化。

(1)横向多样化。

横向多样化是以现有的产品市场为中心,向水平方向扩展业务,也称水平多样化或专业多样化。这种战略由于是在原有市场、产品(或服务)的基础上进行多品种经营。因而开发、生产、营销技术关联度大,管理变化不大,比较适合原有声誉高、市场广且发展潜力还很大的企业。如汽车制造厂生产轿车、货车、大客车等不同类型的车辆。

横向专业化有三种类型:①市场开发型,即以现有产品为基础,开发新市场;②产品(或服务)开发型,即以现有市场为主要对象,开发与现有产品(或服务)同类的产品(或服务);③产品(或服务)、市场开发型,即以新开拓的市场为主要对象,开发新产品(或服务)。

(2)纵向多样化。

纵向多样化是指在一个完整的产品价值链中,企业在原承担的生产阶段的基础上向上或向下发展经营业务。如4S店在经销整车的同时,也经销油料、配件和经营个性化改装等业务。

(3)同心多样化。

同向多样化是指以技术或市场为核心的多样化,主要有三种形式:①多种产品或服务都以相同的市场为统一的核心,如一家汽车服务公司经营汽车销售、配件销售、汽车装饰和个性化改装、汽车维修、保险和金融等,这些产品或服务都统一在"汽车消费者"市场;②各种产品或服务都以相同技术为统一的核心,如维修服务公司同时经营汽车维修、拖拉机维修、工程机械维修等,可以共享机电维修技术;③各种产品或服务以相同的市场、技术为统一的核心,如客运、货运、出租运输、汽车租赁等都以运输技术为基础统一于运输市场。

(4)复合多样化。

复合多样化是指各产品或服务没有共同的主线和统一的核心的多样化,或者说这类企业进入没有任何技术、经济关联的多项领域。如首钢集团除主营钢材外,将经营范围扩展到电子、机械、建筑等行业。

多样化战略可以分散企业的业务,降低市场风险,同时也有利于企业发挥规模效应和品牌优势。但过分多样化会使企业经营战线过长,面临更大的管理失控风险。

2)专业化战略

专业化战略是指企业仅在某一领域集中经营单一产品或服务。即企业将大部分资源集中在单一市场或单一产品或服务上的经营战略。实行专业化战略的企业可以为目标客户提供更多品种和规格的产品或服务。由于可以更好地研究目标顾客的消费偏好及消费趋势变化,并且对这种变化能更快采取行动去适应,因而,实行专业化战略的企业可以以更快的速度生产出符合顾客不断变化的需求的产品或服务。此外,资源和资金的集中,易于达到规模经济效应,但同时伴随着较大的市场风险,因为一旦企业产品或服务市场萎缩,企业就会面临困境。

2. 经营战略

1)经营战略的类型

经营战略也称为一般竞争战略。波特在《竞争战略》一书中指出企业为了获得相对竞争优势,可以选择成本领先、差异化和集中化等三种不同类型的竞争战略。

(1)成本领先战略。

成本领先战略是指企业通过在内部加强成本控制,在追求产量规模经济效益的基础上把成本降低到最低限度,使企业在行业内保持成本领先的优势。

企业采用成本领先战略,可以形成进入障碍,增强企业讨价还价的能力,降低替代品的威胁,保持领先的竞争地位。但如果竞争对手的竞争能力更强,开发出成本更低的生产方法或采用模仿的办法,则采用成本领先战略就有可能处于不利的地位。

成本领先战略要想取得好的效果,还要考虑企业所在的市场是否是完全竞争的市场;该行业的产品是否为标准化的产品或服务;大多数购买者是否以同样的方式使用产品或服务;产品或服务是否具有较高的价格弹性;价格竞争是否为市场竞争的主要手段等。如果企业的外部环境和内部条件不具备这些因素,企业便难以实施成本领先战略。

(2)差异化战略。

差异化竞争战略是企业向顾客提供与众不同、独具特色的产品或服务,满足顾客的特殊需要,形成竞争优势的战略。差异化战略是企业广泛采用的一种竞争战略,因为每个企业都可以在产品或服务的某些特征上与竞争不同,所以企业差异化几乎是无限的。为了保证差异化的有效性,企业必须注意两个方面:①必须了解自己拥有的资源和能力,及其能否创造出独具特色的产品或服务;②从需求的角度出发,必须深入了解消费者的需求和选择偏好,企业所能提供的独具特色的产品或服务与消费者的需求相吻合是取得差异化优势的前提和基础。

企业采用差异化竞争战略可以使顾客产生品牌忠诚,降低对价格的敏感性,增强讨价还价能力;差异化可以给企业带来较高的溢价,不仅可以补偿因差异化所增加的成本,而且可以带来较高的利润;差异化还可以抵御替代产品的竞争。

差异化竞争战略存在两个主要风险:①当经济环境不佳、购买力下降时,消费者更关注实用价值与功能,差异化竞争优势会削弱;②竞争对手的模仿也是减少产品或服务差异化程度的因素。一般企业应首先考虑在产品实体的功能和售后服务上形成差异,而营销手段和商标的差异作为市场管理的手段。

(3)集中化战略。

集中化战略是指企业的经营活动集中于某一特定的市场或单一的产品(或服务)的竞争性战略。集中化战略能很好地服务于某一特定的目标市场,关键在于它能比竞争对手提供更为有效或效率更高的服务。

同其他战略一样,集中化战略也能在本行业内获得高于一般水平的收益。主要表现在:①便于集中整个企业的能力和资源,更好地服务于某一特定目标;②将目标集中于某一特定市场,可以更方便地调研与产品(或服务)有关的技术、市场、顾客及竞争对手的情况,做到知己知彼;③战略目标集中明确,经济效果易于评价,管理过程易于控制。因此,集中化战略对中、小型企业是一种最适宜的战略。

集中化战略风险较大,因为一旦企业产品或服务的市场萎缩,或消费者的偏好发生变化,或出现更具竞争力的替代品时,企业就会面临困境。

2)经营(竞争)战略的选择

(1)选择企业战略。

选择哪一种经营(竞争)战略,决定着企业的管理方式、产品的开发研究、企业的经营结构以及其市场理念。采用低成本经营(竞争)战略的企业就应在所有的生产环节都能实现合理化,除成本控制外,最重要的是讲求产品的合适批量,实现规模效益。采取差异化经营(竞争)战略,就必须有特别的工艺设备和技术,同时为了使顾客了解本企业的差异,或者让本来是标准化的产品或服务在消费者心目中建立起差异的形象,企业还要在营销方面扩大和加强广告宣传和促销活动。这就决定了产品差异化竞争战略必然与低成本竞争战略发生矛盾与冲突,同时实施两种战略的企业往往会在市场竞争中失败。世界最大的叉车制造厂克拉克公司就是同时追求两个目标而失败的典型案例。

同一企业可以在不同的产品或服务、不同的阶段采取不同的经营(竞争)战略。

①同一企业可以在不同种类产品上采取不同经营(竞争)战略,例如汽车销售公司可以在对轿车销售和货车销售分别采取低成本经营(竞争)战略和差异化经营(竞争)战略。

②同一企业可以在生产和营销两个不同环节上采取不同的经营(竞争)战略:可以在生产上采取低成本经营(竞争)战略,在销售和售后服务中采取差异化经营(竞争)战略。

③同一企业在不同时期可以采取不同的经营(竞争)战略产品或服务处于投入期和成长期,采用低成本经营(竞争)战略;产品或服务处于成熟期,则采用差异化经营(竞争)战略。

(2)选择企业战略应考虑的问题。

①外部环境。社会经济高速发展时期,企业之间竞争激烈,居民收入随生产力提高而迅速提高,降低成本经营(竞争)战略将失去意义。反之,经济不景气,可采用降低成本的经营(竞争)战略来刺激消费。另外,大众化的一般产品或服务应重视差异化经营(竞争)战略。

②自身实力。规模小的企业,自身资源和能力有限,应采取集中化经营(竞争)战略,以便集中优势资源或力量瞄准某一特定顾客群或特定地区,占领一定的市场份额;对于生产能力强、营销能力较差的企业,以选择成本领先经营(竞争)战略;反之,营销能力强而生产能力较弱的企业,以选择差异化经营(竞争)战略;如果企业的生产能力和营销能力都强时,可以考虑在生产上采用成本领先经营(竞争)战略,而在营销上采用差异化经营(竞争)战略。

③产品和周期。汽车属于价格较高的耐用消费品,使用周期较长,绝大多数消费者是依据广告宣传、营销人员介绍、产品性能和技术说明、可靠的质量、合适的价格来确定是否购买,所以,企业应在市场营销和服务方面实施差异化经营(竞争)战略。而日用消费品使用周期短,一般少量、反复购买,消费者更关注的是价格,应采取成本领先经营(竞争)战略。

3. 职能战略

职能战略又称职能支持战略,是按照总体战略或经营战略对企业内各方面职能活动进行的谋划。职能战略一般分为生产运营型职能战略、资源保障型职能战略和战略支持型职能战略。

1)生产运营型职能战略

生产运营型职能战略是企业或业务单元的基础性职能战略,从企业或业务运营的基本职能上为总体战略或经营战略提供支持,包括研发战略、筹供战略、生产战略、质量战略、营销战略、物流战略等。

2)资源保障型职能战略

资源保障型职能战略是为总体战略或经营战略提供资源保障和支持的职能战略,包括财务战略、人力资源战略、信息化战略、知识管理战略、技术战略等。

3)战略支持型职能战略

战略支持型职能战略是从企业全局上为总体战略和业务战略提供支持的职能战略,包括组织结构战略、企业文化战略、公共关系战略等。

职能战略描述了在执行公司战略和经营单位战略的过程中,企业中的每一职能部门所采用的方法和手段。

职能战略是为贯彻、实施和支持公司战略与竞争战略而在企业特定的职能管理领域制定的战略,所以必须与企业总体战略和经营战略相配合。比如,企业总体战略确立了差异化的发展方向,要培养创新的核心能力,企业的人力资源战略就必须体现对创新的鼓励;要重视培训,鼓励学习;把创新贡献纳入考核指标体系;在薪酬方面加强对各种创新的奖励。

四、企业战略制定、实施与控制

1. 企业战略制定

1)战略制定方式

不同类型与规模的企业以及不同层次的管理人员,在战略形成的过程中会有不相同的形式。根据不同层次管理人员介入战略分析和战略选择工作的程序,可以将战略制定的方式分为4种形式。

(1) 自上而下的方式。先由企业的高级管理人员制定企业的总体战略框架,然后由下属各部门根据自身的实际情况将企业的总体战略具体化,形成系统的战略方案。优点是企业的高层管理人员能够牢牢把握整个企业的经营方向,并能对下属各部门的各项行动实施有效的控制。缺点是要求企业的高层管理人员制定战略时必须深思熟虑,战略方案务必完善,并且还要对下属各部门提供详尽的指导。同时,这一方式也约束了各部门的手脚,不利于发挥中下层管理人员的积极性和创造性。

(2) 自下而上的方式。在制定战略时,企业最高管理层对下属部门不做硬性的规定,而是要求各部门积极提交战略方案,最高管理层在各部门提交战略方案的基础上加以协调和平衡,对各部门的战略方案进行必要的修改后加以确认。这是一种先民主后集中的方式,优点是,能够充分发挥各个部门和各级管理人员的积极性和创造性,集思广益,同时,由于制定的战略方案有广泛的群众基础,在战略实施过程中也容易得到贯彻和落实。缺点是,各部门的战略方案难以协调,影响整体战略系统性和完整性。

(3) 上下结合的方式。在战略制定的过程中,企业最高管理者和下属各部门的管理人员共同参与,通过上下各级管理人员的沟通和协商,制定适宜的战略。这种方式的主要优点是,有较好的协调性,制定的战略更加具有操作性。

(4) 战略小组的方式。是指企业的负责人与其他的高层管理者组成一个战略小组,共同研究制定企业战略。战略小组一般由总经理负责,人员构成具有很大的灵活性,由小组的工作内容而定,通常是吸收与所要解决的问题关系最密切的专业人员参加。这种方式目的性强、效率高,特别适宜于制定产品开发战略、市场营销战略等。

2) 企业战略制定的一般程序

(1) 识别和鉴定现行的战略。识别和鉴定企业现行的战略是制定新战略的前提。只有确认现行战略已经不适用时,才有必要制定新的战略。同时,也只有在认清现行战略缺陷的基础上,才能制定出较为适宜的新战略方案。

(2) 分析企业外部环境。调查、分析和预测企业的外部环境是企业战略制定的基础。通过环境分析,认清企业所面临的机会和威胁,考察现有和潜在竞争对手的图谋和未来的行动方向,预测未来一段时期社会经济动向,以及企业由此而面临的机遇和挑战。

(3) 测定和评估企业自身素质。企业可以通过内部条件分析来测定和评估企业的各项素质,摸清企业自身的状况,明确自身的优势与劣势。

(4) 制定战略方案。根据企业的发展要求和经营的目标,以及企业所面临的机遇和机会,企业列出所有可能达到经营目标的多种备选战略方案。

(5) 评价和比较战略方案。企业根据股东、管理人员以及其他利益相关者的价值观和期望目标,确定战略方案评价标准,并依照标准对各项备选方案加以评价和比较。

(6) 确定战略方案。在评价和比较方案的基础上,企业选择一种最满意的战略方案作为正式的战略方案。有时,为了增强企业的战略的适应性,企业往往还应选择一种或多种方案作为调整时备用的战略方案。

2. 企业战略实施

1) 企业战略实施阶段

企业一旦选择制定了合适的战略,战略管理活动的重点就应该转移到战略实施阶段。

所谓战略实施就是达到战略目标的战略计划和战略方案,是将战略付诸实际行动的过程。这一过程一般分为四个相互联系的阶段。

(1)战略发动阶段。此阶段主要是要调动企业员工实现新战略的积极性和主动性。这就要求企业高层管理者向员工灌输新思想、新观念,提出新口号和新概念,消除一些不利于战略实施的旧观念和旧思想,以使大多数人逐步接受这种新的战略。

(2)战略计划阶段。此阶段就是将经营战略方案具体化,也就是说将经营战略分解为几个战略实施阶段,每个战略实施阶段都有阶段目标、相应的政策措施、部门策略以及方针等。要求定出分阶段目标的时间表,对各分阶段目标进行统筹规划、全面安排,并注意各个阶段之间的衔接。

(3)战略运作阶段。根据企业经营战略,设计相适应的组织结构;调整可以利用的资源,进行再分配;建立良好的企业文化,有利于战略的成功实施;建立控制与激励机制、信息沟通机制,加强信息沟通。

(4)战略控制与评价阶段。企业战略是在变化的环境中实践的,因此,要加强对执行过程的控制与评价,适时调整战略计划,才能适应内外部环境和条件的变化。

2)企业战略计划的内容

企业战略计划必须有很强的环境适应性,即必须要有充足的弹性,这就决定了战略计划应具有以下几方面的内容。

(1)对企业总体战略的说明。包括3个方面的内容:①企业总体经营战略是什么,包括总体战略目标和实现总体战略的方针政策;②为什么选择这些选择;③实现此战略将会给企业带来什么样的重大发展机遇。

(2)分阶段目标。要对分目标进行尽可能具体与定量的阐述,它是保证总目标实现的依据。企业的分阶段目标常常与具体的行动计划和项目捆在一起,它们都是实现企业总目标的具体工具。

(3)企业的行动计划和项目。行动计划是组织为实施战略而进行的一系列资源重组活动的汇总,包括研究、开发及削减等方面的活动。各种行动计划往往通过具体的项目来实施。

(4)企业的资源配置。资源配置是制订计划的基本决策因素。实施战略计划需要设备、资金、人力资源及其他重要资源,因此,对各种行动计划的资源配置的优先程度应在战略计划系统中得到明确规定。所有必要的资源,在尽可能的情况下应折算为货币价值,并以预算和财务计划的方式来表达。

(5)组织保证及战略子系统的相互协调。为了实现企业的战略目标,必须有相应的组织结构来适应企业战略发展的需求。由于企业战略需适应动态发展的环境,组织结构必须具备相当的动态弹性。另外,企业战略计划系统往往包括若干子系统,必须明确各子系统间接口处的管理和控制。

(6)应变计划。有效的战略计划系统要求一个企业必须具备较强的环境适应能力。要获取这种能力,就要有相应的应变计划作为保障,要看到各种可能条件在一定时间内都可能突然发生变化。将应变计划作为整个战略计划系统的一部分,企业可以应付各种瞬息万变的环境,可在错综复杂的竞争环境中占领一席之地。

3. 企业战略控制

企业战略控制是指在企业战略的实施过程中,检查企业为达到目标所进行的各项活动的进展情况,评价实施企业战略后的企业绩效,并把它与既定的战略目标与绩效标准相比较,发现差距,分析产生偏差的原因,纠正偏差,使企业战略的实施更好地与企业当前所处的内外环境、企业目标协调一致,使企业战略得以顺利实现。

1) 战略控制的内容

(1) 设定绩效标准。根据企业战略目标,结合企业内部人力、物力、财力及信息等具体条件,确定企业绩效标准,作为战略控制的参照系。

(2) 绩效监控与偏差评估。通过一定的检测方式、手段、方法,监测企业的实际绩效,并将企业的实际绩效与标准绩效进行对比、偏差分析与评估。

(3) 设计纠正偏差的措施。通过设计顺应条件变化的纠正偏差措施,可以保证企业战略的圆满实施。

(4) 监控外部环境的关键因素。外部环境的关键因素是企业战略赖以存在的基础,这些外部环境关键因素的变化意味着战略前提条件的变动,必须给予充分的注意。

(5) 激励战略控制的执行主体。通过激励可以调动执行主体自控制与自评价的积极性,保证企业战略实施的切实有效。

2) 战略控制的方式

(1) 事前控制。在战略实施之前,要设计好正确有效的战略计划,计划要得到企业高层的批准后才能执行,批准的内容往往也成为考核经营活动绩效的控制标准。这种控制多用于重大问题的控制,如重要人员的任免、重大合同的签订、购置重大设备等。

(2) 事后控制。在企业的经营活动之后,把战略活动的结果与控制标准相比较。这种控制方式工作的重点是要明确战略控制的程序和标准,把日常的控制工作交由职能部门人员去做。即在战略计划部分实施之后,将实施结果与原计划标准相比较,由企业职能部门定期将战略实施结果向高层汇报,由高层领导者决定是否采取纠正措施。

(3) 过程控制。企业高层领导者要控制企业战略实施中的关键性的过程或全过程,随时采取控制措施,纠正实施中产生的偏差,引导企业沿着战略的方向进行经营,这种控制方式主要用于对关键性战略措施进行的控制。

3) 企业战略控制系统的组成及控制过程

企业战略控制系统由战略控制、战术控制和作业控制等基本系统组成。

(1) 战略控制系统。是以企业高层领导为主体,关注的是与外部环境有关的因素、企业基本的战略方向和企业内部的绩效。

(2) 战术控制系统。是指企业的主要下属单位,包括战略经营单位和职能部门两个层次,关注的是企业战略计划的实施与执行,即下属单位在实现企业战略的策略及中期计划目标的工作绩效,检查是否达到企业总体战略为他们规定的目标,战术控制主要由企业总经理和下属单位的负责人进行。

(3) 作业控制系统。是对具体负责作业的工作人员的日常活动的控制,关注的是员工履行规定的职责和完成作业目标的绩效,作业控制由各级主管人员进行。

公司级控制的重点是使公司内各种的活动保持一个整体的平衡,在这一层次,战略控制和战术控制是最重要的控制。在事业部级,控制主要是维持和改进经营单位的竞争地位,在此,战术控制应占主导地位。在各职能部门中,控制的作用是开发和提高以职能为基础的显著优势和能力,由于其时限较短,因此在这一层次上,作业控制和战术控制是最重要的控制。

无论是哪一类型的控制,控制的过程基本上都是一样的,就是将实际工作绩效与评价标准进行对比,如果二者的偏差没有超出容许的范围,则不需采取任何修正行动。反之,如果实际工作绩效与评价标准的偏差超出规定的界限,则应找出发生偏差的原因,并采取纠正措施,以使实际工作绩效回到标准范围之内。在控制过程中,预期的结果,即长期或短期目标,在战略制定中就已经确立。评价标准是一个参照物,它是用来衡量企业是否达到它的目标。评价工作绩效发生在将控制系统的输出与评价标准相比较时,如果输出与评价标准不符,则必须采取纠正措施。这些措施包括的范围很广,如改变预期目标、改变战略、改变企业的组织结构或者变更管理者等。另一方面,如果控制系统表明企业的活动正在达到评价标准,就无需采取纠正措施。

第六节　汽车服务企业特点及管理任务

一、服务与汽车服务

1. 服务的概念与特点

1) 服务的概念

"服务"一词包含了非常广泛的内容。自20世纪中叶开始,市场营销学界就从不同角度为服务作了许多定义。

综合来讲,服务是以无形的方式,在顾客与服务人员、有形资源产品或服务系统之间发生的,可以为服务对象提出的问题提供解决方案的一种或一系列行为。因此,服务是行动、流程和绩效。

2) 服务的特点

(1) 服务的无形性。服务是产品,但与有形产品不同,它是无形的,是不可触摸的。例如,汽车使用者或消费者到汽车维修服务企业,并不是去购买设备,而是去接受汽车检测故障、汽车维修和养护等服务;参加汽车俱乐部目的,是为了享受由俱乐部提供的汽车救援、保险、牌证代理、专题汽车文化活动等服务。判断一项服务的好坏,主要取决于它的一些不可触摸的特性,如热情、周到、专业、技能等。

(2) 服务的即时性。服务的生产过程和消费过程是同时发生,必须是有顾客接受服务才能进行生产,消费过程的结束也就意味着生产过程的结束。因此,服务是无法储存的。由于服务的即时性,服务企业服务能力的设定就非常关键,服务能力的大小,服务的设施、设备,对服务企业的盈利能力具有很大影响。如果服务能力不足,会带来机会损失;而服务能力过大,会浪费固定资产投入。由于服务的即时性,在服务生产过程中,顾客是参与其中的,服务提供者与消费者之间的接触程度较高。因此,服务过程的质量控制对服务业来说,就显得至关重要。为此,服务业加强员工培训,提高其工作责任心和服务技能,是保证服务质量的关键。

(3) 服务的易进入性。从事服务业生产,相对于制造业来讲,不需要太多的投资,进入门槛很低。这就意味着,如果某服务行业具有较强吸引力,则新的竞争者会不断涌入,竞争者的发展可能相当快,因此,服务业必须对潜在和现实的竞争行为保持足够的警觉。

(4) 服务的外部影响性。技术进步、政策法规等外部因素对服务业的影响很大。这些外部因素往往会改变服务企业的服务内容、服务提供方式及其规模结构。例如,过去的汽车维修业务,经验诊断和各种零件修复工艺是其主要服务内容。随着汽车技术的电子化、结构的精细化,维修服务中计算机诊断、换件修理已成为主要服务内容,专门的检测和拆装工器具不可或缺。随着我国服务贸易领域对外开放进程的不断深入,以及国外汽车服务企业进入我国市场,汽车金融、保险服务将逐渐成为汽车服务业新的竞争热点。所以,汽车服务企业必须保持对技术进步和国家政策法规的高度敏感,只有不断更新服务内容,才能在竞争中立于不败之地。

2. 汽车服务

汽车服务企业在产业划分上属于服务业。因此,汽车服务业是第三产业,是社会经济发展的至关重要产业。

汽车服务涵盖的工作内容广泛。概括起来说,汽车服务有狭义和广义之分。

狭义的汽车服务是指汽车从新车出厂进入销售流通领域,直至其使用寿命终止后回收报废各个环节涉及的全部技术和非技术的各类服务和支持性服务,如汽车的分销流通、物流配送、售后服务、维修检测、美容装饰、配件经营、智能交通、回收解体、金融保险、汽车租赁、旧车交易、驾驶培训、信息资讯、广告会展、交易服务、停车服务、故障救援、汽车运动、汽车文化及汽车俱乐部经营等。

广义的汽车服务还可延伸到汽车生产领域的各种相关服务,如原材料供应、工厂保洁、产品外包装设计、新产品的试验测试、产品质量认证及新产品研发前的市场调研等,甚至还可延伸至使用环节中的相关服务,如汽车运输服务、出租汽车运输服务等。

汽车服务工程中,技术性服务属于机械电子工程范畴,而非技术性服务则属于管理工程范畴,汽车服务的各项内容是相互联系的,它组成了一个有机的工程系统。由于汽车服务企业所涉及的工作都是服务性的工作,因此它属于第三产业。

汽车属于高技术含量的产品,在整个寿命期内,都需要专业的技术人员提供专业的帮助,因此,汽车服务企业有良好的生存基础。据美国测算,1美元的汽车工业产值将会带来8美元的汽车后市场产值。因此,人们把汽车服务后市场称作汽车制造业价值链中的"第二桶金",汽车服务业具有广阔的发展空间。

二、汽车服务企业

1. 汽车服务企业的概念

本教材所讲的汽车服务企业是指为潜在和实现汽车使用者和消费者提供服务的企业,主要是指从事汽车营销的企业和为汽车使用者或消费者提供维修和保障技术服务、配件供应及其他相关服务的企业。

2. 汽车服务企业的类型

由于汽车使用者或消费者在地域、职业、文化层次及可支配收入等分布的离散性,决定了其对产品服务需求的多样性特点,这一特点同时决定了汽车服务企业类型的多样性。因此,汽车服务企业按照业务类型大致可分为:整车销售企业、配件销售企业、汽车维修服务企业、汽车改装及装饰美容服务企业、汽车租赁服务企业、汽车金融服务企业、汽车保险服务企业、汽车俱乐部等。

1)整车销售企业

整车销售企业可分为新车销售和二手车交易企业,其中新车销售企业又分为单品种经营企业和多品种经营企业。

(1)汽车品牌专营企业。这种企业与某一品牌汽车生产商签订特许专营合同,受许可合同的制约,接受生产商的指导、监督、考核,只经营该品牌的汽车,并为该品牌汽车的使用者或消费者提供技术服务。汽车品牌专营店一般采用统一的店面设计和外观设计,一般是前店后厂的方式,具有整车销售(Sale)、配件供应(Spear-part)、维修服务(Service)和信息反馈(System)等四项主要功能,所以也称为"4S"店,也称为"四位一体点"。这种企业专营某一品牌汽车,集销售与服务于一体,且能得到汽车生产商在技术和商务上的支持,提供专业化的技术支持和服务,有利于为汽车消费者提供优质服务。这种经营形式适合于经营市场保有量较大的汽车品牌和单车价格较高的汽车品牌。

(2)多品种经销企业。汽车经销商在同一卖场同时经销多个品牌的汽车。这种形式的优点是建店成本低,消费者在同一店内可以对多种不同品牌汽车进行比选。但是它难以提供专业化的技术服务,增加了消费者的购买顾虑。这种经营形式适合于经销生产厂商技术服务网络比较规范和完善的汽车品牌或市场保有量较少的汽车品牌。

(3)二手车交易企业。专门为旧车车主和旧车需求者提供交易,促成二手车交易的企业。旧车并不一定是车况差的车,主要相对于一次交易来说须办理过户手续的车辆。主要业务为旧车回收、车辆评估、技术状况鉴定、旧车售卖或撮合交易、拟定合同、代办过户手续、必要的检测或维修等。我国《旧机动车交易管理办法》规定:所有的旧机动车交易行为都必须在经合法审批设立的旧机动车交易所进行。

2)配件销售企业

(1)汽车配件销售企业。可以分为配件批发商(或代理商)和配件零售商两类,配件批发商(或代理商)主要从事配件及精品的批发业务,服务对象是配件零售商、各类汽车维修企业、装饰美容企业;配件零售商主要从事汽车配件及精品的零售业务,服务对象是车主。

(2)汽车配件连锁销售企业。连锁销售是经营汽车配件的若干企业在核心企业或总部的领导下,通过规范化经营实现规模效益的经营形式或组织方式。连锁系统像锁链似的分布在各地,形成强有力的销售网络,利用资本雄厚的特点,大批量进货,大量销售,具有很强的竞争力。这种形式在国内外汽车配件销售中广泛采用,国外许多经销商已涌入我国的配件市场。

3)汽车维修服务企业

(1)综合汽车维修服务企业。可以承担多种品牌汽车的维修技术支持和服务的企业。按照经营技术条件,维修企业可分为三个类别:一类维修服务企业,可以从事汽车大修、总成大修、一级和二级维护、车辆小修等综合维修服务业务;二类维修服务企业,可以从事汽车一级维护、二级维护和小修等维修服务业务;三类维修服务企业,只能从事专项修理业务,在我国这类维修企业占有很大的比例。

(2)汽车特约维修站。与汽车生产厂商签署特约维修合同,在某一地域负责某一品牌汽车技术支持、维护、故障检测诊断和修理等服务业务。这种经营方式可以设在综合修理厂内,也可以独立设置。由于其拥有该品牌汽车专业拆装和维修、检测诊断设备和工具,且能得到生产厂商强有力的技术和配件支持,才实现规范化作业,保证维修质量。品牌汽车特约维修站在我国已构成汽车生产厂商售后服务网络体系的主干。

(3)汽车快修店。这类企业主要从事汽车生产厂商质量保修范围以外的汽车故障维修工作,一般是汽车低保、换件修理等无须专业诊断与作业设备的小修业务。它们分布在街头巷尾、公路两旁,随时随地为汽车消费者提供应急维修服务,非常贴近消费者。它可以是综合维修服务企业、特约维修站的派出机构,也可以是独立维修服务企业,是汽车维修服务网络的重要补充。

(4)连锁维修服务企业。与连锁配件经销企业一样,在核心企业或总部的领导和技术支持下,通过统一规范化维修作业、批量化配件供应、销售,实现规模效益的经营形式或组织方式。连锁系统像锁链似的分布在各地,形成强有力的维修服务网络,利用资本雄厚的特点,大批量进货、大量销售配件,规范维修作业方式,统一价格,进而赢得消费者信赖,占领市场。

4) 汽车改装及装饰美容服务企业

这类企业从事的主要业务是在不改变汽车基本使用性能的前提下,根据消费者的个性化要求对汽车进行内部装饰、外部装饰、局部改装及汽车清洁养护业务的企业。随着汽车进入家庭,消费者的汽车个性化需求体现得越来越明显,促进了这类企业的发展。

5) 汽车租赁服务企业

汽车租赁服务主要是为短期或临时性的汽车使用者提供各类用途的汽车,按使用时间或使用里程收取相应的费用。汽车租赁企业应为车辆办理上路行驶手续和证照,缴纳与车辆使用相关的各种税费和保险,承担汽车维修和维护费用,为短期或临时性汽车用户提供便利。车辆使用者除支付必要的租金外,仅承担汽车使用的直接费用,如燃油费、过路过桥费和停车费等。

6) 汽车金融服务企业

这类企业是以资本经营和资本保值增值为目标,为汽车消费者提供资金融通服务:为客户提供资信调查与评估,提供贷款担保方式和方案,拟订贷款合同和还款计划,发放消费信贷,承担合理的金融风险等。

7) 汽车保险服务企业

汽车保险服务企业主要向汽车使用者或消费者提供汽车保险产品的合理设计,并提供定责、定损、理赔服务等业务。近年来还出现了一种新型的汽车保险服务企业——保险公估企业,以第三方的身份为汽车保险企业和汽车使用者或消费者提供客观公正的定责、定损意见。这种形式的企业的诞生,有利于汽车保险市场的操作规范化,有利于平衡保险企业与汽车使用者或消费者间的强弱关系,有利于提高汽车保险服务业的服务水平。

8) 汽车俱乐部

汽车俱乐部主要从事代办汽车年检年审,代理汽车保险理赔,汽车救援、维修,主题汽车文化活动等业务。它是以会员制形式,向加盟会员提供能够满足会员要求、与汽车相关的各类服务的企业。汽车俱乐部一般分为三种类型:①经营型俱乐部,它为会员有偿提供所需的与汽车相关的服务;②文化娱乐型俱乐部,它为会员提供一个文化娱乐、交友谈心、交流信息、切磋技艺的场所和环境;③综合型俱乐部,它集前述两类俱乐部于一体。

实际上大型汽车服务企业往往涉及上述多种类型的综合经营状态。例如,"4S"店,既从事整车销售、配件供应、汽车维修业务,也从事代办保险、汽车救援、旧车置换等业务;大型汽车维修服务企业则是由多个汽车销售、维修、配件经销企业构成。本教材所讲的汽车服务企业主要是针对汽车后市场整车销售和售后服务企业。

三、汽车服务企业经营特点

尽管汽车服务企业服务内容涵盖非常广泛,服务形式也多种多样,其经营表象有较大的差异。但是,汽车服务企业的经营特点仍然具有许多共同特性。为做好汽车服务企业管理工作,有必要了解这些特点。

1. 经营的顾客中心性

汽车服务企业以潜在和现实的汽车使用者或消费者为服务对象,企业经营的所有活动都是以顾客为中心展开的。特别是随着汽车市场中的买方市场特征越来越明显,汽车市场竞争越来越激烈,汽车使用者或消费者拥有越来越多的选择机会。汽车服务企业必须从顾客需求出发来确定自身经营目标和理念,以满足顾客需求,最终实现企业利润。汽车服务企业生产经营过程中,顾客参与程度较高,顾客满意度成为考核企业经营优劣和管理水平高低的重要指标。因此,汽车服务企业都以提高顾客满意度为其重要的经营管理任务。

2. 经营的波动性

汽车是价格比较昂贵消费品,其供求关系必然受到国民经济运行波动的影响,消费人群、季节及节假日也是重要的影响因素。因此,为汽车消费者服务的汽车服务企业的经营活动表现出较为明显的波动性。元旦后春节前是汽车销售的最旺季,举办车展的"十一""五一"也是汽车产品销售的黄金时间段。这段时间,汽车销售服务企业进销存业务比较繁忙。同时,汽车金融和保险服务企业的经营活动也相应达到高潮。每逢节假日,汽车使用需求急剧加大,汽车养护服务服务需求也相应增大,同时汽车租赁企业也会供不应求。另外,由于私家车消费人群的工作特点,使汽车维修服务企业每逢周末维修服务量会急剧增大。汽车服务企业经营活动的波动性对企业管理提出的挑战是如何合理设计企业的服务能力,如何有效地进行需求管理,采取各种措施使企业的服务能力与服务需求相适应。

3. 经营的社会性

汽车服务企业涉及的服务门类广泛。汽车既可作为私人消费品,也可作为运输生产资料,其在经济生活中扮演重要角色。汽车服务与社会的方方面面联系密切,在国民经济中具有重要的地位与作用,同时也易受外部环境变动的影响。因此,其经营活动表现出很强的社会性。这就要求汽车服务企业密切关注社会环境、技术环境、法律环境的变化,及时调整经营策略,完善与改进自身服务内容,以适应外部环境的变化。

四、汽车服务企业管理的任务

汽车服务企业管理的任务,就是按照汽车服务市场的客观规律,对企业的全部生产、销售、服务等经营活动进行计划、组织、指挥、协调和控制,使各汽车服务环节互相衔接,密切配合,使人、财、物各因素得到合理组织、充分利用,以最小的投入,取得满意的产出,实现企业的经营目标。为实现良好的经济效益,必须不断扩大本企业产品(服务)的市场占有率。市场占有率的提高,在产品同质化趋势日益明显的市场中,很大程度取决于顾客的满意度。所以,汽车服务企业必须将提高顾客满意度作为企业最重要的任务之一。汽车服务企业的管理必须与提高顾客满意度相适应。从某种意义上说,汽车服务企业管理的任务就是充分利用企业的内部和外部各种可利用的资源,对生产(服务)经营活动进行计划、组织、指挥、协调和控制,努力提高顾客满意度,提高顾客忠诚度,不断提高本企业产品市场占有率,从而实现企业最佳经济效益的目的。

1. 市场占有率

市场占有率可用相对市场占有率和绝对市场占有率来表示,它是反映企业市场地位的一个指标。可以表现为本企业销售新车或旧车的数量或销售额与同期市场总销量或销售额的比值关系;也可以表现为本企业汽车维修服务台次或维修服务收入占同期市场总维修台次或维修收入的比例;也可以表现为本企业承揽的汽车保险费收入与同期市场的汽车保险费收入之比;还有可能表现为汽车俱乐部拥有的会员数量占同期该区域汽车消费者数量的百分比等。以维修服务量表示的基本计算公式为:

$$绝对市场占有率 = \frac{该产品本企业维修台次}{同期该产品市场总维修台次}$$

$$相对市场占有率 = \frac{该产品本企业维修台次}{同期该产品最大竞争对手维修台次}$$

2. 顾客满意度

满意是一种感觉状态的水平,它来源于对一件产品(或一次服务)所设想的绩效或产出与人们的期望所进行的比较。顾客对产品或服务的期望来源于以往的经验、他人经验的影响以及营销人员或竞争者的信息与承诺。而绩效来源于整体顾客价值(由产品价值、服务价值、人员价值、形象价值构成)与整体顾客成本(由货币成本、时间成本、体力成本、精力成本)构成之间的差异。

因此,顾客满意可以定义为:某一顾客通过对某一产品(或服务)的可感知效果(或结果)与其期望值相比较后所形成的感觉状态。能否实现顾客满意取决于三个重要因素:①顾客对产品(或服务)的先期期望;②产品(或服务)的实际表现;③产品(或服务)的表现与顾客期望的比较。如果可感知效果低于期望,顾客就会不满意;反之,如果可感知效果与期望相匹配,顾客就满意。当然可感知效果超过期望,顾客就会高度满意、高兴或欣喜。

顾客满意度就是量化了的顾客满意。顾客满意度是指人们对所购买的产品(或服务)的满意程度,以及由此产生的决定他们今后是否继续购买(接受服务)的可能性。满意度的高低取决于购买(或服务)前期待与购买(或服务)后实际体验之间的关系,即:

$$顾客满意度 = \frac{购买(或服务)后实际体验}{购买(或服务)前期待}$$

企业要实现高的顾客满意度,必须从以下几方面来真正理解顾客需求:表达出来的需求,真正的需求,没有表达的需求,核心需求满足后的附加需求,秘密需求等。值得注意的是,对诸多需求的满足,其次序性、结构性并非是刚性的,而是受许多内外部因素影响。因此,顾客需求的研究是汽车服务企业必须高度重视的工作。

所以,汽车服务企业经营战略必须以全面顾客满意为中心,企业经营成败的关键是能否赢得市场和顾客。企业能做到让顾客全面满意,赢得顾客,就能争取到汽车服务市场份额,在激烈的竞争中获得胜利。

3. 顾客忠诚

所谓顾客忠诚(Customer Loyalty),是指顾客在满意的基础上,进一步对某品牌或企业服务做出长期购买的行为,是顾客一种意识和行为的结合。顾客忠诚所表现的特征主要有以下四个方面:

①再次或大量购买同一企业该品牌的产品或服务;
②主动向亲朋好友和周围的人群推荐该品牌产品或服务;
③几乎没有选择其他品牌产品或服务的念头,能抵制其他品牌的促销诱惑;
④发现该品牌产品或服务的某些缺陷,能以谅解的心情主动向企业反馈信息,求得解决,而且不影响再次购买。

高度忠诚的顾客是企业最宝贵的财富,更是企业服务形象的最好广告和宣传者。因此,建立顾客忠诚非常重要。强调顾客对企业贡献的帕累托原理(Pareto Principle)认为:80%的企业利润来自20%的忠诚消费者。美国的一家策略咨询公司调查分析认为:客户保持率上升5个百分点,利润可上升25%~80%。开发一个顾客比维护一个顾客要多花几倍甚至更多的精力和费用。

对于汽车服务企业而言,顾客忠诚,并不是汽车服务企业要求顾客做到对其企业忠诚,而是汽车服务企业以卓越的服务理念,向顾客提供卓越的产品和卓越的服务而感动顾客,使顾客成为企业的伙伴、朋友,顾客自愿做到对企业"忠诚"。这种"忠诚"关系最终可以达到双赢。

五、汽车服务企业管理内容

根据汽车服务企业的经营特点,汽车服务企业管理包含如下几个方面的内容。

1. 经营管理

依据汽车服务企业的经营特点,通过对汽车服务企业外部经营环境的研究,确定企业经营思想和方针,制定企业的发展战略和目标,搞好企业经营决策、经营计划、市场营销、服务产品和项目开发、技术创新等管理工作。

2. 服务管理

服务管理是指对服务的全过程进行管理,它包括以下几个方面。

(1)服务质量管理。通过建立汽车服务质量保障体系,设计与推行标准化服务流程,完善服务补救程序等提高服务质量,从而提高顾客满意度,使顾客由满意而生感动,直至成为企业的忠诚顾客。

(2)生产设备管理。合理设计汽车服务企业的服务能力,如销售能力、维修保障能力等,对服务设施定期计量检定、维护,适时更新和报废。

(3)定额管理。制定汽车服务的各类技术经济定额,如工时定额、物料消耗定额、费用定额等,并严格执行,适时修改和动态管理。

(4)配件管理。保障汽车备件供应率是提高汽车维修服务质量的重要内容。要提高备件供应率必须确立适当的备件经营机制,做好备件的计划、采购和仓储管理工作。

3. 财务管理

财务管理是企业再生产过程中对资金运作的管理,是对企业再生产过程以价值形态表现的全部活动,汽车服务企业财务管理的主要内容包括资金的筹集、运用,资产的管理,收入、成本、利润管理,分配管理等。

4. 人力资源管理

人力资源管理是现代企业管理的重要方面。因为寻找到优秀的雇员,并创造有利条件,充分调动发挥雇员的主观能动性和其各自的优势,对企业的市场竞争力有着巨大的影响。人力资源管理包括:人员的招募与选聘,岗位设计和职能划分,人员薪酬和考核评估设计,人员培训等。

5. 信息管理

现代企业的竞争,在占有信息以及充分控制利用信息价值方面显得非常激烈。因此,信息管理是汽车服务企业管理的重要内容之一。信息管理的主要内容包括:产品(服务)质量与保修信息管理,客户信息管理(其理论上的发展是客户关系管理)和外部环境信息管理(包括国家政策、法规、行业发展动态、市场竞争情报等)。

第二章 汽车服务企业营销管理

第一节 市场营销概述

技术飞速发展、市场不断扩大、竞争不断加剧、环境不断变化,现代企业处在一个全新的、动态变化的环境里,面对着更加挑剔、更加成熟、需求更加分散和多样化的顾客群体,市场营销逐渐成为企业的一项核心职能,成为企业获取利润和保持竞争优势的重要途径。顾客始终是市场营销的中心,是市场营销的立足点和出发点。

一、市场营销的概念

市场营销有多种定义,市场营销大师菲利普·科特勒在其编著的《市场营销原理》(第13版)中给出了广义和狭义两种定义。广义上,市场营销是个人和组织通过创造和同他人交换产品和价值以满足需求和欲望的一种社会管理过程;狭义上,市场营销是企业为从顾客处获得利益回报而为顾客创造价值并与之建立稳固关系的过程。美国营销协会对市场营销的定义是为消费者创造、传播、传递价值和管理顾客关系,为组织和利益相关者带来利益的一系列过程。依据上述定义,理解市场和顾客的需求与欲望,并采取行动满足其需求和欲望,借此实现个人和组织的目标是市场营销的核心。市场营销首先是理解和满足顾客需求,其次才是通过满足顾客需求实现个人和组织的收入或盈利目标,因此市场营销需要正确处理好利己和利人的关系。应是先利人后利己,为顾客创造价值并建立顾客关系。市场营销过程模型如图2-1所示。

图2-1 市场营销过程模型

二、市场营销在现代企业中的作用

企业作为一个独立经营的经济实体,它的存在就是为了不断满足市场和顾客的需要,为社会提供有用的产品和服务,在此过程中实现企业的发展。进入21世纪,企业所处的环境发生了巨大的变化,使得市场营销在现代企业中的作用日益重要,这种变化表现在以下四个方面。

(1)经济全球化进程加快,全球市场逐渐形成,竞争加剧。

经济的全球化,形成了大量全球跨国公司,它们在全球范围内配置资源,建立起全球生产、营销体系,改变了各国经济联系的内容,使国际分工进一步深化,跨国公司的扩张导致了全球竞争的加剧。

(2) 信息技术飞速发展,人类正由工业社会向信息社会、服务社会转变。

信息和网络技术的"时空压缩"效应,大大提高了信息以及资源的流动速度,极大地提高了效率,它对市场的放大效应已显现。

(3) 买方市场的形成,消费者的选择在交易中的作用提高。

随着新能源的发现、新技术的开发和新材料的应用,以及劳动者技能的不断提高,人类的生产率迅速提高,生产能力迅速扩大,人类由短缺经济走向过剩经济,产品由传统的卖方市场变为买方市场,消费者的选择在市场交易中起着越来越重要的作用。

(4) 顾客需要多样化、个性化,需求水平提升,需求层次丰富。

随着经济的发展和人均收入水平的提高,人们的需求层次提高,需求差异扩大,这也给市场营销提出了新的要求。

以上这些变化,都对现代企业的生存和发展提出了新的要求。企业需要加强市场营销的职能,改变传统观念,重新组织和调配企业的各种资源,从而适应环境的变化,实现企业的目标。

三、市场营销观念

市场营销是个人和群体通过创造并同他人交换产品和价值以满足需求和欲望的一种社会管理过程。市场营销的主体是"人和群体",其目的是"满足需求和欲望";手段是"交换";载体是"产品";本质是"社会管理过程"。所以市场营销涉及以下几个核心观念:需要、欲望和需求,产品,效用、费用和满足,交换、交易和关系,市场,市场营销和市场营销者。

(1) "需要"是与人的生理及心理相联系的基本要求。

欲望是指人希望得到更深层次需要的满足,如"吃讲营养、穿讲式样、住讲宽敞、行要便利快捷"。人的欲望是无限的,并受到外界环境的影响。需求是指针对特定产品或服务的欲望,当消费者有支付能力且愿意购买某种产品或服务时,欲望就形成了需求。市场营销就是关注人们的需要、欲望和需求,并有效地满足它。

(2) 产品是满足人们某种需要和欲望的一切商品和服务。

产品既包括有形产品,也包括没有物质形态的无形服务。消费者购买产品,是因为它能够满足人们的某些需要,能够带来满足。产品能满足消费者需要而组合的能力就是产品的效用,即产品对消费者具有效用。消费者购买产品需要支付一定的费用。消费者选择购买产品时,就是在一定的费用支出下,获得最大的效用。

(3) 市场是买卖双方聚集交易的场所,是各种交易关系的总和。

现代市场营销理论认为,市场是由一切具有特定的欲望和需求并且愿意并能够以交换来满足此欲望和需求的潜在顾客组成的。从顾客的角度来定义市场,实际上是针对某种产品的买者的集合,与此相对应的卖者的集合则构成了产业。

(4) 市场营销是指与市场有关的一切活动。

市场营销的目的就是为了更好地满足人们的需求和欲望。市场营销的主体是通过积极的活动,促进交易实现的人和群体,我们称之为市场营销者。在营销活动中被动的一方称为目标公众。通常情况下,市场营销者是服务于最终用户同时又面临竞争的企业。

四、市场营销观念的演变

任何市场营销活动,都是在一定的营销观念指导下进行的。指导企业市场营销活动的观念先后经历了生产观念、产品观念、推销观念、市场营销观念和社会营销观念等。

1. 生产观念

生产观念认为,消费者喜欢那些随处都可买到的价格低廉的产品。因此,企业就通过努力提高生产效率,并扩大销售范围来实现销售和盈利目标。由此可以看出,在短缺经济的情况下,生产观念是指导市场营销的有效观念。如:汽车进入家庭的初期,美国福特公司就是通过生产民众买得起"大众车"来占领市场。

2. 产品观念

产品观念认为消费者最关心产品的质量、性能和特色。因此,企业的任务就是设计、开发、生产优良的产品,并不断改进。产品观念认为消费者需要的是产品本身,没有意识到消费者真正需要的是产品提供的功能,和生产观念一样,它也是定位于生产者,较少与消费者沟通,导致了"营销近视症"——过分重视产品而忽略顾客需求。

3. 推销观念

推销观念认为,如果对消费者置之不理,他们不会大量购买本企业的产品,因此,企业应该努力进行推销和促销来扩大销售。

4. 市场营销观念

市场营销观念认为,要占领市场,关键是正确确定目标市场的需要和欲望,比竞争对手更好地满足它。市场营销观念围绕目标市场的顾客需求,开展市场营销活动,通过满足消费者需求来创造利润,实现企业的目标。与传统的观念相比,市场营销观念是一种市场导向的观念,它们之间有着本质的区别。目标市场就是企业选择为之服务的顾客群,他们对企业的产品有着特殊的需要,企业可以通过与消费者的沟通以及市场调查等方式了解这些需要,并协调企业的各个部门和人员来有效满足顾客的需要。这些部门和人员既包括销售部门和人员,也包括生产、服务等部门和人员。市场营销的目的在于通过满足顾客的需求来实现企业的赢利目标。

5. 社会营销观念

近年来,随着环境恶化、资源耗竭、人口爆炸、收入不均衡等一系列环境和社会问题的出现,产生了社会营销观念。这种观念认为,市场营销应充分考虑社会福利,也就是说市场营销不但要满足目标市场的需要,同时也要改进社会福利,对社会大多数人有利。如用新型的包装材料包装食品,既满足了消费者的需要,又减少了污染和生态破坏,对社会是有利的,这就反映了关注社会福利的社会营销观念。

五、市场营销与顾客满意

对于处于买方市场的环境下的企业,消费者的选择范围非常大,面对众多的选择机会。因此,企业应为顾客提供高质量的产品和优质的服务,以使顾客满意。否则,企业就可能失去市场。现代市场营销理论认为,顾客通常按照价值估价行事,他们追求价值的最大化,市场营销成功的关键就在于为顾客提供最大的让渡价值,保持顾客的满意水平。

顾客从产品中期望得到的价值包括产品价值、服务价值和形象价值等,它们构成了整体顾客价值。顾客购买产品(或服务)要花费成本,包括货币成本、时间成本、体力成本和精神成本,这构成了整体顾客成本。整体顾客价值与整体顾客成本之差就是顾客让渡价值,顾客就是按照让渡价值最大化原则来决定产品的购买行为。顾客是否满意取决于从产品得到的绩效或产出与期望的比较,是一种感觉状态的水平。因此,满意水平是预期绩效与期望差异的函数。如果绩效小于期望,顾客会不满意;如果绩效等于期望,顾客会满意;如果绩效大于期望,顾客会十分满意、高兴或喜悦。企业进行营销,可以从改善绩效与期望两个方面入手,以适当的成本保持顾客合适的满意水平,建立顾客对企业以及产品的忠诚。因为顾客的期望、所设想的绩效以及满意水平是不断变化的,因此,企业也需要动态跟踪顾客这些方面的变化,并监视竞争对手,确定合适的营销对策。

六、全面质量营销

现代企业要想在竞争中立足,必须采取全面质量管理。通用电气公司董事长杰克·韦尔奇说:"质量是我们保持顾客忠诚、抵御外国竞争的最好保证,同时也是保持企业稳定增长与收益的唯一途径"。质量是产品或服务满足顾客现实或潜在需要的特性集合。

全面质量营销是以顾客需求为先导,以提高产品和服务质量为重点,通过全过程的营销努力来提高产品质量,驱动质量绩效,以实现顾客满意目标的一种新型营销理念。换句话说,全面质量营销就是通过全员和全过程的努力,为顾客提供高质量的产品、优质的服务,既向顾客传递生产质量,也向顾客传递营销质量,使顾客对产品以及企业提供的服务感到满意。

七、市场营销的管理过程

成功的现代企业是由市场导向和战略规划所驱动的。市场营销在企业的经营活动中占据重要地位,所以需要对市场营销过程进行管理。市场营销的管理过程如图2-2所示。

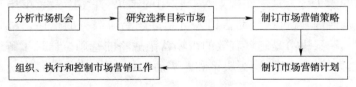

图2-2 市场营销的管理过程

企业需要研究消费者的需求情况和变化,通过研究营销环境和市场结构等来分析长期发展的机会。在调查分析市场机会的基础上,比较准确地预测既定市场的总规模、增长、利润率和风险情况,从而确定目标市场。选择目标市场之后,企业就可以制订营销战略和计划,并组织、执行、评价和控制市场营销工作。

第二节 营销机会分析

一、市场调查

1. 市场调查与消费者市场分析

市场调查就是以商品或服务的购买者(个人或团体)和市场营销的组合各要素为对象,

运用科学的方法,收集、记录、整理和分析所有情报和信息资料,从而掌握市场的现状及其未来发展趋势的一种企业经营活动。市场调查目的既可能是通过了解市场供求发展变化的历史和现状,为市场预测准备可用资料;也可能是为了总结经验,或是为寻找目标市场而进行市场细分的调查研究。

产品或服务都是为了顾客的购买和消费,市场营销的目的是为满足消费者的需求和欲望,大多数产品和服务,其最终购买者是个人和家庭,这就构成了消费者市场,如:汽车进入家庭,无论是汽车产品销售还是汽车相关服务的消费者大多是个人或家庭,消费者市场的人口规模巨大。深入了解消费者需求和行为模式对做好营销至关重要,消费者在年龄、收入、教育水平和审美等方面存在巨大差异,他们购买的产品和服务以及购买方式可能千差万别,但是消费者的购买模式却有一定规律可循。按照消费行为学研究成果,消费者的购买行为应遵循刺激反应模式,如图2-3所示。

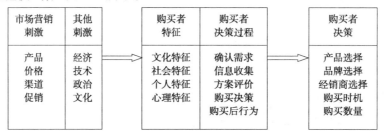

图2-3 购买者行为模式

通过市场调查,对消费者的研究重点在于了解购买者的特征和购买决策过程。消费者的文化特征、社会特征、个人特征和心理特征影响消费者的行为。文化因素包括文化程度、亚文化以及社会阶层;社会因素包括参照群体、家庭及个人角色与定位;个人因素包括年龄、职业、经济收入、生活方式、个性与自我观念等;心理因素包括人的动机、感觉、学习以及信念与态度。消费者的购买行为是这些因素综合作用的结果,许多因素是市场营销人员无法改变的。但是研究这些因素,可以帮助营销人员制订产品或服务的价格、分销和促销的决策。了解消费者需求和购买决策是制订有效的市场营销战略的基础。通过了解购买者如何经历确认需求、信息收集、评价方案、购买决策和购买后的行为等,市场营销人员可以更好地满足消费者需求和欲望。

2. 汽车服务企业市场调查的内容

从企业经营决策的需要出发,汽车服务企业基于营销和服务管理的市场调查内容有以下几个方面:

(1)市场需求情况调查。

主要调查本企业产品或服务在总体市场或各种细分市场的需求量及影响因素。

①需求量调查,汽车服务企业以汽车产品销售或服务为中心,为用户提供汽车产品、服务和技术保障,其市场需求的主要影响因素有经济发展水平、人均收入、汽车拥有量、车型构成和国家相关政策等。

②消费行为调查,了解消费者的爱好、习惯、使用条件、购买方式、购买人群、购买量、购买动机、购买时间。

③潜在需求调查,分为两种,一种是用户已意识到,且有能力、也准备购买汽车或维修和

技术保障服务的现实需求;另一种是处于潜在的需求,但由于种种原因还不能接受服务的需求。

(2)销售趋势调查。

主要包括购买者的需求趋势、企业营销策略改变后可能造成的销售变化趋势等。

(3)市场竞争调查。

要使企业立足于不败之地,首先要搞清楚谁是竞争对手或潜在的竞争对手。

①竞争对手的基本情况,包括厂家数量、分布、生产总规模、可提供的服务、满足需求的总程度等。

②竞争对手的竞争力,包括资产拥有情况、企业规模、目标市场、销售能力、销售渠道、销售价格、销售策略、服务质量、技术装备和水平、市场占有率等。

③竞争对手发展新服务的动向,包括发展方向、特性、进程、运作情况、竞争力等。

④潜在竞争对手(包括将要出现的新竞争对手)和已有的竞争对手能力提高后的竞争力。做到知己知彼,才能百战不殆。

(4)销售渠道调查。

主要调查了解产品销售渠道的历史与现状,包括商品价值和商品实体运动流经的各个环节、销售机构的基本情况、销售渠道的利用情况及促销手段的运用等。

(5)企业经营政策执行情况调查。

主要调查企业在产品、服务、价格、市场定位、广告宣传等方面的执行情况,包括用户反映、实施效果、改进意见等。

3. 市场调查的步骤

市场调查具有较强的科学性。为了保证市场调查的准确性,必须遵循一定的科学程序,加强其组织工作,按照一定的步骤进行。

1)确定调查目标

企业市场调查的目标应是企业生产经营中所需研究和解决的具体问题。确定调查目标前,要先对企业的生产经营活动现状进行全面分析研究,找出所需解决的问题,再依据问题的轻重缓急,有计划地提出调查目标。

2)拟订调查计划

调查计划是调查目的和任务的具体化,但在开始调查时的计划内容不必过于详细,因为调查过程中还会根据需要进一步充实或调整其内容。只需把调查的问题分类,规定好必须收集的资料,确定好基本的调查方法,预算好调查费用即可。

3)初步情况分析

调查人员首先要搜集企业内部和外部的有关情报资料,进行初步情况分析。企业的内部资料包括各种记录、历年的统计资料、生产销售的统计报表、财务决算报告等。企业外部资料包括政府公布的统计资料、研究机关的调查报告、有关刊物及年鉴等。进行初步情况分析的目的就是帮助调查人员探索和认识问题,从中发现因果关系。此阶段的资料不必过于详细,只需重点搜集对所要研究分析的问题有参考价值的资料。

4)深入现场调查

经过初步分析,会发现许多需要具体调查了解的问题,这就需要进一步补充调查项目、设计调查表格、拟订询问项目、确定调查样本和具体调查方法,深入现场调查研究。

5)整理分析资料

首先检查和评定所搜集的资料,即要审核资料的根据是否充分、推理是否严谨、阐述是否确切、观点是否成熟,以确保资料的真实性和准确性;然后将资料分类、统计计算,有系统地制成多种计算表、统计表、统计图,以便分析利用;最后运用调查所得资料数据和事实分析情况,得出结论,进而提出改进建议。

6)编写调查报告

凡是进行特定目的的调查,都必须编写调查报告。编写调查报告时要遵循以下原则:

(1)报告的内容要紧扣主题;

(2)准确运用调查中的数据,列举事实要客观;

(3)文字简练,尽量使用图表;

(4)较好地提出解决问题的看法或建议。

4.市场调查方法与选择

1)询问法

询问法就是将要调查的项目,通过面谈、电话、信函等手段向被调查者提出询问,搜集所需的资料信息。这种方法直接、方便,具体方式有座谈会调查法、当面询问法、电话、信函调查法等。这些方法经常使用,费用较低,时间较短,但是采用信函调查时往往回收率较低、回收时间长。

2)现场观察法

现场观察法就是指调查人员直接深入现场进行观察与记录的一种搜集信息的方法。这一方法对调查者要求较高,需要进行专门培训,劳动工作量较大、花费大。现场观察法可以直接取得相关信息,客观地了解情况,但不能了解内在原因,需较长时间才能发现某些规律性,因此,适用范围有限。

3)实验调查法

实验调查法是通过小规模的销售活动,测验某种服务(产品)或某一项营销措施的效果,以确定扩大规模的必要性。如向市场投放一定量的产品(服务),进行销售或服务试验,收集顾客意见。这种方法成本高、时间长、适用范围有限。

4)资料分析法

资料分析法是依据历史和现实的动态统计资料进行统计分析的方法。通过资料研究,可以进行市场供求趋势分析、市场相关因素分析、市场占有率分析等。这种方法的优点是可以充分利用现成的资料,节省调查费用;但要求调查人员必须有较丰富的专业知识和分析能力。这种方法既可为现场直接调查做准备,也可弥补现场直接调查的不足。

5)抽样调查法

抽样调查法是市场调查中普遍采用的一种方法。它是从全部的调查对象中抽取一部分具有代表性的样本,进行调查研究,从而推断出调查对象(市场)的整体情况。采用这种方法的关键在于如何正确选择具有代表性的样本。只要样本抽样适当,它便具有很强的科学性;否则,就会造成整个调查的失败。

抽样调查可分为随机抽样和非随机抽样两种。随机抽样又可分为简单随机抽样、分群随机抽样和分层随机抽样等三种具体的方法;非随机抽样可分为方便抽样、配额抽样和判断抽样等三种方法。

市场调查方法种类繁多,各具特点,适用条件也不尽相同,调查方法选择是否恰当,对调查结果影响极大。因此,为了充分发挥各调查方法的特点,高效准确地得出调查结果,在选择、设计调查方法和实施时,应考虑以下因素:

(1)收集信息的能力市场调查的目的就是要收集有用的信息,因此,在设计和选择调查方法时,首先应考虑该调查方法收集市场信息的能力。为市场分析预测提供可靠的信息,准确反映市场动向,以达到市场调查的目的,要求收集的信息资料要尽可能全面,否则就可能以偏概全,使调查结果出现误差。一般来讲,实验调查法和观察调查法受经费和范围所限,收集资料和信息的能力相对较弱;而询问调查法运用恰当时,访问人员具有较强的收集信息能力,而且该资料的质量也较高。

(2)调查的成本。调查成本是制约调查方法选择的另一重要因素。受调查成本的影响,企业又是不得不选择一些简单的调查方法,这将大大影响调查质量和效果。就调查成本而言,资料调查和询问调查中的电话调查较为省钱、省力;而访问调查、实验调查则成本较高。

(3)调查时间的长短、效率是设计与选择调查方法的又一标准。调查时间长,不能反映市场的及时变化,影响企业决策。一般来讲,时间要求较紧时,可选择电话调查;时间适中时,可选择问卷调查和观察调查;时间允许时,最好选择访员访问调查,能取得较为准确的结果。

(4)样本控制的程度。样本的控制程度关系到调查的效果,因此也是选择调查方法应考虑的因素。对样本的控制程度越高,越能及时、快速地获得所需信息资料,而且有利于调查人员灵活、有效地调整调查速度,取得较好的调查结果。如访员访问、实验调查等就有这方面的优势,而资料调查和问卷调查则明显不足。

(5)人为因素的控制。选择调查方法时,应注意调查人员对样本及调查结果的影响,防止调查失真。必须有效排出调查人员对被调查人员的影响以及调查人员自身因素的影响,将人为因素影响控制在最小的范围内。

5. 市场调查技巧

进行市场调查除了运用适当的方法外,还必须运用一定的技巧,才能取得好的调查结果。这里主要介绍调查问题的提问技巧和调查表格的设计技巧。

1) 调查问题的提问技巧

调查时,必须注意提问技巧,以便取得被调查者的配合,提高调查的准确性。常用的提问方法有:

(1)二项选择法就是把要调查的内容具体化为调查提纲、调查表格或信函,能让被调查者很方便地在两种对立的答案中择其一作答。这种方法的优点是回答方便、观点明确、无中立意见;缺点是不能表明程度上的差别。一般用于书面调查。

(2)多项选择法就是让被调查者从预先准备好的多个备选答案或结论中,选择其中一项或数项予以回答。多项选择法比二项选择法的强制性有所缓和,可区分被调查者对该项态度上的程度差别。采用这种方法时应注意:

①备选答案要事先编号。

②备选答案既要包括所有可能情况,又要避免重复。

③备选答案不宜过多,以不超过 10 个较为理想。

(3) 自由回答法就是被调查者可以不受限制地回答所询问的内容,一般用于面谈或电话调查。此法的优点是回答问题可以不受限制,并可深入探悉被调查者的建议性意见和未来需求。其缺点是易引起回答的含义不明确,受被调查者表达能力影响,所获资料较难整理分析。

(4) 顺位选择法就是由被调查者根据自己的认识程度,对所列答案定出先后顺序。顺序法一般分为两种:

①调查人员预先确定答案,请被调查者按给定的答案决定先后顺序;

②调查人员预先不确定答案,由被调查者根据自己的认识程度依次回答或填写。

调查人员拟定问题的类型时,还要注意:

①所拟问题必须是被调查者能够答复的;

②所拟问题应是必要的,无关的问题不要列入;

③所拟问题应注意询问语句的措辞和语气,避免含糊的词句或带有暗示性的问题。

2) 调查表格的设计技巧

调查表格的设计要简单明了,其项目不宜过多,问题不宜过繁,语句不宜过长,避免含糊用词,内容要防止偏见,数据要便于处理。表格应按一定逻辑顺序加以排列,注意承上启下,互相衔接。调查表格的大小应便于传递、整理和装订存档。

二、市场需求与分析预测

企业要研究并选择市场机会,需要对各种市场机会的规模、增长与盈利能力进行预测与估算。企业进行需求分析预测,一般先进行市场的需求分析,然后在此基础上预测企业需求。产品的市场需求是指在特定的地理范围、特定时期、特定市场营销环境、特定市场营销计划的情况下,特定的消费者群体可能购买的总量。在其他条件既定的情况下,市场需求总量是行业市场营销费用的函数,营销费用越高,需求量越大。如果其他条件发生变化,例如经济繁荣或萧条,市场需求曲线会发生移动,相应的各种需求量也会发生变动。企业需求是企业在整个市场需求中所占的份额,用下式表示。

$$Q_i = S_i Q$$

式中:Q_i——企业 i 产品的需求;

S_i——企业 i 产品的市场份额;

Q——市场总需求。

企业进行销售预测分为三个步骤:首先进行宏观经济预测,预测一定时间内国民经济的增长情况;其次是进行行业发展预测,预测行业的总体销售情况;最后是企业销售预测,确定企业在行业中所占的市场份额,从而确定企业的营销策略。

1. 市场预测概念与作用

所谓市场预测,就是根据市场调查得到的有关市场经济活动的各种信息资料,运用一定的方法和数学模型,预测未来一定时期市场对产品(或服务)的需求量及变化趋势,为企业研究制订计划目标和经营决策提供客观依据的活动。

由此可见,市场预测在企业生产经营活动中起着重要作用:首先,市场预测是企业进行经营决策的前提条件;其次,市场预测是企业制订经营计划的重要依据,企业在制订计划时,除依据国家计划外,必须考虑市场的需求,随时根据市场需求的变化,调整其市场经营计划,这就要求企业要经常进行市场预测;最后,市场预测可使企业更好地满足市场需求,提高企业的竞争能力。市场的购买力、爱好、需求结构是不断变化的,企业必须对市场做出正确的预测,通过预测来掌握市场的变化规律,以适应市场需求来组织生产和改变经营方向。

2. 市场预测分类

1) 按预测性质划分

(1) 定性预测。其基本原理是以研究预测对象的发展规律性为基本出发点,主要考虑各方面因素的变化,运用逻辑学的方法,来推断预测对象的未来发展趋势。在实际工作中,由于受各种因素的影响,人们有时不可能全面掌握预测对象及其影响因素的统计资料,无法以定量的形式进行分析,只能凭借积累的经验、少量的数据和主观判断等,对事物的发展趋势和未来状态进行分析、假设、判断、推理、估计和评价。

(2) 定量预测。定量预测是在充分掌握大量、准确、系统数据资料的基础上,根据实际经验和具体情况,建立合适的数学模型,通过分析和计算推断出事物在未来可能发生的结果(用图表、数据表示)。定量预测是依据事物过去和现在的统计资料和情况,分析研究其发展变化规律,对未来进行预测。但是影响事物的因素是多方面的,由于诸多因素变化的不可预见性,再加上有些因素无法用定量方式描述,建立数学模型时也不可能把所有的因素都考虑进去,因此,预测结果与实际有误差,不能认为定量预测的预测结果就能准确反映事物的未来发展趋势。实际上,定量预测的结果常常需要进行修正。

(3) 综合预测法。前面两种方法都有其局限性,为了克服其缺点,在预测时,常常把许多方法结合起来运用,特别是把定性方法和定量方法结合运用,使之互相验证、互为补充,以提高预测的准确性。综合预测法,一方面,可以对各种不同的预测结果进行对比分析,找出并消除其中的不确定因素;另一方面,可以找出各相关事件相互影响的规律性,把它们结合起来进行分析,以提高预测结果的准确性。

2) 按预测期限划分

(1) 长期预测。是指预测期限为五年以上的预测,属于战略预测,或规划性预测,通常只能作趋势估计。由于预测期限较长,且受未来不确定因素的影响较大,因此,预测结果与实际发生的结果之间差距大,需要根据实际情况不断调整预测结果。

(2) 中期预测。通常指预测期限在1年以上5年以下的预测,属于战术预测,由于期限较短,对预测期内的各种影响因素考虑比较全面和准确,故预测误差相对较小。

(3) 短期预测。一般指预测期限为一周、一月或一年之内的预测。一般来讲,这种预测结果的准确性和可靠性都比较高。

预测结果的准确性和可靠性与预测期限有关。而预测期限的长短,要依据预测对象的内容、性质、特点和具体要求,以及进行经营决策和制定战略的需要而定。

3. 汽车服务企业市场预测的内容

以4S店和维修服务企业为例,其市场预测一般包括以下几方面的内容。

(1) 市场占有率预测。市场占有率是指一个服务企业某品牌汽车的销售(技术服务)量或销售额与市场上同类品牌汽车的全部销售(技术服务)量或销售额之间的比率。它着重考虑的是产品或服务本身的特性和营销对销售量的影响。

(2)市场需求预测。预测汽车销售或服务市场的需求量以及发展趋势,包括对现在的和潜在的市场需求预测。

(3)资源预测。预测企业发展新的品牌或服务产品有无充足、可靠的资源。

(4)市场购买力预测。预测市场上现有购买力水平和潜在的购买力水平情况,并对消费者的消费倾向、消费结构、消费心理的变化进行分析预测。

(5)汽车寿命周期预测。预测在市场发展过程中某品牌汽车处于寿命周期的哪个阶段,以便采取相应的策略。

(6)新产品发展预测。预测由于新技术、新材料的运用所促使的新品牌汽车发展方向、新产品的结构变化等。

(7)价格变动趋势预测。价格对产品或服务项目供应与销售来说,是一个非常敏感的因素,通过预测价格涨落情况及发展趋势,有助于调整经营方式。

(8)库存预测。汽车零部件的库存是维修服务企业安排生产的重要依据。这里主要预测汽车零部件库存状况、竞争和销售以及生产安排。

(9)经营效果预测。主要是对本企业各种产品(服务)的经营效果以及改变经营策略后所取得的经营效果的预测。

4. 市场预测的步骤

(1)明确目的,确定目标。就是要明确预测什么、达到什么目标和要求。

(2)搜集和分析历史数据。搜集资料要注意其可靠性,特别要注意时间序列,更要分析历史上产生的偶然的特殊因素。

(3)确定数学模型。由于客观因素影响相当复杂,若数学模型中因素过多,建模就会相当复杂,故要找出1~2个主要因素,建立相应的数学模型,并进行预测。

(4)分析评价。数学模型一般只能反映主要影响因素,得出一般性结论,故会有误差。实际情况是经常变化发展的,如本企业及别的企业新产品(服务)的发展、价格的变化都会影响未来产品(服务)的销售,因此要对预测结果的误差及其原因进行分析。

(5)修正预测数值。主要是对未考虑在预测模型内的因素进行分析,以充实、修正模型的预测结果,为选择预测方案打基础。

(6)选择预测方案。从各种预测方案中,选择最佳方案或预测值,作为决策依据。

总之,要搞好市场预测,提高预测的准确性,就必须确定好预测的对象和目标,保证资料的准确性,同时还要注意提高预测人员的素质,选择正确的预测方法,从而使预测方案、预测结果更加接近实际,真正地为企业经营决策服务。

5. 市场预测方法

1)定性预测法

定性预测法是一种经验推断方法,主要依据人们的经验和主观判断进行预测。

(1)德尔菲法(专家意见法)。这种方法的基本程序是:由企业外具有专长的市场专家作市场预测。首先确定预测课题,然后请一组专家(一般10~50人)背靠背地对需要预测的问题提出意见,主持人将各人意见综合整理后再反馈给每个人,使他们有机会比较一下他人的不同意见,并发表自己的看法,再将新意见返回给主持人。主持人综合整理后再次反馈给每个人,如此重复四五次后,一般可得出一个比较一致的意见。这种做法可以使每位专家充分发表自己的意见,免受权威人士左右。可见,这种方法具有多次反馈性、收敛性、匿名性的特征。但这种方法主要是靠主观判断,倘若专家选得不合适,预测结果就很难保证准确;另外,意见反馈多次,一是比较费时间,二是可能引起专家反感。

(2)厂长(经理)意见法。即由企业厂长(经理)召集计划、销售、财务等部门负责人,广泛交换意见,对市场前景做出预测,然后由厂长(经理)将意见汇总,进行分析处理,得出预测结果。这种方法集中了各部门负责人的经验和智慧,解决问题较快,简单、省时、省费用,但每个人做出的判断往往带有片面性。因此,实际运用中应尽量与其他方法结合起来,以提高预测的准确性。

(3)营销人员意见法。征求本企业推销人员和营销部门业务人员的意见,然后汇总成为整个企业的预测结果。用这种方法得出的预测值比较接近实际,因为企业推销员一般分管一定区域,对该区域的经济发展情况和需求情况较熟悉,营销部门人员始终在营销第一线,也熟悉市场情况。

(4)消费者意见法。直接听取服务对象(消费者)的意见,在分析、综合的基础上作出预测。

2)定量预测法

定量预测法又称为统计预测法,是根据一定数据资料,运用数学模型来确定各变量之间的数量关系,根据数学计算和分析的结果来预测市场的未来。定量预测法常用的有时间序列分析预测法、回归分析法等。

(1)时间序列分析法。是根据过去的历史资料、数据来推算市场的发展趋势。例如,要预测某品牌汽车的销售趋势,可将过去的实际销售数按时间先后顺序排列,这样,就形成了时间序列数列。通过分析这个数列,从中找出其变化的规律性,并假定未来市场发展仍按此趋势进行。常用的时间序列分析法有:简单平均法、加权平均法、趋势修正移动平均法、一次指数平滑法、二次指数平滑法、三次指数平滑法。

(2)回归分析法。是利用因果关系来预测的方法,通过研究已知数据,找出其变化的规律性,建立数学模型进行预测。若变化关系只涉及两个变量,即用一元回归;涉及两个以上变量时则用多元回归。

第三节 市场细分与目标市场

一、市场细分

1. 市场细分的背景

现代企业面对众多的消费者,消费者的需求各不相同,即使在同类产品上也表现为很大的差异性。此外,由于企业的资源、技术等条件也各不相同,一个企业不可能在所有的市场上都取得成功,只有识别一部分顾客的详细需求,并集中为这一部分顾客提供优质产品和服务,才能获得顾客满意,保持企业的竞争优势。也就是说,企业必须对市场进行细分,并选择一部分市场作为自己的目标市场开展经营活动。这就是所谓的 STF 营销,即细分市场(Segmenting)、选择目标市场(Targeting)和产品定位(Positioning)。

这一营销观念的形成经历了一个过程,首先是大量营销阶段,在此阶段生产者大量生产、分销、促销单一产品。这种营销方式的优点是可以充分利用大量生产和营销的规模经济优势,成本可以降低,价格也可以比较低,从而扩大市场规模,满足顾客的需要。其次是产品差异化营销阶段,经营者推出两种成两种以上的产品,产品具有不同的特点、式样、质量和规格,可以为消费者提供多种选择。产品差异性营销可以满足顾客的差异,更好地满足顾客的需要。最后是目标市场营销阶段,经营者首先将市场按照一定的标准细分,然后选择其中一个或几个细分市场作为目标市场,再针对目标市场的特点制订产品计划和营销计划。

目前,越来越多的企业采用目标市场营销观点。目标市场营销能更好地识别市场营销机会,为每个市场提供适销对路的产品,可以通过市场营销组合策略的制定,将优势集中于目标市场上,而不是在大量的顾客身上分散努力,从而更好地实现顾客满意和企业赢利的目标。目标市场营销分为三个步骤,如图 2-4 所示。

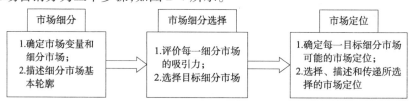

图 2-4　市场细分、市场选择和市场定位的步骤

2. 市场细分的概念

市场细分就是指根据消费者购买行为的差异性,把消费者总体市场划分为许多类似性购买群体的细分市场。它是通过寻找顾客特征或购买行为的相似处,来划分市场。

因此,市场细分不是从产品或服务出发,而是从区别消费者的不同需求出发。以消费者的需求差异作为出发点,根据消费者购买行为的差异性,把消费者总体市场划分为许多类似性购买群体的细分市场,其目的是使企业选择和确定目标市场,实施有效的市场营销组合,从而以最小的营销费用取得最佳的经营成果。

3. 市场细分的具体步骤

根据一系列的细分变量可以将市场划分为若干个细分市场,这些细分变量包括收入、年龄、职业等。市场细分的具体步骤如下。

(1) 市场调查。先通过座谈等定性调查方法,了解消费者的动机、态度和行为。然后设计调查问卷,利用问卷调查消费者对产品属性及其重要程度的认识、品牌知名度及其受欢迎程度、产品使用方式、调查对象对产品类别的态度以及调查对象的人口统计特征、心理特征、接触媒体的习惯等信息。

(2) 数据分析。数据收集完成后,要进行数据分析,用因子分析法分析资料,删除相关性高的变量,并用聚类分析法确定差异性大的细分市场。

(3) 细分市场描绘。确定细分市场后,要对细分市场的特征进行描绘,便于制订有效的营销措施。通过消费者不同的态度、行为、人口统计变量、心理变量和消费习惯等,勾画各细分市场的轮廓。

由于细分市场处于不断的变化中,因此需要经常利用市场调查方法进行细分市场的研究。细分市场可以采用不同变量,常用的有地理变量、人口变量、心理变量和行为变量。地理变量包括国家、地区、城市规模、气候等。人口变量包括性别、年龄、家庭状况、职业、收入、种族等。心理变量包括社会阶层、生活方式和个性特征。行为变量包括消费的时机、追求的利益、使用情况、购买情况等。

4. 市场细分的作用

（1）发现市场机会。通过市场细分,可以分析每一个细分市场消费者的偏好及需求,分析市场各种品牌的产品满足消费者偏好的程度。凡是市场需求尚未满足,或者满足消费者偏好程度低的市场,都可能是形成企业营销的有利机会。

（2）确定目标市场。在市场细分的基础上,企业根据主客观条件,从中选择一个或几个市场,作为自己的目标市场,以便把人力、财力、物力、技术等集中到最为有利的市场,从而占领市场,获取利润。

（3）采取适应性营销策略。市场细分化,有利于企业研究和掌握某个特定市场的特点,有针对性地采取相应的营销策略。如品牌策略、价格策略、广告策略、流通渠道策略等,以占领市场。

市场细分是企业发现商机、采取市场营销战略、提高市场占有率的基本手段。市场细分对汽车服务这种中小型企业更有意义,因为中小企业资金少、资源薄弱,竞争优势不如大型企业,但是如果能通过市场细分一个或几个尚未被大公司注意和占领的市场,拾遗补缺,那么在激烈的市场竞争中同样能求得生存和发展。

二、目标市场的选择

目标市场的选择是指根据细分市场来确定企业的服务对象,首先要对各个细分市场进行评价,其次是从中选择目标市场。

1. 评价细分市场

企业对细分市场进行评价时,需考虑的因素有：细分市场的规模和发展前景、细分市场结构的吸引力、企业的目标和资源。

企业应选择有一定规模和发展前景的细分市场作为备选的目标市场,如果市场缺乏一定的规模,企业就是进入了该市场也很难盈利。缺乏发展前景的细分市场也不值得进入,因为缺乏长期发展的机会。

具有一定规模和发展前景的细分市场对企业来说不一定就意味着一定具有盈利潜力,还需要评价细分市场结构的吸引力。同行竞争者、潜在的竞争加入者、替代产品、购买者和供应商都会影响细分市场的利润吸引力。如果在细分市场内存在众多的、具有实力的同行竞争者,那么该市场就缺乏吸引力。如果潜在的竞争者众多,而且很容易进入细分市场,就会存在新的竞争者加入,那么该市场也缺乏吸引力。当细分市场存在现实或潜在的替代产品时,也会失去吸引力。因为替代品的出现,会占领现有的市场份额,抑制现有产品的价格和利润,使细分市场失去吸引力。购买者也会影响细分市场的吸引力,如果购买者势力强大或联合起来提高议价能力,则会限制该细分市场的吸引力。另外,供应商的议价能力也是影响细分市场吸引力的重要因素,供应商的垄断能力越强,则细分市场的吸引力越小。

细分市场有一定的规模和发展前景,以及市场结构具有吸引力是企业选择目标市场的基础。但是,还要结合企业自身的目标和资源进行综合考虑,选择符合企业长远发展目标、具有充分资源保障的细分市场作为目标市场。

2. 目标市场的选择

在对细分市场评价的基础上,企业可以有多种不同的选择目标市场的模式来决定进入哪些目标市场以及解决如何进入的问题。有五种基本模式可供选择。

(1)单一市场集中化。这是最简单的模式,企业选择一个细分市场。企业对目标市场采用集中营销策略,可以更清楚地了解目标市场的需求,树立良好的声誉,巩固在目标市场中的地位,并充分利用生产、销售的专业化优势,取得较好的投资收益。但是,高度集中化也会带来较高的市场风险。

(2)选择性专业化。这是企业有选择地进入几个细分市场的模式。这些细分市场都能符合企业的目标和资源条件,都具有吸引力,可以为企业带来盈利,且市场之间相互影响较少。这种选择多个分散目标市场并分别专业化的策略可以减少企业的市场风险和经营风险。

(3)产品专业化。这是企业同时向几个细分市场提供一种产品的模式。这种模式可以充分发挥产品生产的专业化优势,可以提高质量、降低成本,从而提高企业的盈利能力。但是,这种策略会受到竞争者对目标市场的挑战,影响企业市场的稳固。

(4)市场专业化。这是企业针对目标市场提供多种产品,满足顾客各种需求的模式。其优点是能满足顾客不同层次的需要,提高顾客的满意水平。但是由于市场比较集中,企业的经营和盈利受市场规模的限制较多。

(5)全面进入。这种模式要求企业为所有顾客群提供他们所需要的全部产品。只有实力雄厚的大企业才能做到这一点,适合采用这种策略。企业可以采用两种途径来全面进入整个市场。一是无差异营销,企业为整个市场提供一种产品,不考虑细分市场的差异。二是差异性营销,企业针对不同的细分市场提供不同的产品,采取不同的营销计划。实践证明,差异性营销往往更能扩大销售,但是也会带来经营成本的上升,包括产品改造成本、生产成本、管理成本、库存成本和促销成本等都会不同程度地提高。因此,企业为了取得最大效益,应该对差异性营销的程度进行慎重考虑。

三、市场定位

企业通过市场细分确定了目标市场后,由于服务于某一目标市场的企业不止一家。众多企业各显其能,以图赢得一定的市场份额,占有一席之地。因此,企业的产品(或服务)在进入市场之前,管理者需要调查研究市场上相互竞争的各个品牌各自所处的地位、各有什么特色、实力如何,从而考虑为自己的产品或服务确定一个适当的市场定位。

1. 市场定位的概念

所谓市场定位是指确定目标市场后,企业将通过具体的营销方式,提供相应的产品或服务,在目标市场与竞争者相区别,从而树立企业的形象,取得有利的竞争地位。

市场定位常与产品(或服务)定位交替使用,市场定位是在目标市场上处理好企业与竞争对手的关系,产品(或服务)定位是在目标市场上确定自己的产品(或服务)与竞争对手现有的产品(或服务)的位置关系。产品定位是市场定位的主要内容。

2. 市场定位方式

(1)对抗定位。设计的产品或服务,使之在目标顾客心目中占有一种"与在目标市场上占据支配地位的、最强的竞争对手相对立的特有位置"。例如各汽车厂商均在开发自己的SUV,相互对抗。

(2)避强定位。这是一种避免与强有力竞争对手进行正面交锋的市场定位战略。其优点是,能够迅速在目标市场上站稳脚跟,并能在消费者和用户心目中树立起自己的品牌形象。如:汽车"品牌快修"业,不与"4S店"或综合修理厂拼技术,以服务及时、快捷占领市场。

(3)反向定位。如:安飞士公司将自己定位为汽车租赁行业的老二,强调"我们是老二,但我们要迎头赶上"。提出此定位后,该公司反而越做越强,连年盈利。

(4)对竞争对手再定位这是在顾客心目中对竞争者进行再定位,改变竞争对手在顾客心目中的形象,从而树立自己在顾客心目中的形象,如:德国宝马汽车针对奔驰汽车的再定位是"最基本的座驾对最基本的行驶工具",也就是乘坐舒适性对操控性(即驾驶乐趣)。

第四节 汽车服务市场营销策略

一、服务差别化

汽车服务企业要在竞争中保持优势,就必须与竞争对手有所区别,突出个性。企业要突出自己的服务产品和竞争对手的服务产品之间的差异性,主要有四种基本途径:产品、服务、人事或形象。

1. 产品差别化

一般来说,产品差异化主要表现在特征、性能、一致性、耐用性、可靠性、可修理性、款式和设计等方面。汽车作为耐用消费品,在设计、制造、使用和消费人群等方面具有较大的差异性。服务产品特征是服务产品在满足基本服务需求基础上的补充特点,是企业实现服务产品差别化的有力工具,例如高端车的消费人群注重车辆品牌、安全性、可靠性,技术服务更注重服务环境、维修质量和及时性;低端车的消费人群注重的是车辆经济省油,技术服务更注重的是价格和质量。研究表明,产品的质量水平和盈利能力之间具有一定的相关性,质量水平越高,盈利能力也越强。

2. 服务差别化

除了有形产品差别化以外,企业还应对服务实行差别化。在有形产品相差无几的情况下,竞争成功的关键在于服务的数量和质量。各品牌汽车的"4S"店,服务环境、服务设施、服务流程接近,但是能否留住服务对象,取决于服务的差异化。例如,雷诺汽车推出的"诺随行",新车3年或5年内免费检查维护,免费维护期满后,又推出"4+1、8+2"(即4次机油机滤维护加1次三滤大维护)一次性购买维护服务,以让消费者心动的优惠价格留住服务对象。因此,通过提供差异化服务展开竞争很有效。

3. 人事差别化

在购买和消费产品(服务)过程中,顾客常常与企业的有关人员打交道,人员的素质和修养是获得顾客信赖和满意的重要因素。因此,企业竞争归根结底是人才的竞争,企业可以通过激励、培训等手段,培养出比竞争对手更优秀的员工,从而来赢得竞争优势。

4. 形象差别化

对于不同的企业形象,消费者会做出不同的反应。企业应建立区别于竞争对手的良好企业形象。企业或品牌的形象是企业的无形资产,能够给企业带来超额收益。

二、根据产品生命周期阶段制定相应策略

和其他事物一样,产品也具有生命周期,一个产品从投入市场到退出市场,先后要经历导入、成长、成熟和衰退阶段。一般用 S 形的销售和利润曲线反映产品生命周期的发展阶段,如图 2-5 所示。研究产品生命周期的目的在于制定适当的营销战略,针对产品生命周期的不同阶段,应该采取不同的服务营销战略。

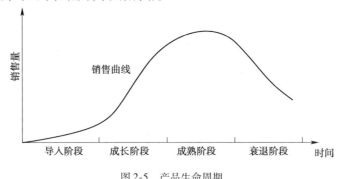

图 2-5 产品生命周期

1. 导入阶段

导入阶段销售量少而促销费用高,企业多数是亏本的,即使获利也甚微。由于处于新产品引进阶段,从需求来看,主要是一部分高收入阶层;从供给来看,只有有限的竞争者,产量都不大。如果只考虑价格和促销两个主要的营销变量,根据不同的组合,企业可以采取四种策略:

(1)高价格和高促销水平的策略推出新产品。企业采用较高的价格,获得较高的毛利润,并通过高水平的促销活动加快市场渗透,树立品牌形象。采用这一策略的假设条件是:潜在市场上大部分人还没有意识到该产品;知道它的人渴望得到并有支付能力;企业面临着潜在的竞争并想建立品牌。

(2)高价格和低促销水平的策略推出新产品。高价格是为了获得高毛利润,低水平的促销活动可以降低营销费用,从而保证在较长时间内获取大量利润。采用这一策略的假设条件是:市场规模有限;大多数的市场已经知道这种产品;购买者愿意出高价;竞争形势不太严峻。

(3)低价格和高促销水平的策略推出新产品。目的是为了快速抢占市场、提高市场份额。通过占领市场、扩大生产和销售保证利润水平。采用这一策略的假设条件是:市场规模很大;市场对该产品不知晓;大多数购买者对价格敏感;潜在竞争很激烈;存在规模经济,单位产品生产成本下降。

(4)低价格和低促销水平的策略推出新产品。低价格有利于促进市场接受新产品,并通

过降低促销成本而增加利润。采用这一策略的假设条件是:市场规模大;该产品在市场上的知名度较高;市场对价格相当敏感;存在一些竞争者。

2. 成长阶段

成长阶段的标志是销售量迅速增长,产品价格不变或稍有下降,促销水平不变或略有提高,销售量快速上升,销售费用相对销售收入的比重下降,产品的单位制造成本大幅下降,利润迅速增加。在成长阶段,企业的目的是尽可能长时间地维持市场成长。这一阶段应采取以下策略:改进产品质量和增加新产品的特色及式样;增加新产品;进入新的细分市场;扩大分销覆盖面并进入新的分销渠道;降低价格,吸引新的购买者。

3. 成熟阶段

成熟阶段是销售增长率减缓,并最终下降的阶段。这一阶段相对较长,销售增长率的减缓导致行业生产能力的过剩和竞争加剧。在成熟阶段,处于竞争优势地位的大企业通过高产低价获得利润,其他的小竞争者则处于填补市场空隙和拾遗补缺的地位,满足部分细分市场的需求。在成熟阶段,应用的策略有:

(1)市场改进策略。一是扩大现有品牌的使用者数量,通过吸引新用户、进入新的细分市场和争取竞争对手的顾客来实现;二是使品牌当前的使用者扩大购买量,可以通过提高使用频率、增加使用量、提供新的和更广泛的用途来实现。

(2)产品改进战略。主要有改进产品的质量,增加产品的功能特性;改进产品的特色,增加新特色;改进产品的式样,增加产品的美学需求等。

(3)营销组合改进策略。通过改进定价、分销、广告、促销、服务等刺激销售。

4. 衰退阶段

由于技术进步、消费者需求变化或者竞争的加剧,大多数产品要进入衰退阶段,导致生产能力过剩、降价竞争和利润减少。企业应及时察觉处于衰退阶段的产品,并根据情况采取坚持或退出的策略。

三、市场营销竞争策略

市场如同战场,既要全面了解自己,又要正确分析对手,根据自己所处的形势以及对手的策略制定对策,才能克敌制胜。根据企业在行业中所处的地位,即市场领导者、市场挑战者、市场追随者或市场补缺者等角色不同,应采用不同的市场竞争策略。

1. 市场领导者策略

作为市场领导者,具有最大的市场份额,在制定价格、开发新产品、分销范围、促销力度等方面都具有领导地位。如一汽集团、东风集团和上汽集团等都是汽车行业的市场领导者。市场领导者要想长期保持其领导地位,需要做好三个方面的工作:

(1)开发整个市场。领导者需要为产品寻找新用户,发现并推广产品的新用途或者扩大现有用户对产品的使用量。

(2)保持现有市场份额。要保持现有市场份额,市场领导者可以采用阵地防御、侧翼防御、以攻为守、反击防御、机动防御、退却防御等策略。

(3)扩大市场份额。研究表明,市场份额和盈利率具有较高的正相关关系,因此,企业应追求市场份额的扩大以保持自己的领先地位。

2. 市场挑战者策略

作为市场上居于第二、第三位的企业,可能会对市场领导者发起进攻,争取市场份额。大多数市场挑战者的策略目标是扩大市场份额,可以选择三种进攻的对象,一是攻击市场领导者,这会有很大的风险,但也存在很大的潜在收益;二是选择和自己规模相当但是经营不善的企业作为进攻对象;三是攻击当地的小企业。常用的进攻策略有正面进攻、侧翼进攻、包围进攻、迂回进攻和游击进攻等。具体进攻时,可选用价格折扣策略、廉价产品策略、优质高价策略、产品繁衍策略、改进服务策略、分销革新策略、降低生产成本策略、密集广告促销策略等。

3. 市场追随者策略

市场中居于第二、第三位的企业,如果不是对市场领导者发起进攻,而是接受领导者的领先地位,它就处于追随者的角色。追随者可以采取全面模仿领先者的策略,也可以采用有限模仿的策略以及改进者的策略。

4. 市场补缺者策略

对中小企业来说,既不能充当挑战者,也不能充当追随者,那么它们可以充当市场补缺者。市场补缺者针对较小的目标市场提供产品和服务,经营好也可以取得可观的盈利。市场补缺者可以采用最终用户专业化、垂直专业化、顾客规模专业化、特殊顾客专业化、地理市场专业化、产品专业化、服务专业化、销售渠道专业化等方式来建立自己的优势。

四、服务策略

现代市场营销越来越重视产品的服务,在产品实体部分性能相似情况下,若随同实体提供的服务有明显的差别,在用户看来就是两种不同的产品,其销售情况也不相同。因此,企业应采取多种形式,为用户提供多方面的服务,以增强产品的竞争力。

1. 产品服务的作用和内容

1)产品服务的作用

(1)企业通过服务可以直接面对用户,了解其需求,并使用户得到最大的心理满足,增加对企业的信任感;

(2)可以保证产品达到和保持最佳运行状态,延长产品使用寿命,用户用得放心;

(3)机电产品的技术服务已成为现代营销市场竞争的主要手段,没有技术服务作保证,产品就很难打开销路,如德国大众、日本丰田汽车,所以能占领世界市场,就是因为他们在世界大小城市广设服务网点,为用户提供完善全面的技术服务。

2)产品服务的内容

产品服务的内容包括服务的项目和水平,服务的项目与扩增产品的内涵是一致的,按提供服务的时间先后分为:

(1)售前服务是指在产品销售前,为用户提供的各种技术咨询,进行新产品知识的介绍,协助用户做好产品选型,根据用户需要提供各种技术资料等服务。

(2)售中服务是指在产品销售过程中,根据用户要求提供各种服务,包括送货上门、现场安装调试和技术指导、金融、保险、代理上户、信用保证等服务。

(3)售后服务是指在产品销售后,根据购销合同为用户提供各种技术培训、保障服务和维修技术服务,具体包括维护、索赔、检测、维修及零部件提供等。

2. 服务营销策略

(1) 广设服务网点策略。现代市场营销中销售服务已成为促销的重要手段和购买条件,为此,企业要在产品销售比较集中的地区广设服务网点,开展技术服务,以满足用户对销售服务的要求,增强企业的信誉,扩大企业影响。

(2) 流动技术服务策略。根据销售档案记录,定期和不定期派人到各用户处走访、检查、技术咨询、排除故障、维修产品,这样不仅可以加强促销作用,扩大影响,而且可以反馈信息,及时改进工作,提高经济效益。

(3) 企业不提供维修服务策略。销售较分散的地区,企业不专门设维修网点,将维修和技术服务工作委托当地维修企业去做,企业只提供技术支持。

五、价格策略

价格是市场营销组合中重要的因素,它在很大程度上影响着市场需求,影响着购买者的购买行为和企业的盈利水平,价格也是竞争的重要手段。

1. 影响产品定价的因素

(1) 企业可控因素:成本费用、销售数量、资金周转速度、定价目标、资源条件、市场营销组合等。

(2) 企业不可控因素:市场需求、需求价格弹性、市场竞争程度、行业结构、政策法规等。

2. 定价策略

定价既要有科学手段,还要研究消费者心理,基本策略包括以下几种。

(1) 撇油定价策略:新产品上市,高定价,以获得高额利润(用"油层厚"来比喻);以后再逐步降价(用"撇去厚油层"来比喻),扩大销售。

(2) 心理定价策略:利用消费者对价格数字的不同心理反应,选择消费者愿意接受的数字,同时让消费者产生便宜的感觉;也可以利用消费者商品品牌、商家品牌、产地品牌等的仰慕,对这类商品定价可略高些,显示档次。

(3) 差别定价策略:同一商品在不同市场或同一市场对不同的购买者制定不同的价格。市场需求旺盛,价格就高些;市场疲软时,价格就低些。

(4) 折扣定价策略:企业根据不同的交易方式和交易数量、时间和条件,在基本价格的基础上灵活的运用折扣价格,使消费者产生心理平衡和便宜,扩大销售。

(5) 随行就市定价策略:根据市场的通行价格,或行业习惯价格确定自己产品价格。这种策略适用于商品档次差别不大,市场竞争又非常激烈的情况下。若定价高于通行价格,将会影响销售量,使原有市场份额被竞争对手夺去;定价低于通行价格,会导致价格大战,加剧行业的恶性竞争。

(6) 渗透定价策略:即偏低定价策略,企业为占领市场,在产品投放市场初期,将价格定得低些,短期内减少一些利润,以便迅速打入市场,吸引消费者,抑制竞争者,待市场控制后再逐步提价,并在较长时间内获得大量利润。实质是"薄利多销,以量取胜"策略。

(7) 相关产品组合定价策略:在产品组合中,各种产品之间存在成本和需求的相互联系,产品定价的目标是使整个产品组合取得最大利润,因此需要对价格进行调整。价格制定比较复杂,常用的定价方法有产品线定价、选择品定价、补充品定价和分部定价等。另外,企业在调整价格时,要充分考虑竞争对手可能的反应,根据竞争对手的反应调整价格,并确定调整的幅度与策略。

六、品牌策略

品牌是商品生产者和经营者在其生产经营的商品或服务上所使用的可以认知的品牌标志。美国市场营销协会对品牌的定义是:品牌是一个名称、名词、标记、符号和设计,或者是它们的组合,目的是识别某个销售者或某群销售者的产品或劳务,并使之与竞争对手的产品或劳务区别开来。品牌是一种无限期的无形资产,优秀的品牌可以给企业带来超值利润,因此,品牌是具有价值的。

1. 创名牌策略

名牌是消费者中享有广泛知名度,拥有同类产品(服务)所没有的"差别性"优势和较高市场占有率,是企业技术、文化、管理、产品质量、服务水平等综合实力的反映。它象征着财富,标志身价,证明品质,积淀文化。创名牌是市场经济发展的必然要求,也是企业战略的目标。名牌产品(服务)应具有以下条件:

(1)产品(服务)质量在同类产品(服务)中处于领先地位;

(2)产品(服务)适应市场需求,具有高知名度,高市场占有率,生产(服务)能力达到合理的经济规模;

(3)企业质量体系健全并有效运行;

(4)企业具有先进的可靠的生产技术条件和技术装备,具有强劲的产品开发能力;

(5)服务体系健全,市场评价好,消费者满意;

(6)连续几年在国家、行业或省级产品(服务)质量监督抽查中质量合格,无退货、索赔。

2. 品牌营销策略

企业可以采取的品牌营销策略:产品线扩展、品牌扩展、多品牌和新品牌等。

(1)产品线扩展策略是指企业在现有产品类别中增加新的产品项目,并以同样的名称推出。如奥迪公司在推出传统的奥迪系列100基础上推出了奥迪A6、奥迪A4和奥迪A8等系列车。

(2)品牌扩展策略是指以现有品牌名称推出新产品。如海尔推出了空调、洗衣机、电视机、消毒柜、热水器等家电产品。

(3)多品牌策略是指企业在同一产品类别中增设多种品牌的策略。如保洁公司洗发系列有飘柔、潘婷、夏士莲等不同的品牌。

(4)新品牌策略就是当企业推出新的产品类别时,发现现有品牌可能不适合,使用现有品牌可能会损害现有产品的形象,而且对新产品也无好处,这时就需要为新的产品类别确定新的品牌名称,建立新的品牌。

七、促销策略

现代企业已经意识到不仅要提供优质的产品和服务,制定合理的价格,把产品分销到顾客手中,而且要利用各种手段与消费者交流与沟通,达到促销产品,实现企业目标的目的。

促销组合策略包括广告、销售促进、公共关系以及人员推销等四个方面。

1. 广告

广告是对目标顾客和公众进行直接说服性沟通的主要方式之一。广告是以付费的方式对观念、商品或服务进行宣传展示和促销。广告是一种十分有效的信息传播方式,制定广告投放决策主要涉及以下五个方面:广告的目标、广告的费用、广告的信息、广告的媒体以及广告的效果评价。

(1)广告的目标。广告目标有提供信息、说服购买和提醒使用三种。信息性广告主要用于产品的市场开拓阶段,目标是建立初步的需求。说服性广告主要用来强化与竞争对手产品的差别,培养顾客对品牌的偏好;提醒性广告主要用于成熟产品,目的是提醒消费者购买自己的产品。

(2)广告的费用。广告可以提高对产品的需求,增加销售,但同时广告也带来了销售费用的增加。确定广告费用的多少应该考虑以下几个方面:产品的寿命周期阶段、市场份额和消费者基础、竞争和干扰情况、广告的频率、产品替代性和市场特征。新产品的广告费用较大;已经有一定知名度的品牌的广告费用相对要少;市场份额较高的产品,单位广告费用较低。广告费用多少还取决于竞争对手的情况,竞争者投入的广告费用多、干扰则大,则企业的广告费用也要增加,否则难以达到效果。

(3)广告的信息。广告要传递信息,必须引起目标受众的注意,才能达到沟通目标。广告信息决策涉及信息制作、信息评估与选择和信息表达。

(4)广告的媒体。其决策包括确定广告所期望的送达率、频率和效果,选择媒体种类,选择特定的媒体载体,决定媒体的使用及地域分配。媒体种类有报纸、电视、广播、邮寄、杂志和户外广告。不同的媒体种类在效率和效果方面都有差异,企业应该根据广告的目标、预算、信息等因素来选择合适的媒体。

(5)广告的效果评价。广告效果是广告的最终目的,也是评价广告成功与失败的最终标准。广告效果的评价主要有两个方面,一是广告的沟通效果,二是广告的销售效果。可以通过市场调查分析来评价广告的沟通效果,广告的销售效果较难评价,可以通过分析历史资料和实验数据来做出大致的估计。

2. 销售促进

销售促进就是运用多种激励工具,刺激消费者更多、更快地购买某种产品或服务,如有奖销售、赠优惠券、减价、免费试用等。近年来,销售促进得到了较快发展,用于销售促进经费的增长快于广告预算的增长。销售促进的主要决策如下:

(1)确定促销目标。针对消费者的促销目标有:鼓励大量购买、争取未使用者使用、从竞争者手中争取顾客;针对零售商的促销目标有:鼓励经营新产品、保持较高的存货水平、竞争性促销以及建立零售商的品牌忠诚等。

(2)选择促销工具。应考虑市场类型、促销目标、竞争条件和成本效益等因素来选择合适的促销工具。

(3)制定促销方案。促销方案包括以下内容:刺激规模、参加者的条件、促销持续的时间、促销措施的分配途径、确定促销时机以及制定促销总预算。

3. 公共关系

企业在生产经营过程中,会与各个方面发生一定的联系,如消费者、供应商、政府、中间商、股东、金融机构、其他组织等,这些组织构成了企业的社会公众,它们对企业实现自己的目标有现实或潜在的影响,这些影响可能是积极的,也可能消极的。因此,企业需要处理好与社会公众之间的关系,树立企业在社会公众中的良好形象。现代企业一般都设有专门的公共关系部门,负责处理公关事务。公共关系已经成为市场营销促销中的一种重要手段,发挥着重要作用。

公共关系决策过程包括确定公共关系的目标、选择公关信息和工具、实施公关计划、对公关活动的结果进行评价等环节。

4. 人员推销

人员推销是指企业派出推销人员直接与顾客接触、洽谈、宣传商品,以达到促进销售目的的活动过程。人员推销作为一种促销方式,具有如下优势。

(1)具有很大的灵活性。人员推销过程中,买卖双方当面洽谈,易于形成一种直接而友好的相互关系。通过交谈和观察,推销员可以掌握顾客的购买动机,有针对性地从某个侧面介绍商品特点和功能,抓住有利时机促成交易;可以根据顾客的态度和特点,有针对性地采取必要的协调行动,满足顾客需要;还可以及时发现问题,进行解释,解除顾客疑虑,使之产生信任感。

(2)具有选择性和针对性。在每次推销之前,可以选择具有较大购买可能的顾客进行推销,拟定具体的推销方案、策略和技巧,以提高推销成功率。这是广告所不及的。

(3)具有完整性。推销人员的工作从寻找顾客开始,到接触、洽谈,最后达成交易。除此以外,推销员还可以担负其他营销任务,如安装、维修、了解顾客使用后的反应等。而广告则不具有这种完整性。

(4)具有公共关系的作用。一个经验丰富的推销员为了达到促进销售的目的,可以使买卖双方从单纯的买卖关系发展到建立深厚的友谊,彼此信任,彼此谅解,这种感情增进有助于推销工作的开展,实际上起到了公共关系的作用。

推销人员还可以借助网络促销。通过网络传递商品和服务的存在、性能、功效及特征等信息。互联网虚拟市场的出现,将所有的企业,不论大小,都可以推向一个统一的世界市场。

第五节 汽车服务企业顾客满意营销战略

企业是以盈利为目的的经济组织,大部分企业都是以这一定义为宗旨实施经营的,汽车服务企业怎样才能实现企业盈利呢?首先必须赢得顾客,企业运作要以满足顾客的需求作为目的,以顾客的满意作为企业经营与发展的战略,而利润则是满足顾客需求后顾客满意的一个结果。

一、顾客满意营销战略思想

1. 顾客满意营销战略指导思想

市场营销学大师菲利普·科特勒在《市场营销管理》一书中指出:"企业的整个经营活

动要以顾客满意度为指针,要从顾客角度,用顾客的观点而非企业自身利益的观点来分析考虑消费者的需求"。科特勒的观点形成了现代市场营销观念的经典。从某种意义上说,只有使顾客感到满意的企业才是不可战胜的。

因此,顾客满意战略的指导思想是:企业的全部经营活动都要从满足顾客的需要出发,从顾客的观点而不是从企业的观点来分析考虑消费者的需求,以提供满足顾客需要的产品或服务为企业的责任和义务。在产品(服务)功能及价格设定、分销与促销等环节建立和完善售后服务系统等方面,以便利顾客为原则。顾客满意营销战略就是要站在顾客的立场上考虑和解决问题,以满足顾客需要、使顾客满意为企业的经营目的,要把顾客的需要和满意放到所有考虑因素之首。

2. 顾客满意营销战略的形成

顾客满意营销战略的产生,源于日益加剧的市场竞争。早期的企业竞争取决于产品的价格。随着技术的不断进步和技术市场的发展,同一行业的生产工艺水平日趋接近,企业之间竞争的技术差距逐渐缩小,产品或服务供大于求,企业竞争环境发生了变化,买方市场的特征逐渐明显,消费者的经验和消费心理素质也日趋成熟,消费者对产品和服务的需求已从"价廉物美"转向"满足需求"。于是综合服务质量成了企业竞争的关键,靠优质服务使顾客感到满意已成为众多优秀企业的共识,以服务营销为手段提高顾客满意度已成为企业在竞争激烈的市场中的理性选择。

3. 顾客满意营销战略的3R理论

20世纪70年代以来,市场份额PIMS(Profit Impact of Market Share)一直是市场营销追求的目标。美国战略研究所研究认为:市场份额与利润有着直接和重要的关系,即市场份额决定着企业利润,市场份额的扩张必然带来利润的增长。多年来许多企业都将PIMS作为指导经营和制定战略的首选,通过大力的促销(大量的广告投入)来争夺用户,实现企业扩张市场份额的战略目标。但是,大量实践证明,有时提高市场占有率所付出的代价往往高于它所获得的收益。因为,大量营销调查表明,发展一名新顾客的费用是维系一名老顾客费用的5~8倍。过高的拓展新顾客的费用往往会无情吞噬掉企业的利润,而且当企业的市场份额已达到一定水平时,若再进一步提高,其边际费用就会非常高,结果使企业得不偿失。

从20世纪80年代始,大量的研究与实践使人们认识到,以顾客满意(Customer Satisfaction)作为标志的市场份额的质量,比市场份额的规模对利润有更大的影响。市场营销过程中一味进行广告投入的做法应该被侧重于为顾客服务、使顾客满意的人际传播媒介所替代。

顾客满意营销战略3R理论,能大大降低企业经营费用,提高企业的利润。

1) 留住老顾客(Retention)

满意的老顾客能最大限度抵御竞争对手的降价诱惑,企业比较容易为满意的老顾客服务,相对于发展新顾客,费用大大降低。

2) 销售相关新产品和新服务(Related Sales)

满意的老顾客对企业新推出的产品和服务最容易接受,在产品寿命周期日益缩短和服务多样化的今天,此举尤显重要。任何企业只有不断推出新产品(服务)才能生存,而满意的老顾客往往是企业新产品的"第一个吃螃蟹的人",他们的存在可大大节省企业开发新产品的营销费用。

3）用户宣传（Referrals）

在购买决策过程中,为了降低自己感觉中的购买风险,用户往往会向亲友收集信息,听取亲友的意见;同时,顾客购买、使用产品之后,总会情不自禁将自己的感受告知他人。"满意"与"不满意"的顾客对企业招徕或是阻滞新顾客影响重大,精明的企业家总会巧妙利用"满意"的顾客作为其"业余营销员",为自己的企业进行"口碑宣传",从而带来大量的新顾客。

二、提高顾客满意水平

1. 要充分认识到顾客购买的是价值

怎样既能使顾客满意又能赚钱,就是要满足顾客可以获利的需求,也就是说让顾客感觉钱花得值得。这里"钱"代表了价格,"值得"代表了顾客所享受到的服务的价值。关键在于要使顾客所享受到的服务价值高于或至少等于顾客所花费的总成本。

顾客购买的总价值由产品价值、服务价值、人员价值和形象价值构成,其中每一项价值因素的变化均对总价值产生影响。

（1）产品价值。是由产品的功能、特性、品质、品种与式样等所产生的价值,是顾客需要的中心内容。服务企业的产品价值就是车辆品牌及其服务。

（2）服务价值。是指伴随产品的出售,企业向顾客提供的各种附加服务,包括产品介绍、送货、安装、调试、维修、技术培训、产品保证等所产生的价值,在汽车技术服务中可以是修后回访、上门培训汽车维护知识、技术使用、质量保证等。

（3）人员价值。是指企业员工的经营思想、知识水平、业务能力、工作效益与质量、经营作风、应变能力等所产生的价值,比如中级工、高级工、技师或高级技师、行业技术能手在服务中产生的差异。

（4）形象价值。是指企业及其产品（服务）在社会公众中形成的总体形象（品牌形象）所产生的价值,这是一种无形资产。

顾客购买的总成本不仅包括货币成本,而且还包括时间成本、精神成本、体力成本等非货币成本。

（1）货币成本。一般情况下顾客购买产品（服务）时首先要考虑的是货币成本的大小,这是构成顾客购买总成本大小的主要因素,表现出来就是产品或服务的价格。

（2）时间成本。是顾客为了得到该产品或享受该项服务所花费的所有时间。

（3）精力成本。是指顾客购买产品或服务时,在精神、体力方面的耗费与支出。

顾客总价值和顾客总成本之差就是顾客让渡价值。因此,企业在制定营销决策时,应综合考虑构成顾客总价值与顾客总成本的各项因素之间的相互关系,用较低的成本为顾客提供具有更多顾客让渡价值的产品或服务。

不同顾客群体对产品价值的期望与对各项成本的重视程度是不同的。如,对于工作繁忙、收入较高的消费者而言,时间成本是最重要的因素;而对于收入偏低的顾客而言,货币成本是他们在购买时首先考虑的因素。因此,企业应根据不同顾客群的需求特点,有针对性地设计增加顾客总价值、降低顾客总成本的方法,提高顾客的满意水平。

因为,顾客让渡价值最大的产品或服务总是会成为顾客优先选购的对象。所以企业应有针对性地设计和增加顾客让渡价值。当顾客让渡价值大于或等于零时，顾客就会感到获得了超值的享受或觉得"钱花得值得"，因而也就会感觉到满意。顾客让渡价值的真谛就是"值得的东西再贵也是便宜的，不值得的东西再便宜也是贵的！"。

2. 产品与服务应永远超前于顾客预期

产品和服务要永远超前于顾客对它们的预期要求。这就要求：一方面，应把产品与服务标准提高到顾客现有预期之上，使顾客不仅仅是满意，而且是由衷的高兴；另一方面，要在顾客预期之前就引入新的服务形式，积极主动为顾客服务，不仅向顾客提供他们想要的东西，而且要提供连他们自己都没有意识到会喜欢的东西。

3. 鼓励顾客抱怨，并为顾客提供反馈信息的机会

产品与服务的提供者应建立信息反馈机制，并千方百计为顾客提供信息反馈的渠道。通过信息反馈机制，可以解决顾客如何与生产商、销售商进行交流，顾客又用什么途径获取产品及服务信息的问题；企业也可以及时了解顾客对企业满意的程度以及对企业的意见；企业还可以利用这种沟通的方式掌握顾客的相关信息，形成顾客数据库，以针对其特点更好地开展业务。这样就形成一个企业与顾客互动的过程，对提高顾客满意水平、促进企业的发展与进步具有重要意义。

企业还应积极鼓励顾客抱怨。没有抱怨并不意味着质量没有问题，也许顾客只是懒得说，或许是没有抱怨的渠道；而最糟糕的可能就是顾客已对企业完全失去信心。因此，要注意倾听所有顾客的抱怨。在处理顾客抱怨的过程中，尽量向顾客了解为什么产品或服务不能满足顾客的需要，顾客想要什么样的产品或服务。如果能得到这些信息，就意味着向理解顾客的需要和期望迈进了一步。同时，如果处理得当，还可以发展同顾客的关系。曾经抱怨过的顾客，在企业为其解决问题而做出努力后，可以转变为一个满意甚至是忠诚的顾客。

4. 提高顾客让渡价值

消费者在购买产品或服务后是否满意，取决于与购买者的期望值相关联的供应品的功效，可以说，满意水平是可感知效果和期望值之间的函数。要提高顾客的满意水平，应从提高产品与服务的可感知效果入手。顾客让渡价值在某种意义上等同于可感知效果。因为，顾客在选购商品或服务时，往往从价值与成本两个方面进行考虑，从中选出价值最高、成本最低，即"顾客让渡价值"最大的产品或服务作为优先选购的对象。因此，提高顾客让渡价值是提高顾客满意水平的主要手段。提高顾客让渡价值有两个可供选择的途径，即尽力增加总的顾客价值或减少总的顾客成本。由于总的顾客成本不可能无限制地缩减，因而作用有限。所以更积极的方法是增加总的顾客价值。

1）增加总的顾客价值

（1）增加产品价值。①产品或服务的开发设计应注重市场调研及客户需求的识别，应面向市场，以顾客需求为中心。通过市场调研，倾听顾客的声音，可以挖掘出消费者的潜在需求，进而结合自身情况进行市场细分，确定目标市场（即目标消费群），然后，根据目标市场进行产品或服务的开发设计。②重视产品的质量，质量是企业的生命，提高产品质量是提高产品价值、维护企业信誉的主要手段。企业应建立有效的质量保证体系，以满足顾客的需要和期望，并保护组织的利益。

（2）提高服务价值。①注意服务的定位与服务差异化，在顾客心目中创造出有别于竞争

者的差异化优势。②为顾客提供全过程和全方位优质服务,做到细致、周到、充满人情味。全过程服务是从售前消费者产生消费欲望的那一刻起,到商品使用价值耗尽为止的整个过程,都对消费者细心呵护,使消费者与自己的品牌紧密相连,让消费者在每一层面都感到完全满意。全方位服务是指为消费者提供所需的全面服务,也称保姆式服务,即将消费者当作婴儿一样细心呵护。

(3)提高人员价值。企业员工直接决定着企业为顾客提供的产品与服务的质量,决定着顾客购买总价值的大小。员工的技能、顾客导向和服务精神对于顾客理解企业、购买产品或服务是相当关键的。企业每个员工的态度、精神面貌、服务等都代表着企业的形象,都直接或间接地影响"顾客满意"。那些得到了热情、全面、耐心、细致服务的顾客,将会对企业所提供的产品或服务留下良好印象,有可能再次购买并向其他人推荐,可以说,与顾客的真实接触瞬间是"顾客满意"实现的关键。

(4)提高形象价值。良好的企业形象具有财务价值、市场价值和人力资源价值,因此,必须做好企业形象管理。企业形象通过产品质量水平、品牌特征和服务三个方面表现出来。运用这三个要素营建并保持坚实的顾客关系,关键是在同所有与企业有关的人员的交往过程中表现出一致性。做好企业形象管理,还需妥善处理危机事件,维护企业形象。一旦危及企业形象的事件发生时,一定要妥善处理,尽量缩小影响面。

2)降低总的顾客成本

(1)降低货币成本。顾客总成本中最主要的成本就是价格,低价高质的产品是赢得顾客的最基本手段。要想赢得市场,必须严格控制成本,对本企业产品或服务的各个环节进行成本控制,设身处地以顾客的目光来看待成本的高低和价格的可接受度。

(2)降低时间成本。首先,通过各种有效渠道发布产品信息,减少顾客搜集信息所需的时间,使顾客可以比较轻易地获得选购产品或服务前所需的资讯。其次,维修技术服务要尽量缩短停厂维修周期,减少配件材料缺货现象,将能大大减少顾客的时间成本,提高顾客所获得的让渡价值。

(3)降低精力和体力成本。①可以通过加大宣传力度,使顾客可以轻易得到所需的产品资料,减少在搜寻信息方面花费的精力与体力;②合理布局服务网点,使顾客可以就近得到服务;③为顾客提供一条龙服务,最大限度地减少需要顾客完成的工作,减少顾客精力与体力的付出。

三、汽车服务企业顾客满意营销战略的实施

汽车服务企业的顾客满意营销战略,是指为了使汽车消费者能完全满意企业的产品或服务,综合而客观地测定消费者的满意程度,并根据调查分析结果,使企业作为一个整体来改善产品、服务及企业文化的一种经营战略,也是建立顾客至上服务,使顾客感到百分之百满意,从而效益倍增的战略系统。

汽车服务企业的顾客满战略中的"顾客"一词涉及内容十分广泛:一是指服务企业的内部顾客,即企业的内部成员,包括企业的员工和股东;二是指服务企业的外部顾客,即凡是购买和可能购买本企业的产品或服务的个人和团体,具体来讲,就是指每一位汽车消费者。因此,实施顾客满意战略的企业所面临的顾客关系不仅有维修企业与消费者之间的关系,同时

还包括企业与员工的关系。所以,顾客满意战略是一种广义的以顾客为中心的全方位顾客满意经营战略。实施本战略应注意以下几个方面。

1. 确立"顾客第一"的观念

实施顾客满意战略,推行顾客满意营销,首先必须确立"顾客第一"的观念。坚持"顾客第一"的原则,是市场经济的本质要求,也是市场经济条件下企业争取顾客信赖,掌握市场主动权的法宝。现代汽车服务企业生产经营的目的是为社会大众服务,为顾客服务,不断满足各个层次消费者的需要。

"顾客第一"和"利润第一"曾是相互对立的两种经营观念。随着商品经济的发达、买方市场的形成、市场发育的完善和营销观念的深入,人们意识到"顾客第一"和"利润第一"实际是统一的。任何一个企业都是以追求经济效益为最终目的的,然而,如何才能实现自己的利润目标,从根本上说,就是必须首先满足顾客的需求、愿望和利益。所以,企业在生产经营活动的每一个环节,都必须眼里有顾客,心中有顾客,全心全意地为顾客服务,最大限度地让顾客满意。这样,才能使企业在激烈的市场竞争中站稳脚跟,进入"义利合一"的境界,才能得到持久的发展。

2. 树立"顾客总是对的"的意识

在企业与顾客这种特定的关系中,只要顾客的"错"不会构成企业重大的经济损失,那么就要将"对"让给顾客,这是企业顾客满意意识的重要表现。"得理也让人",既是顾客满意经营观念对员工服务行为的一种要求,也是员工素质乃至企业素质的一种反映。所以,顾客满意经营观念要求员工必须遵循三条原则:一是应该站在顾客的角度考虑问题,使顾客满意并成为可靠的回头客;二是不应把对产品或服务有意见的顾客看成"麻烦顾客",应设法消除他们的不满,获得他们的好感;三是应该牢记,同顾客发生任何争吵或争论,企业绝不会是胜利者,因为你会失去顾客,也就意味着失去利润。

因此,汽车服务企业在处理与顾客的关系时,必须树立"顾客总是对的"的意识,这是建立良好的顾客关系的关键所在。尤其是在处理与顾客的纠纷时,无论是企业的普通员工,还是企业的管理者,都应时刻提醒自己必须遵循上述三条黄金准则,站在顾客的立场上,想顾客之所想,急顾客之所急,从而对自己提出更高的要求。实际上"顾客总是对的"并不意味着顾客在事实上的绝对正确,而是意味着顾客得到了绝对的尊重,顾客品尝到了"上帝"滋味的时候,就是企业提升知名度和美誉度的时候,也就是企业能拥有更多的忠诚顾客、更大的市场,发展壮大的时候。

3. 建立"员工也是上帝"的思想

顾客是上帝,已成为汽车服务企业家的口头禅。然而,从顾客满意战略的观点来看,员工也是上帝。企业只有做到员工至上,员工才会把顾客放到第一位。一个不满意的员工决不会使他所服务的顾客得到满意的感受。实质上,员工至上与顾客至上并不矛盾,在顾客满意理论中,它们是统一的、相辅相成的,共同的目标都是使顾客满意。

"员工也是上帝"的思想告诉人们,一个企业家,只有做到善待你的员工,员工才会善待你的顾客,满意的员工能够创造顾客的满意。

因此,现代汽车服务企业要想使自己的员工让汽车消费者百分之百的满意,首先必须从满足员工求知的欲望、发挥才能、享有权利和实现自我价值等需要出发,关心、爱护和尊重员工,调动员工的积极性,激发员工的主人翁精神和奉献精神,树立员工的自尊心,使他们真正成为推进企业顾客满意战略、创造顾客满意的主力军。企业家必须用你希望员工对待顾客的态度和方法来对待你的员工。

[案例]某汽车维修厂来了一位非常挑剔的车主。他刚把车开进大门,就立刻指责门卫没有引导他把车停在诊断车位上。其实诊断车位有着非常明显的标志,而且门卫在他刚进门时已经向他指示了诊断车位方向。当修理人员使用仪器对车进行诊断故障时,车主突然指责维修人员的仪器刮伤了车身(漆面),其实那是车主自己洗车时不小心留下的刮痕。在做完车辆诊断检测后,车主又说车上的一张流行歌曲光碟不见了,最后修理人员当着车主的面在车辆座位下面找到了那张光碟。虽然这位车主未对和颜悦色、彬彬有礼的修理人员道歉,但从此成了这家修理厂的忠实客户。

第三章　汽车服务企业生产与技术管理

第一节　汽车服务经营计划

汽车服务经营计划是确定企业经济活动整体的经营目标、战略和布局的计划,是企业经济活动的纲领性文件,是企业发展可行性的综合性计划。

一、汽车服务经营计划特点和作用

1. 汽车服务经营计划的特点

(1)汽车服务经营计划是一种纲领性、决策性计划。企业要按照国家有关政策,采用科学的方法,进行市场调研、市场预测,从长远目标出发,进行科学的市场分析,做出科学的决策及实施方案。经营计划在企业管理中有着纲领性、决策性的职能,关系着企业战略目标的具体实现。

(2)汽车服务经营计划是一种开发性计划。企业根据行业特点,从满足市场需求、取得好的经济效益出发,使企业在市场经济下持续稳定地发展,在市场竞争中立于不败之地,不断地开发市场,开发新产品、扩大服务领域或范围。因此,汽车服务经营计划不但要考虑当前生产的进展,还必须有新市场、新产品(服务)的开发及与其相适应的技术革新、技术培训、设备更新等方面的内容。这是汽车服务经营计划与其他行业经营计划不同的一个特点。

(3)汽车服务经营计划是管理性计划。企业的经营计划是全企业性的,企业的一切生产经营活动都要纳入经营计划管理中,包括整车销售、配件销售、车辆维修等。经营计划的贯彻实施是全员的,企业各个职能部门都应有自己的生产目标和经济责任,并要分解到企业每个基层单位,落实到每个员工,明确考核目标和经济责任。经营计划的管理也是全过程的,从确定生产经营方针开始,通过编制经营计划,下达计划目标参数,逐级逐项分解落实完成措施,检查与控制计划完成过程,反馈执行信息,考核、评价经济活动,到下期计划的经济预测与资料汇集等各个阶段,形成闭环控制,使计划贯穿于生产经营的全过程。

2. 经营计划的作用

(1)经营计划能克服市场变化和不确定性因素带来的经营困难,做到有备无患。市场总是变化无常的,企业的任何经营活动都必须适应市场的变化,只有制订了经营计划,一旦遇到市场变化,企业就可按照计划的安排,做出及时调整,最终达到生产经营目的。

(2)经营计划能达到生产经营上的经济合理。计划工作能以明确的目标替代不协调的分散活动,以和谐的生产、工作流程组织生产,以深思熟虑的决策替代仓促、草率的判断。这样,能使企业生产经营管理的各个环节和谐一致,提高效率,降低消耗,实现经营上的经济合理。

(3)经营计划能将注意力集中在目标上。市场总是充满着诱惑,各种机会不断出现,没有一个经营计划的指导,企业的生产经营活动很容易受到外界的影响而偏离目标。反之,在一个企业整体经营计划指导下,可使各层次、各部门的工作能够围绕计划目标展开,避免工作的盲目性,保证企业整体生产经营目标的完成。

(4)经营计划便于进行经营控制工作。有了经营计划,就便于制定分项目标和标准,使工作落实到人。同时,生产管理者也有了既定的目标和检查依据,并以此对照检查生产活动进行的情况,及时发现问题并加以纠正。

二、企业经营计划的分类和主要任务

1. 经营计划的分类

企业经营计划的分类方法很多,从不同的角度可以把经营计划分为以下几种情况。

(1)按计划期限,可以分为长期计划、中期计划和短期计划。一般视五年以上的计划为长期计划,三年左右的计划为中期计划,年度计划为短期计划。

长期计划与短期计划是相互联系的,长期计划是年度计划编制的依据,年度计划是编制一些季度、月计划的依据;年度计划、月计划又是长期计划的补充。

(2)按计划用途,可分为战略性计划和战术性计划。长期计划一般为战略性计划。

(3)按计划包含内容,可分为单项计划和综合计划。把各个单项计划有机地联结在一起构成了综合计划。

究竟需要制订什么计划,每个企业的生产经营规律、经营和生产环境不同,做出的选择也会不同。

2. 企业经营计划的主要任务

(1)在科学预测的基础上确定企业的发展方向、发展规模和发展速度,以长期计划保证战略目标的实现,以短期计划保证日常生产活动的进行。

(2)系统地进行技术经济分析,并做出正确的决策,以获取最大的经济效益,特别是要把市场的变化与企业的生产活动联系起来。

(3)通过计划的综合平衡将企业人力、物力、财力统一起来,在动态的经济活动中保持它们之间的适当比例,发现其中的薄弱环节,迅速解决,使企业运行处于良性循环之中。

三、汽车服务经营计划的内容

汽车服务企业的经营计划作为未来一个经营周期中进行管理和绩效考核的纲领性文件,主要包括汽车服务计划、汽车销售计划、汽车服务项目市场推广计划、汽车维修服务计划、汽车服务项目投资计划、汽车服务项目开发计划、汽车服务技术改造计划和汽车服务经营财务计划等。

1. 汽车服务计划

汽车服务计划中包括根据预测的未来年度市场情况和自身的销售计划,计算下一年辖区内汽车服务企业代理品牌车辆的保有数量,根据该品牌车辆以往在维修方面的经验数据,计算出下一年的汽车服务总台次、工时和汽车配件消耗的数量。汽车服务计划示例见表3-1。

汽车服务计划示例　　　　　　　　　　　　　表 3-1

序号	项目	实际			预测	
		2015 年	2016 年	2017 年	2018 年	2019 年
1	当地城市轿车保有量					
2	企业服务范围区轿车保有量					
3	当地城市同档轿车总保有量					
4	企业服务范围区同档轿车保有量					
5	当地城市同本品牌轿车保有量					
6	企业服务范围区本品牌轿车保有量					
7	本品牌汽车维修用户档案数					
8	本品牌汽车维修服务占的市场份额(%)					
9	本品牌汽车年维修台次					
10	本品牌汽车年维修总产值(元)					
11	本品牌汽车年钣金维修总产值(元)					
12	本品牌汽车年实际累加维修时间(h)					
13	本品牌汽车年维修累计工时总收入(元)					
14	本品牌汽车年配件总收入(元)					
15	单台本品牌汽车年配件消耗(元)					
16	本品牌汽车配件年对外销售收入(元)					

2. 汽车销售计划

汽车销售计划主要是根据近几年本地汽车市场上本品牌车辆的销售情况和市场发展预期,在考虑竞争对手商务政策与市场举措的条件下,合理确定未来一段时间内(通常是一年)企业整车、汽车美容等延伸产品的销售状况,并做出按月和按车型划分的详细分布计划,包括汽车销售数量、销售额、交货期限以及销售收入等。汽车销售计划示例见表 3-2。

汽车销售计划示例　　　　　　　　　　　　　表 3-2

品种 \ 计划及执行比例 \ 月份	1月		2月		3月		……		10月		11月		12月		比例	平衡	合计
	计划	比例	计划	比例	计划	比例	计划	比例	计划	比例	计划	比例	计划	比例			
车型1																	
车型2																	
……																	
月计划																	

3. 汽车服务项目市场推广计划

汽车服务企业为了扩大市场影响,挖掘潜在客户,提高已有客户对本企业的认知,提高汽车销售与汽车服务市场份额,需要开展系统、多样的汽车服务项目市场推广活动。

汽车销售服务企业为销售车辆可以选择的市场推广活动有平面广告(报纸、杂志)、电视广告、广播广告、网络广告、邮件广告、户外路牌广告、宣传品广告、新车型推介、车展、试乘试驾、企业与客户互动、媒体报道、报纸稿件报道、车辆免费维护服务公益活动等。汽车服务项目的市场推广计划示例见表3-3。

汽车服务项目市场推广计划示例　　　　　　　　　　　　　　　　　　　　表3-3

月份	1月	2月	3月	4月	5月	6月	7月	8月	9月	10月	11月	12月	备注
平面广告													
电视广告													
广播广告													
路牌广告													
车展													
赞助													
客户活动													
媒体活动													
推介活动													
公关活动													
服务活动													
其他													
合计													

4. 汽车维修服务计划

汽车维修服务计划主要是根据销售计划,计算下一年在本企业服务范围内的各品牌汽车的保有量,以及以往这些汽车维修的统计数据,确定汽车维修服务总台次、工时和配件消耗等计划。汽车维修服务计划示例见表3-4。

汽车维修服务计划示例　　　　　　　　　　　　　　　　　　　　　　　　表3-4

序号	项目	实际			预测	
		2015年	2016年	2017年	2018年	2019年
1	整个城市小轿车保有量					
2	企业服务范围区小轿车保有量					
3	整个城市某品牌汽车保有量					
4	企业服务范围内某品牌汽车保有量					
5	某品牌汽车维修用户档案数					
6	某品牌汽车维修服务占的市场份额(%)					
7	某品牌汽车年维修台次					
8	某品牌汽车年维修总产值(元)					
9	某品牌汽车年钣金维修总产值(元)					
10	某品牌汽车年实际累加维修时间(h)					
11	某品牌汽车年累计工时总收入(元)					
12	单台某品牌汽车年配件消耗(元)					

5.汽车服务项目投资计划

汽车服务项目投资计划包括未来年度内的新增汽车服务项目的投资、新增设备的投资、新增流动资金以及其他新增资金(如新增人员工资等成本)。如果有新增项目投资,还需要制订汽车服务项目进度计划。其中,新增汽车服务项目的投资是指新增加或开发的汽车服务项目的投资,包括场地装修、汽车服务启动资金等;新增设备的投资是根据汽车服务企业自己的业务发展规划,先确定设备是否能满足正常运作的需要,如不能满足,再考虑增加设备,并增加设备投资;新增流动资金是根据业务发展规划和现金流量图,估算出需新增的流动资金,一般包括增加销量、库存、配件所需资金。汽车服务企业年度投资计划示例见表3-5。

汽车服务项目年度投资计划示例　　　　　表3-5

投资项目名称	投资原因	投资金额	预计收益	备注
汽车服务项目一				
汽车服务项目二				
……				
合计				
填表人		审核人		审核日期

6.汽车服务项目开发计划

汽车服务项目开发计划就是对老的汽车服务项目升级换代、增加新的汽车服务项目等做出的安排,如增加发动机电控冷却系统、双离合器自动变速器、全主动控制悬架的维修服务项目计划。汽车服务项目开发是汽车服务企业生存与发展的重要环节。

7.汽车服务技术改造计划

汽车服务技术改造计划包括汽车服务技改目的、技改重点、技改措施和技改资金等多方面内容,目的是增强其服务企业的环境适应能力,提高其服务能力和质量。

8.汽车服务经营财务计划

汽车服务经营财务计划是企业所有业务收入与费用开支的汇总。收入包括新车销售收入、二手车业务收入、汽车维修收入、汽车配件收入、衍生业务收入以及其他收入等;开支包括人工费用、营销费用、办公费用以及其他维修业务正常运作的开支费用。据此估算出汽车服务企业下一年的销售收入及资金支出情况,分析利润率、投资收益率,确定计划细节及其可行性,并根据现金流量做好时间的合理利用工作,取得资金的最大收益。

四、汽车服务经营计划的编制

1.编制经营计划的目的

(1)服从上级领导部门统一计划的要求,按经营产品(服务)品种、数量和质量等保证完成其安排的计划性任务。

(2) 积极开展市场调查与分析预测,扩大市场的销售范围,努力开发适销对路的产品和服务,满足社会需求。

(3) 指导企业的生产经营活动。通过制订计划,对企业的生产技术、产品发展、场所改造、产品销售、财务成本、职工教育、生活福利等各方面活动进行科学核算和协调,实现较好的经济效益和社会效益。

(4) 应用经营决策、技术经济分析等科学管理方法,完善目标值体系,对企业生产经营活动进行目标管理。

(5) 全员参与,组织群众、动员群众,争取完成和超额完成经营计划任务。

2. 编制经营计划应遵循的原则

由于汽车服务经营计划的重要性和复杂性,制定时必须坚持正确的指导思想,在进行这一智慧活动中,应注意以下原则:

(1) 关键性原则。

目标明确,重点解决关键性问题。在总体经营目标中,必须突出具有全面性的主要问题,不能只注重全面,主次不分,力量分散,造成关键问题得不到很好的解决,企业的资源不能有效地利用,达不到好的生产经营效果。

(2) 强制性与灵活性原则。

制订出的经营计划必须严格执行,不允许轻易改变或废除,但发现计划与现实发生偏差而影响经济效益时,就必须及时调整和修订。在制定生产经营方针、市场开拓、协作定点、技术改造、投资方向等方面,要对企业的外部环境和内部条件进行慎重、科学的分析,充分发挥本企业的优势,体现出生产经营环境变化的应变灵活性。

(3) 系统性原则。

经营计划由多种不同形式的计划组成,而分计划的编制所依据的条件和影响因素又不同,因而多种计划之间有可能产生矛盾和不协调,就要求企业要分解整体目标,使各项计划之间相互协调,相互配合,相互促进,形成一个有机整体。

(4) 现实性和鼓励性原则。

以平均先进定额为依据,实事求是、量力而行、留有余地,所制订的经营计划必须能够保证经过主观努力是可以达到和按期完成的。另外,计划要调动和激发职工积极性的强大力量,即计划必须与职工的物质利益紧密结合,使人人关心计划的实现,把实现企业生产成果、创造最佳经济效益变成为激发职工创造性劳动的强大动力。

(5) 连续性原则。

企业的生产经营活动是连续不断地进行的,前期计划的执行情况及其分析是编制当期计划的依据。因此,近期计划的编制要考虑到为未来计划提供条件,短期计划的编制要成为实现长期计划目标的组成部分。任何分割过去、现在和未来的联系,提出不切实际的指标,或者是急功近利而不顾长远利益的经营计划都是不可取的。

(6) 经济利益原则。

要处理好国家、企业、个人三者关系,结合推行企业内经济责任制,明确责、权、利,在发展生产的基础上,逐步提高职工生活福利水平。

3.编制经营计划的程序

概括起来,企业经营计划的编制一般按照下列四个阶段进行:

第一阶段:准备阶段。

(1)企业外部情况调查与分析。

①政治因素:国家、行业在一定时期内所制定的各项方针和政策。

②社会因素:社会的风气与习俗,也是编制计划时必须考虑的。

③经济因素:国民收入水平、商品价格水平和社会需求量等。

④技术因素:国内外在本行业上科学技术的发展趋势及发展趋势。

⑤竞争因素:了解企业有哪些竞争对手,它们的技术水平、管理水平和经营策略等。

⑥资源供应因素:企业生产所需要的原材料在市场上的供应情况,它直接影响着企业产品的成本。

(2)企业内部情况的调查分析。

①产品因素:企业生产经营的产品数量、利润、发展趋势、每种产品的成本和质量水平等。

②资源因素:企业所拥有的厂房、设备和资金等,尤其是资金,影响是非常大的。

③人员因素:企业各类人员素质的高低。

④管理因素:企业所指定的各种规章制度、采取的各种管理方法和手段等。

第二阶段:确立目标。

(1)社会效益企业为社会发展所做出的贡献大小。

(2)市场竞争企业通过竞争所占有的市场份额。

(3)经济发展企业在计划期内各项经济指标的发展速度。

(4)经济效益企业在计划期内应实现的利润目标。

第三阶段:拟订各种可行的计划方案。

第四阶段:做出评价并选择最佳计划方案。

下面以汽车服务企业常用的年度经营计划为例,说明企业经营计划的编制程序。

1)准备阶段

这一阶段的主要工作就是全面调查企业内外的情况,做好编制计划准备。在准备阶段,应注意收集企业的外部条件、内部条件和汽车服务行业发展趋势的资料,具体包括:

(1)国家的政治经济形势及各项政策和经济法令。

(2)行业或汽车厂商下达的年度指令性或指导性计划及根据计划指标签订的长、短期服务合同。

(3)汽车服务市场需求情况,包括企业的服务产品在市场占有情况的调查、同类汽车服务企业的分布、竞争能力、潜在市场、配件供应、用户对企业提供的服务的反馈等。

(4)物质资源条件,包括国家指令性计划可供资源、可从国外进口的资源、企业可以自筹的资源、物资市场供需状况、协作企业的生产能力和生产条件等。

(5)企业中长期发展规划及实施进度。年度计划应保证中长期发展规划的实现,要注意很好地衔接和平衡。

(6)企业内部情况掌握包括企业自然资源条件的变化、生产组织和劳动组织、上一年度实际达到的水平(包括设备能力、厂房面积、人员技术水平等)、维修工艺水平等。

(7)汽车服务市场预测。汽车服务经营计划的制订,关键在于对未来整车和汽车配件销售、维修等汽车服务市场进行预测和对经营项目的可行性分析。

2)统筹安排,确立企业经营目标

这一阶段的主要工作是依据准备阶段提供的各类调查资料,结合企业的各项有关技术经济定额,确定目标水平,计算经济效益,提出各专业计划草案。生产目标是计划的核心,在确立专业计划时,必须保证所定目标应先进合理、积极可靠并有余地。

3)拟订经营计划方案

企业的经营计划是由一系列密切联系、互为依据的专业计划所组成。例如,企业的利润计划决定销售计划,销售计划决定维修服务计划,维修服务计划决定物资供应计划、劳动工资计划和成本计划,最终又决定利润计划。因此,经营计划中各项专业计划的编制不能单独、孤立地进行,而要按照编制经营计划的统一部署和计划编制程序,搞好计划资料的提供关系,搞好计划指标上下左右的衔接,搞好各项计划之间的综合平衡工作。对大型企业或集团,在编制企业经营计划的同时,还要交叉编制企业下属单位(专业厂或分公司)的经营计划。拟订经营计划一般有三种做法:

(1)由下而上地编制。先编制各专业厂(分公司)的经营计划,然后再平衡汇编企业的经营计划。

(2)由上而下地编制。先编制企业的经营计划纲要,然后再编制各专业厂(分公司)的经营计划。

(3)上下结合进行编制。企业与各专业厂(分公司)的经营计划同步进行。

这三种做法各有利弊,对计划管理基础工作较好的企业宜采用第三种方法。这种上下结合、纵横交叉的做法有利于充分了解和搜集各种信息资料,调动多方面的积极性,有利于计划的综合平衡,有利于缩短计划编制周期,提高计划编制的工作质量。

年度经营计划的编制过程实际上是综合平衡的过程。综合平衡是企业进行年度经营计划编制的一项重要手段,也是管理计划的基本方法。对于一个汽车4S企业来说,在编制计划过程中除了各专业计划要做到项目、进度、资金、工作量和指标之间的平衡和上下左右的相互衔接外,企业领导和综合计划部门重点要做好以下平衡:确保以企业经济效益为中心,搞好利润计划、整车及配件销售计划与汽车维修计划之间的平衡;确保以企业维修服务任务为中心,搞好营销计划、物资供应计划、辅助经营计划之间的平衡;确保以增收节支为中心,搞好生产费用计划、成本计划和资金计划的平衡。

年度经营计划的平衡是一项复杂的工作,不但要贯穿编制计划的全过程,而且在执行过程中还要根据企业生产经营活动的不断变化,在动态中寻求新的平衡,确保企业经营目标的全面实现和取得良好的经济效益。

在编制计划的初期,要组织企业全体职工,特别是有一定管理经验的职工,集思广益,多方征集意见,通过筛选比较,集中精力研究后,提出计划方案。经初步评价后,选出最接近企业条件、符合经营目标要求的方案,供最终评价和决策。

4)最终评价与决策

这一阶段的主要工作是企业决策层利用科学的决策方法和手段,针对提交的经营计划进行全面评价,最终决定企业的年度经营计划。

五、汽车服务经营计划的实施和控制

1. 经营计划的实施

经营计划经企业领导审批后要下达到计划的制订单位认真贯彻执行,增强计划的严肃性,保证优质、高效、低耗、安全、均衡地完成计划任务。

(1)根据年度经营计划编制落实季度经营计划和月份作业计划。短期计划的编制,要考虑环境和条件的变化以及上期计划的执行情况,采用滚动计划的方法,既要坚持计划的严肃性,又要注意执行中的灵活性。

(2)运用企业内部经济责任制和经济核算制等经济办法,落实好经营计划中的各项计划指标和工作任务。把每个部门、每个生产单位和每个职工所担负的经济责任和自己的经济利益联系起来,促进企业经营计划目标的实现。

(3)开展多种形式的劳动竞赛、合理化建议和技术革新活动,激发企业职工的创新精神、竞争意识和主人翁责任感,并以此作为完成和超额完成企业经营计划的强大精神动力。

2. 经营计划的控制

经营计划的执行过程同时也是控制过程。所谓计划的控制,就是企业所属各基层单位和部门,对照计划指标等与实际执行结果进行检查、对比和分析,发现偏差,查明原因,采取措施,加以纠正。计划控制的形式有:日常检查、定期检查和专题检查等。

经营计划的执行和控制一般采用目标控制与企业内部经济责任制相结合的方法进行。目标控制就是在目标实施的过程中进行严格监督、检查,及时掌握目标实际完成情况,并采取措施,解决存在的问题,保证目标的实现。企业内部经济责任制是指将经济目标分配到部门班组,直至员工。其中目标控制的程序如下:

(1)制定目标控制标准。目标控制标准大体可分为数量控制标准、质量控制标准、程序控制标准、进度控制标准和消耗控制标准等。

(2)搜集、整理有关目标实施情况的数据。为了取得这些数据,企业要建立健全各种定额和原始数据记录制度,经过整理后的数据要及时向各有关方面传递,并及时反馈信息。

(3)定期检查和评价。检查可采取多种形式,按检查的内容可分为自检、专项定期检查、重点检查和对某一单位的全面检查等,并针对每一项检查做出相应的评价。

(4)采取措施解决目标实施中的问题,保证目标的实施。

(5)采用生产经营日报、经营月报、统计公报、经营简报等多种形式在一定的范围内公布和通报。定期召开生产经营活动的评价和分析会议,对目标实施情况进行评审,其结果作为经济责任制考核和奖励的依据。

第二节 汽车维修服务生产组织与管理

汽车维修服务企业为使车辆的维修工作能多、快、好、省地进行,需根据本企业的实际情况,将维护或修理工艺中的各项生产作业合理地组织,使之协调进行。

汽车维修工艺,是指利用维修生产设备或工具,按一定的要求维护或修理汽车的方法。

这些方法是在维修车辆的长期实践中积累起来的,并经理论总结的操作技术经验。

一、汽车维修服务生产管理概述

1. 汽车维修服务生产管理的原则

1) 以用户满意为导向

(1) 维修车间要全面准确地实现业务接待人员对用户的承诺;等待的时间应尽量短,能很快进入工位维修;维修速度要快,效率要高。

(2) 维修人员的工作质量要尽善尽美,达到零缺陷;车辆维修之后要安全可靠,不再返工;车辆在维护时应全面仔细检查,并提供必要的提醒;车辆的故障能够一次性彻底排除和根治。

(3) 维修费用要同预算的费用基本一致,不应有太大出入。

(4) 服务态度要好,要主动、热情、友好,车辆不要弄脏等。

2) 以维修质量为导向

根据汽车维修服务的特点,企业的技术性与服务性贯穿于修复流程的始终,因而汽车维修的质量既包含产品质量又包含服务质量。而汽车服务企业向用户提供的产品又是一种技术性的支持与服务,因此维修质量与服务质量密不可分,相辅相成。全面、系统、持续地追求维修产品质量至关重要,维修管理工作的出发点之一就是保证向用户提供合格的汽车维修服务产品,并且不断改进,提高维修质量水平。

3) 以企业利益为导向

汽车服务企业的维修工作不但要追求用户的满意和社会效益,更重要的是要追求企业利益的最大化,这也是企业的发展要求。要实现企业的效益,必须在生产管理工作中注重维修效率,注重合理的派工调度,避免窝工现象;注重各工种、各工序的合理衔接,注重工位的充分利用。

2. 汽车维修服务生产管理的模式

随着汽车保有量的迅速增长,汽车服务企业不断增多,汽车维修市场的竞争日益激烈。许多服务企业为了争取客户,提高用户满意度,向用户提供各种便利性服务,但是便利性服务不是汽车维修的核心服务,汽车服务企业向用户提供的检查、故障修理、事故修理等服务仍是核心服务内容。因此要求企业在实际的工作,要有较好的管理模式对维修服务工作进行管理。汽车维修服务的生产管理模式包括传统管理模式和团队式管理模式两种。

1) 传统管理模式

传统管理模式的组织结构如图 3-1 所示,该管理模式是从机械制造业维修车间的管理模式中演化而来的。在这种模式下,维修企业的部门设置、部门内部的岗位设置、人员岗位分工比较细致,各有其职责范围。前台业务接待员与维修车间的任务传递是通过车间调度员来实现的,即业务接待员将待修车辆以及任务委托书(或维修合同)交由车间调度员,再由车间调度员根据任务委托书(或维修合同)以及车间生产情况开具派工单,对各班组实行派工处理。车间调度员是车间的控制中心,维修生产中的维修进度、各维修工序的衔接均由车间调度员来进行统一协调、控制。质检员负责对维修车辆的中间检验、竣工检验以及维修质量的检查、监督、记录工作。试车员负责承修车辆的道路试验工作。

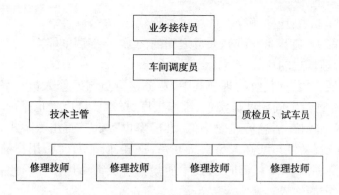

图 3-1　传统管理模式下的组织结构

2）团队式管理模式

团队式管理模式下的组织结构如图 3-2 所示，该模式就是将维修人员分成几个大的班组，由一名业务接待员带领一个班组组成一支维修团队。每支维修团队就像一个组织严密的小型维修企业，整个维修企业的生产组织由这样的若干支维修团队组成。在团队式管理模式中，业务接待员不但负责与用户接触的一系列工作（即预约、接车检查、开任务委托书或维修合同、结算交车、跟踪回访等工作），而且还担负维修生产派工、维修进度控制、各维修工序的衔接等生产管理工作。在这种模式中，取消了车间调度员岗位，由业务接待员（也就是该维修团队的管理者）直接对维修班组进行生产管理。为了简化派工手续，业务接待员可直接向维修人员下达任务委托书（或维修合同）进行派工，而不需再另开派工单。在维修生产中，维修进度、各维修工序的衔接由业务接待员来统一协调、控制，业务接待员便是维修车间的几个班组的核心。质检员负责对维修车辆的中间检验、竣工检验以及维修质量的检查、监督、记录工作。试车员负责承修车辆的道路试验工作。

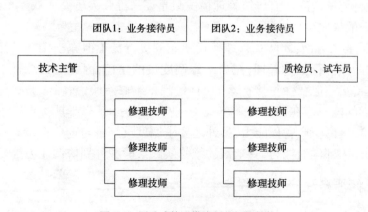

图 3-2　团队式管理模式下的组织结构

在团队式管理模式中，业务接待员的工作性质比较复杂，因此要求业务接待员具有较高的综合素质。一般要求业务接待员具备下列几种基本素质：

（1）业务接待员素质：能够接待用户，处理用户问题。热情大方，彬彬有礼，处理特殊问题的应变能力强。

（2）维修技术素质：能够熟练驾驶车辆进行试车，并有一定的维修技术功底，对所维修的主要车型熟悉，能够进行初步的故障诊断与检验。

(3)计算机操作能力:应熟练操作计算机管理软件、办公软件。
(4)生产管理能力:应具备与维修人员之间的沟通、指挥调度能力。

3)两种生产管理模式的比较

(1)与用户沟通方面:在传统管理模式中,业务接待员与维修人员一般情况下没有直接接触,维修作业指令通过车间调度员实现,维修进度、技术质量信息也是由车间调度员反馈,因此信息传递渠道比较长,信息传递效率低,准确率也较低。而在团队式管理模式中,业务接待员既与用户沟通,又可与维修人员直接联系,这样,既能及时将用户的要求和意见传达给维修人员,又能及时将维修生产进度、技术质量信息反馈给用户。因此在用户沟通方面,团队管理模式有一定的优势。

(2)保证维修质量方面:在两种管理模式中,维修车间都需要配备技术主管、质检员和试车员,也都需要实施三级检验制度(维修技师自检、维修班组之间互检、中间过程检验和质检员的终检)。在团队式管理模式中,由于业务接待员的技术素质较高,加上从用户到维修车间的信息传递更为通畅,因此相比于传统管理模式更有助于提高维修质量。

(3)维修服务效率方面:维修服务的效率分为业务接待效率和维修作业效率两方面。在团队式管理模式中,如果用户进厂时间比较集中时,业务接待员不仅要接待客户,还要处理维修班组的管理工作,容易出现顾前不顾后的现象,影响接待效率和维修作业效率,造成用户等待时间长的问题或维修班组出现窝工的现象。而在传统管理模式中,接待和维修工作由业务接待员和车间调度员分管,当业务较为集中时,不容易出现混乱;其中调度员的调度工作会直接影响维修作业的效率。

(4)维修车间的内部合作方面:团队式管理模式更加注重团队精神,有利于团队内部人员之间的密切合作。这种模式中维修人员之间的横向联系比较密切,如果有问题可以直接由业务接待员进行协调调度。而传统管理模式只是要求维修人员完成派工单的任务指令即可,维修人员之间的横向合作较少。

(5)人员素质要求方面:团队式管理模式中业务接待员不但充当接待的角色,还要负责管理自己所在的团队进行生产管理,充当维修调度员的角色,因此对其综合素质要求较高。一名好的业务接待员不但要懂得接待客户,具备汽车维修经验、故障诊断技能,还要具备生产管理、指挥调度的能力。在传统管理模式中,业务接待员不需要具备生产管理能力,但要求调度员要具备较好的生产管理能力,另外还要求调度员具备与业务接待人员之间、与维修人员之间的良好的内部沟通能力,有丰富的维修实践经验和计划协调能力等。

二、汽车维修服务生产管理程序

各汽车服务企业维修的服务流程不尽相同,但主题内容基本一致,标准全面的维修服务流程如图3-3所示。

1. 预约维修

预约维修可以使服务企业指导客户需要何种维修,另一方面客户也需要了解企业的维修生产情况和收费情况。如维修车间是否可以安排工位、维修工人、专用工具、资料是否齐全可用,相应的配件是否有现货或何时到货,相应维修项目的工时费和材料费等。如果预约人员对以上两方面情况很清楚,那么同用户做预约就会得心应手,也显得非常专业,同用户的沟通交流也就很方便。如果预约人员当时不清楚情况,就需要及时了解清楚之后再同用户进行确认。切不可在不清楚情况下就盲目预约,以免到时无法践约,给用户造成时间损失,引起用户抱怨,影响维修企业信誉。另外,预约人员代表维修企业形象,电话沟通交流技巧也是一门艺术,因此预约人员需要专门的电话培训。

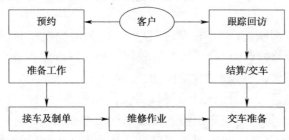

图 3-3 汽车维修服务流程

预约人员同用户做好预约之后应当及时做好记录汇总,以便有据可查。

维修企业为了更好地推广预约工作,在预约维修推广开始时,除了大力宣传预约给用户带来的利益外,还可以对能够准时践约的用户在维修费用上给予适当的优惠或赠送纪念品进行鼓励。

当然,在进行预约工作时,企业必须履行自己的承诺,所有预约内容必须到位,否则会打击用户对预约的积极性,导致推广预约维修困难。

2. 预约准备工作

为了在客户到来后能够很快地如约开展车辆维修,预约人员同用户做好预约之后应及时通知业务接待员(预约人员也可能就是业务接待员),以便在用户到来之前做好必要的准备工作。在停车位、车间工位、维修人员、技术资料、专用工具、配件、辅料等方面都应该准备齐全,以免到时影响维修工作效率和质量。准备工作属于流程中的内部环节,与用户并无直接的接触。业务接待员需及时通知维修车间与配件部门做好相应准备工作,维修车间、配件部门也应对业务接待员的工作给予积极支持配合,如果这些工作不能够在用户到来之前做好,比如维修所需配件不能够采购到,那么应及时通知用户取消这次预约并希望用户谅解。但是这一切工作都应当在客户到来之前完成。如果可能,业务接待员还应提前准备好任务委托书(或维修合同)。

3. 接车制单

接车处理属于服务流程中与客户接触环节,业务接待员将与用户进行沟通交流,因此业务接待员应当注重形象与礼仪并善于与用户进行有效的沟通,体现出对用户的关注与尊重,体现出高水平的业务素质。用户如约来修车,发现一切工作准备就绪,业务接待员在等待着他的光临,这样用户肯定会有一个比较好的心情,而这些恰恰是用户又一次对维修企业建立信任的良好开端。

在接车处理环节中最主要的两项工作是同用户签订维修合同和填写接车检查单。

1)任务委托书(或维修合同)

维修合同是用户委托维修企业进行车辆维修的合同文本。维修合同的主要内容有用户信息、车辆信息、维修企业信息、维修作业任务信息、附加信息和用户签字。用户信息包括用户名称、联系方式等;车辆信息包括牌照号、车型、颜色。底盘号、发动机号、上牌日期、行驶里程等;维修企业信息包括企业名称、电话,以便用户联系方便。维修作业信息包括进厂时间、预计完工时间、维修项目、工时费、预计配件材料费;附加信息是指用户是否自带配件、用户是否带走旧件等,这些都需要同用户作一个准确地约定。用户签字意味着对维修项目、有关费用、时间的认可。

维修合同一般至少两联,其中一联交付用户,可作为用户提车时的凭证,以证明用户曾经将该车交付维修企业维修,用户结算提车时收回。另一联维修企业内部使用,也可兼做维修车间内部派工以及维修人员领取配件材料的依据。

进厂车辆如果只是进行一般的维护,可以直接同用户签订维修合同。进厂车辆如果要进行故障修理,业务接待员应对用户车辆进行技术性检查和初步故障诊断,验证故障现象是否同预约中描述的那样,必要时和用户一起试车亲自验证。根据故障现象判定故障原因,必要时还要请技术人员进行仪器检测和会诊,拟定维修方案,估算修理工时费和材料费,预计完工时间,打印好维修合同,请用户签字认可。

业务接待员同用户签订维修合同时应当向用户解释清楚维修合同的内容,特别是维修项目、估算修理工时费、材料费和预计完工时间。

2)填写接车检查单

用户将车辆交给业务接待员去安排维修,要离开车辆一段时间,为避免提车时产生不必要的误会或纠纷,业务接待员应与用户共同对车辆进行检查验证,填写接车检查单。检查验证的内容主要有:车辆外观是否有划痕、内饰是否有脏污、随车工具、附件是否齐全,车内是否有贵重物品等。

4. 维修作业

当业务接待员同用户签订好任务委托书(或维修合同)后,所承修的车辆也从用户手中接过来了,车辆维修的派工也由此开始。业务接待员传递给维修车间的作业指令是通过维修合同或派工单来实现的。比较简化的方式是维修接待员将维修合同随同承修车辆直接交由自己所带领的维修团队进行维修,一般称为团队式生产管理模式;比较精细化的方式是业务接待员将维修合同随同承修车辆直接交由车间主任或车间调度员,再由车间主任或车间调度员依据维修合同的内容开具维修作业派工单,将派工单随同承修车辆交由维修人员进行维修,这是传统的生产管理模式。这两种生产管理模式各有其特点。至于维修企业采用哪种模式,可根据企业实际情况自定。

为保证维修的效率和质量应注意以下几方面工作:

(1)维修人员接到维修合同或派工单后,应当及时、全面、准确的完成维修项目,不应超范围进行维修作业。如发现维修内容与车辆的实际情况不完全相符,需要增加、减少或调整维修项目时,应及时通知业务接待员,由业务接待员估算相关维修费用、完工时间,取得用户同意后方可更改维修内容,并办理签字手续。

(2)由于新车型、新技术不断出现,对维修人员的综合技术素质要求越来越高,维修人员应当具备比较丰富的汽车理论知识与实践经验,受过专业培训并取得维修资格后方可上岗。在常规维护检查作业时,维修人员应当严格按照维护检查技术规范进行,更换、添加、检查、紧固等有关项目应做到仔细全面、准确到位,最后填写维护检查单。在故障修理作业中应当按照维修手册以及有关操作程序进行检修,并使用相关监测仪器和专用工具,不能凭老经验、土办法、走捷径违规作业。

(3)维修人员在作业中应当爱惜用户的车辆,注意车辆的防护与清洁卫生。如果有可能则需要给车辆加上翼子板护垫、座椅护套、方向盘护套、脚垫等防护用具。

(4)维修作业时应当注意文明生产、文明维修。做到零件、工具、油水"三不落地",随时保持维修现场的整洁,保持维修企业的良好形象。

5. 质量检验

维修作业结束后,为将车辆交付给用户,有必要做一系列准备工作。这些准备工作包括质量检验、车辆清洁、准备旧件、完工审查、通知客户取车等。

1)质量检验

虽然汽车的维修质量是维修出来的而不是检验出来的,但是质量检验有助于发现维修过程中的失误和验证维修的效果。质量检验也是对维修人员考核的基础依据。质量检验是维修服务流程中的关键环节。维修人员将车辆维修完毕后,需由持证上岗的质检员进行检验并填写质量检验记录。如果涉及转向系统、制动系统、传动系统、悬架系统等行车安全的维修项目必须交由试车员进行试车并填写试车记录。必要时,还要上汽车综合性能检测线检测,确保维修质量。

2)车辆清洁

用户的车辆维修完毕之后,应该进行必要的车内外清洁,以保证车辆交付给用户时是一辆维修完好、内外清洁、符合用户要求的车辆。

3)准备旧件

如果维修合同中显示用户需要将旧件带走,维修人员则应将旧件擦拭干净,包装好,放在车上或放在用户指定的位置,并通知业务接待员。

4)完工审查

承修车辆的所有维修项目结束并经过检验合格之后,业务接待员就可以进行完工审查了。完工审查的主要工作是核对维修项目、工时费、配件材料数量,材料费是否与估算的相符,完工时间是否与预计相符,故障是否完全排除,车辆是否清洁,旧件是否准备好。

5)通知客户取车

当所有事宜准备就绪,业务接待员则可以通知用户取车。

6. 结算、交车

结算、交车环节是服务流程中与用户接触环节,由业务接待员来完成。用户到来之后,不应让用户长时间的等待,应及时打印出结算单。

结算单是用户结算修理费用的依据,结算单中包括以下内容:用户信息、用户车辆信息、维修企业信息、维修项目及费用信息、附加信息、用户签字等;用户信息包括用户名称、联系方式等;车辆信息包括牌照号车型、底盘号、发动机号、上牌日期、行驶里程等;维修企业信息包括企业名称、地址、邮编、开户银行、账号、税号、电话等信息,以便用户联系方便;维修项目及费用信息包括进厂时间、结算时间、维修项目及工时费、使用配件材料的配件号、名称、数量、单价、总价等。用户签字意味着用户对维修项目以及费用的认可。

结算单一般一式两联,用户将一联带走,另一联由维修企业的财务部门留存。财务人员负责办理收款、开发票、开出门证等手续。结算应准确高效,避免耽搁用户的过长时间。

在业务接待员同用户办理结算交车手续时应做到两项解释,即结算单内容解释和维修过程解释,以尊重用户的知情权,消除用户的疑虑,让用户明白消费,提高用户满意度。

(1)结算单内容解释。

业务接待员应主动向用户解释清楚结算单上的有关内容,特别是维修项目工时费用和配件材料费用。如果实际费用与估算的费用有较大差异,那就应该对用户有一个合理且令人满意的解释。

(2)维修过程解释。

若是常规维护,业务接待员应给用户一份维护周期单,告诉用户下次维护的时间或里程,同时在车辆维护手册上做好记录。如果是故障维修,业务接待员应告诉用户故障原因、维修过程和有关注意事项。在完成车辆维修的相关手续后,业务接待员应亲自将用户送出门外,并提醒用户下次维护时间和车辆下次应维修的内容。

7. 跟踪回访

当用户提车离厂后,维修企业应在一周之内进行跟踪回访。其目的不但在于体现对用户的关心,更重要的是了解对维修质量、用户接待、收费情况、维修的时效性等方面的反馈意见,以利于维修企业发现不足、改进工作。

跟踪回访是维修服务流程中的最后一道环节,属于与用户接触沟通交流环节,一般通过电话访问的方式进行。在较大的维修企业由专职的回访人员来做这项工作,小型维修企业可由用户顾问兼职来做。

回访人员应做好回访记录,作为质量分析和用户满意度分析的依据。回访中如果发现用户有强烈抱怨,应及时向服务经理汇报,在 1 天内研究对策以平息用户抱怨,使用户满意。随着汽车维修市场规模的不断发展,汽车维修企业的不断增多,市场竞争越来越激烈。许多维修企业为了争取用户,提高用户满意度,向用户提供各种便利性服务,如预约服务、24 小时救援服务、免费洗车服务、上门修车服务、替换车服务、代办车辆年检服务和保险服务等。但是维修质量的保证仍然是汽车服务企业管理的主要内容。

维修车间可以说是汽车维修企业的最核心组成部分,维修企业的核心服务内容是通过在维修车间里的维修作业来实现的;业务接待员对用户做的各种承诺都是通过维修车间来实现的;用户的满意度、汽车的维修质量、汽车维修企业的效益都是在车间里产生的。因此在维修生产管理中应当遵循以用户满意、维修质量和企业效益为导向的原则。

一般说来,用户对维修有下列期望:

(1)维修车间要全面准确地实现业务接待员对用户的承诺;等待的时间尽量短,能很快地进入工位维修;维修速度要快,效率要高。

(2)维修人员的工作质量要尽善尽美,达到零缺陷;车辆维修之后要安全可靠,不再返工,让人放心;车辆在维护时全面仔细检查,能得到必要的提醒;车辆的故障能够一次性彻底排除。

(3)维修费用要与预算的费用基本相一致,不要有太大出入。

(4)服务态度要好,要主动、热情、友好,车辆不要弄脏,等等。

当用户得到的现实结果与期望不一样时就会失望、不满意甚至抱怨投诉,全体员工应该时刻了解用户的这些期望,树立让用户满意、确保维修质量的思想观念,并贯彻落实到具体的维修管理工作中去。

根据汽车维修企业的特点,企业的技术性与服务性贯穿于维修服务流程的始终,因而汽车维修企业的质量既包含产品质量又包含服务质量。而汽车维修企业向用户提供的产品又是一种技术性的支持与服务,因此维修质量与服务质量密不可分,相辅相成。全面、系统、持续地追求维修产品质量至关重要,维修车间管理工作的出发点之一就是保证向用户提供合格的汽车维修服务产品,并不断改进、提高维修质量水平。

维修企业不但要追求用户的满意和社会效益,而且要追求企业经济利益的最大化。这也正是企业的发展要求。维修企业的经济效益与业务接待有直接关系,而整个工作是在维修车间实现的,维修车间的管理工作也必然以经济效益为导向。这就要求生产管理工作注重维修效率,注重合理的派工调度,避免窝工现象,注重各工种、各工序的合理衔接,注重工位的充分利用。

三、汽车维护工艺组织

1. 汽车维护工艺流程

由于汽车的各级维护作业范围与内容不同,因而其工艺流程也不相同。以汽车二级维护为例,工艺流程一般如下:

汽车外部清洗→检测诊断与技术评定→制订二级维护计划(包括附加作业项目)→接收待维护车辆→执行二级维护及附加作业→维护后检验与返工处理→竣工。

2. 汽车维护工艺组织方法

(1)汽车维护作业方法。可分为流水作业法和定位作业法。

流水作业法是汽车在流水线上的各个工位,按确定的工艺顺序和节拍进行维护的方法。这种方法将汽车的检查、补给、润滑、紧固、调整等维护作业,合理地按顺序和节拍安排在一条流水线的各个工位上来完成(附加作业另行安排)。显然,流水线上的工位越多,车辆在每一工位上需完成的作业内容越少,所需工位时间越短。

定位作业法是汽车在一个全能工位上进行全部维护作业的方法,此工位的位置在维护车间中是固定的。

(2)汽车维护作业的劳动组织形式。一般可分为全能工段法和专业工段法。

全能工段法是把除外表养护作业外的一些其他规定作业及附加作业组织在一个工段中,并将执行各工艺作业的维修人员编为一组,在定额时间内分部位和有次序地完成各自的作业任务。全能工段法可以是以技术较高的工人对汽车的固定部位完成各类维护及附加作业,也可以是以专业工种的工人在不同部位进行专门作业。前者称为固定工位作业,后者称为平行交叉作业。

专业工段法把规定的各项维护作业,按其工艺特点分配在一个或几个工段上,各专业的维修工人在指定工段完成各自的工作,工段上配备专门设备,若将专业工段按照维护作业顺序排列时,就可组成汽车维护作业流水线。

(3)汽车维护工作地点的布置方案。常见的布置方案有尽头式和直通式两种。

尽头式工段的布置如图3-4所示。执行维护作业的车辆各自单独进出工段。各工段的作业时间可单独组织,汽车在各自工段上停留的时间相互不同也不产生干扰。因此,这种布置方法适宜于规模较小的维护作业。

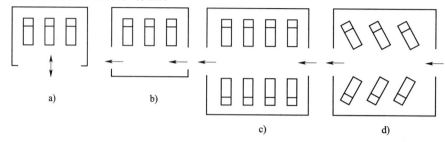

图3-4 尽头式工段的布置

直通式工段的布置如图3-5所示。执行维护作业车辆按顺序要求分配在各工段上,作业工人基本上按专业分工。但各工段的作业时间应协调,同时各工段内部的作业时间也应相互平衡。这种布置方式下的维护作业生产率较高,适用于规模较大的汽车维护企业。

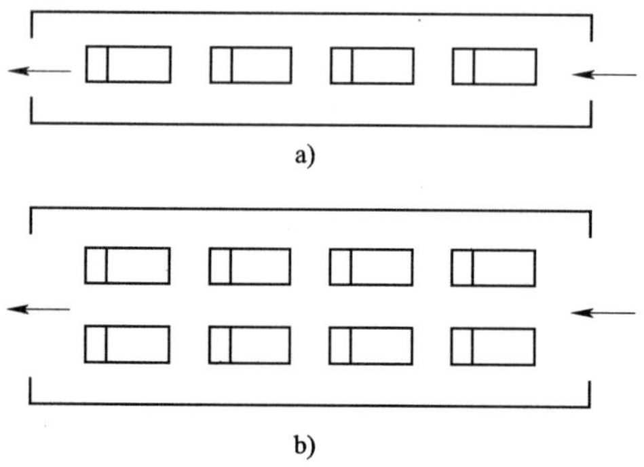

3. 汽车维护工艺组织方法的选择

选择维护工艺组织方法时应考虑下列因素:

(1)企业生产规模大,维护车型单一,应采用专业工段的组织形式,工位布置选用直通式布置,作业方法选用流水作业法。但是,维护作业所需时间能否协调、在组织上能否均衡安排,是能否采用流水作业法的重要条件。

图3-5 直通式工段的布置

(2)若采用流水作业法,则那些规律性的固定附加作业可以组织在流水线上完成,也可不安排在流水线上进行;那些随机性很强的附加作业项目,则不宜在流水线上安排。另外,应避免附加作业与维护作业发生重复的拆装,最好在一次拆装时同时完成。

(3)企业生产规模小,车辆类型显著不同,维护作业组织宜采用全能工段组织形式,工位布置选用尽头式布置,作业方法选用定位作业法。

四、汽车修理工艺组织

1. 汽车修理基本方法

1)总成互换修理法

总成互换修理法是利用周转储备的完好总成替换汽车上的失效总成的修理方法。汽车大修时,采用总成互换修理法的工艺过程如图3-6所示。

该修理方法的特点是汽车在修理过程中除车架(或车身)外,其余需修的总成(或组合件)都可以换用预先修好的(或新的)周转储备总成(或组合件),而替换下的总成或组合件另行安排修理。其修好后的总成进入周转总成库,不直接装车。这种修理方法利用了周转总成(或组合件),从而保证了汽车修理装配的连续性,大大缩短了汽车大修在厂车日。因此,有可能对汽车装配和某些总成的修理组织流水作业,达到优质、高产、低消耗的目的。显然，总成互换修理法适用生产规模较大，承修车型比较单一，且具有一定周转总成的修理企业。

总成修理时对原厂规定不允许互换的零部件（如汽缸体与飞轮壳、曲轴与飞轮、汽缸体与主轴承盖、主减速器齿轮副、喷油泵柱塞副等）以及限于修理厂技术水平不能保证互换质量者，都不得互换。

2）就车修理法

就车修理法是在进行修理作业时要求被修复的主要零件和总成装回原车的修理方法。采用这种修理方法时，汽车的零部件和总成不进行互换，除报废件由新件代替外，原车的需修总成和零部件经修理后仍装回原车。其大修工艺过程如图3-7所示。由于这种方法不需要周转储备总成，且有利于单车成本核算，所以是目前大部分维修企业普遍采用这种修理方法，特别是对修理生产量不大、承修车型复杂、送修单位不一的修理企业来说，是一种最为适用的方法。

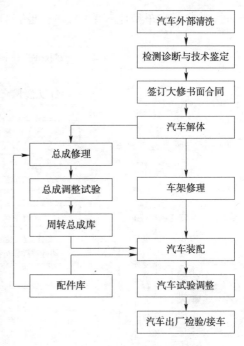

图3-6 总成互换修理法的工艺过程

由图3-7可见，采用就车修理法时，待修车入厂检验后，先拆散成总成，然后总成解体、零部件清洗和检验分类。零部件经检验后可分为可用件、需修件和报废件三类。需修件经修理后，与可用件及替代报废件的新件一道送去装配总成。总成装配后进行试验、调整，再装成整车。整车须经人工及检测设备进行检验、调试，在各种性能指标满足技术标准的要求后，签发出厂合格证，从而完成整个大修工艺过程。

2. 汽车修理工艺组织方法

1）汽车修理作业方法

(1) 流水作业法。

汽车修理流水作业法，是指汽车在生产线的各个工位上按确定的工艺顺序和节拍进行修理的方法。这里的流水作业，通常是指车辆大修时，整车的拆散和装配是在流水线的各个工位上逐步完成的。至于各总成的修理，一般不安排在此流水线上，但总成分散到各专业车间后，亦可组织流水作业进行修理。

流水作业法又可根据流水线的不同情况，分为连续流水和间歇流水两种。所谓连续流水是指修理作业始终在运动着的流水线上进行的；而间歇流水，则是流水线在每一工位停留一定时间，完成规定的拆卸或装配工作后再流至下一工位。汽车大修时，通常采用间歇流水形式。这时，大修车辆的车架在间歇流水线上一般利用其自身的车轮来实现工位之间的移动。因此，拆卸时，应最后拆除车轮，而在装配时则应先安装车桥及车轮。

流水作业法的优点是专业化程度高，修理生产节奏快，且按确定的工艺顺序和节拍进行，分工细，修理质量高。另外，总成和大型零部件的运输距离较短，便于集中发挥起重运输设备的作用。但实施流水作业法时必须具有完善的工艺、设备及较大的修理生产任务。同时,要求承修车型比较单一,并有足够的周转总成,以保证流水作业的连续性和节奏性。

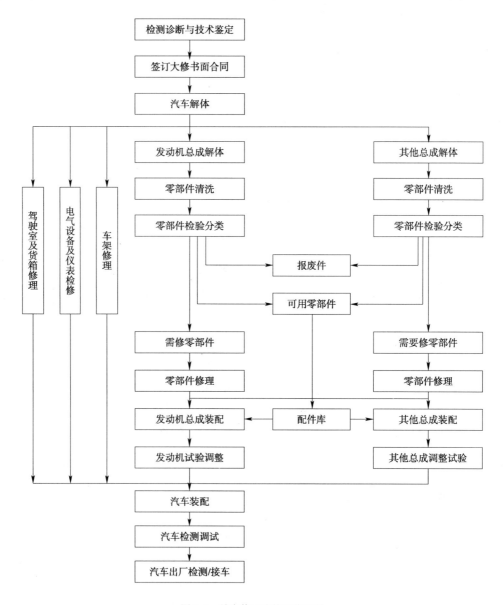

图 3-7 就车修理法的工艺过程

(2) 定位作业法。

汽车修理定位作业法是指汽车在固定工位上进行修理作业的方法,即大修汽车的解体及装配以车架为基础在固定的工位上进行,拆卸下的各总成及零部件的修理作业则分散到各专业车间或工组进行。

定位作业法的优点是设备简单,占地较少;拆装作业不受严格的生产节拍限制,修理生产的调度与调整比较方便。缺点是在拆装过程中总成及零部件运输距离较长,工人劳动强度大。一般来说,该方法适用于修理生产规模不大或承修车型比较复杂的汽车修理企业。

2)汽车修理作业的劳动组织形式

汽车修理的劳动组织方法不论是采用总成互换修理法,还是就车修理法,都可分为综合作业法和专业分工法两种。

(1)综合作业法。

综合作业法是指整个汽车的修理作业,除车身、轮胎、锻焊和机械加工等作业由专业工种配合完成外,其余全部拆装修理工作均由一个修理工组完成。由于修理工组的作业范围较广,因而要求修理工人掌握较多的操作技能和具有较高的技术水平。采用该方法时,由于对修理工人的要求较高,因而影响了其熟练程度,同时拆装的延续时间较长。因此,其工效低、速度慢,修理质量又难以保证。它适用于修理生产量不大,承修车型比较复杂,而且企业本身设备条件也不高的中小型汽车维修企业。

(2)专业分工法。

专业分工法是将汽车的整个修理作业按工种、工位、总成或工序划分为若干作业单元,每个单元由一个或一组工人专门承担。作业单元分得越细,专业化程度就越高。这种劳动组织方法有利于提高修理工人的单项作业技术熟练程度,并且可以大量采用专用工具,提高工效、保证质量,缩短在厂车日,降低修理成本。这种方法适用于生产规模较大、维修车型比较单一的维修企业,同时也有利于组织流水作业。

3.汽车修理工艺组织方法的选择

在合理选择汽车修理工艺组织方面,有以下比较成熟的经验可供借鉴:

(1)在汽车修理的基本方法上,采用就车修理法与总成互换修理法相结合的方式时,应对部分机构比较复杂、修理费工、费时,并不易与整车修理进度相配合的总成等进行互换,其余部分则采用就车修理。这样既可压缩在厂车日,又解决了周转总成占有大量的流动资金问题。

(2)在作业方法上,对汽车的拆装采取定位作业,便于集中采用起重运输设备和拆装工具。而对总成或组合件的修理,则尽可能采用流水作业。

(3)在劳动组织形式上,采取综合拆装与专业修理相结合的形式。即在整车的拆装上成立综合拆装组,按部位固定分工和按整车的拆装顺序同时进行工作,并使工人的工作量大致平衡,且在作业过程中又不致产生大的干扰。对于总成和组合件的修理,则以工种或工件为对象进行专业分工,通过作业组内部的协调达到进度上的平衡,尽可能按工艺路线组织广泛的平行交叉作业。

第三节 汽车服务技术管理

汽车服务技术管理是对汽车服务企业生产中的全部技术活动进行计划、组织、协调、控制、激励等方面的管理工作的总称。

汽车服务企业的基本生产活动是对汽车为维持和恢复其技术状况,延长其使用寿命而进行的维护修理等服务活动。对维修企业来说,从汽车维修服务的接车起,到对汽车进行的基本测试、故障诊断、维护、调整、修理、竣工检验等所从事的一系列作业,以及对此一系列作业所制定的生产工艺、机具设备的使用与管理等,都是在一定的技术要求或技术标准、规章制度的控制下进行的,具有一定的技术性。随着市场经济的发展,科学技术的发展和管理体制改革的不断深入,汽车服务企业之间的竞争不断加剧,科学技术作为生产力,在汽车服务企业的生产中越来越显示出它的巨大作用。

一、汽车服务技术管理概述

1. 汽车服务技术管理的任务

(1)开发、应用新技术,发展新市场 这是汽车服务技术管理的首要任务,是企业生存与发展的关键。只有不断地发现、利用新产品、新材料、新工艺、新装备,才能使技术不断进步,以适应市场需求的变化,寻求服务市场新的空间。

(2)提高技术水平,增强企业竞争力 企业的技术基础,包括为产品生产提供技术条件的生产设施和机具设备等,是随着技术进步而不断更新的。企业技术管理的重要任务,就是有计划地对企业进行技术革新、技术改造和机具设备更新,不断提高企业掌握新技术方面的水平。

(3)提供技术支持,确保正常生产 必须及时提供一切技术条件和保证,包括良好的机具设备和工具,科学的设计程序和工艺、工作程序,健全的技术规程和标准等,这是企业生产正常进行的基本条件,是企业技术管理的主要任务。

2. 汽车服务技术管理的主要内容

汽车服务技术管理的主要内容根据企业服务范围的不同而有差异,对于汽车服务企业中的销售、维修企业来说主要包括:

(1)科研与技术开发管理。开展汽车服务技术研究活动,积极开发汽车服务新技术、新设备,不断满足汽车服务需求,开拓汽车服务新市场。

(2)市场调查、市场预测工作。具体内容详见第二章第二节。

(3)汽车营销策略、方案等的制订。具体内容详见第二章第四节。

(4)机具设备管理。不论是新产品研制、投产,还是为保证现有产品质量,都少不了机具设备、工具。机具设备管理包括全厂机具设备的检查、维护、修理、改造与更新和各种工具的购置、发放和储存等。

(5)基础技术管理。指围绕汽车服务企业正常经营活动进行的技术管理的基础工作,包括标准化管理、计量管理、技术档案管理等。

(6)维修技术工艺管理。具体内容详见第三章第二节。

汽车服务技术管理不能局限于技术管理的本身,还要与技术问题和经济质量,特别是提高经济效益联系起来。

3. 汽车服务技术管理的措施

(1)通过建立汽车服务技术管理体系,开展汽车服务技术工作。汽车服务企业各部门的汽车服务技术关联性较大,应建立汽车服务企业的技术部门,或在其汽车服务企业领导下的以各部门为分中心的技术体系,各部门下的班数和员工根据自己的汽车服务工作,开展技术工作。例如汽车销售、发动机或底盘维修班组分别运用相应的技术进行工作,并对外交流,这有利于汽车服务水平和质量的提高,也有利于企业拓展和深化汽车服务经营项目。

(2)通过汽车服务技术培训、研究,提高员工汽车服务技术水平。员工进企业时,要对他们的汽车服务技术水平进行考核,以提高汽车服务技术水平的起点。员工进企业后,要通过汽车服务技术培训、研究,提高汽车服务技术水平和技术响应能力,如参加汽车生产厂家技术培训、企业内部技术培训、个人先进技术推广。外出培训费用较高、费时较多时,企业可采用由点到面的技术推广方法,即先培训一人,再请其推广技术,让大家共同受益。鼓励员工参加技术职称和技术等级评定,获取职称证书和技术等级证书,这对员工个人和企业都有利。

(3)通过购置、开发设备,提高设备水平。购置新的汽车服务设备,是提高企业汽车服务设备技术水平最快的方法。在此基础上,企业可开展使用新的设备的技术熟练和改进活动,倡导员工改进、开发汽车服务设施,发明适合本企业的专用汽车服务设备;倡导申请国家专利,保护汽车服务技术成果。

(4)通过汽车服务技术档案管理,提高汽车服务技术资料水平。国家关于车辆方面的技术法规、汽车使用和维护说明书、维修记录、维护记录、汽车服务技术培训资料等,要作为汽车服务技术档案保管好,供员工查阅,提高汽车服务技术资料水平。

二、科研工作与技术开发

汽车服务企业科研工作的主要内容包括生产技术和经济技术两类研究。汽车服务企业应从自身发展和竞争的角度选择与其生产经营发展有密切关系的课题进行研究,坚持为本企业的生产发展服务,做到既出成果又出人才。同时重视本行业科技发展趋势,积极做好科技信息的收集、整理。分析、研究工作为企业制定生产科技发展规划提供准确可靠的依据和切实可行的建议。

1. 科研工作

就目前的汽车维修服务企业来说,可以从以下几个方面开展科研工作:
(1)市场经济下汽车服务企业的经营模式与方法的研究。
(2)与电子控制技术和气(液)压控制技术有关的汽车运用工程技术研究。
(3)汽车维修新材料、新工艺的研究与开发。
(4)新型汽车服务机具设备的研究与开发。
(5)车辆科学评价的方法、手段研究。

2. 技术开发

技术开发的宏观概念是指科学技术成果转化为生产力的全过程;其微观概念是指针对企业中第一次应用或出现的新技术所进行的一系列活动,即通常所说的技术应用与革新。对目前的汽车维修服务企业来说,技术开发与管理主要有以下几个方面的工作:

(1)新型机具设备和工具的开发。生产机具设备和工具是企业生产的必要手段,是现代化大生产的重要物质基础。对现有机具设备和工具的开发主要包括:①改造原有的机械机具设备,根据实际生产的不同要求,对机具设备的结构、功能等进行改革,扩大机具设备的使用范围和功效;②开发新型生产工具,使其在功效不变或提高的条件下,体积减小,重量减轻,使用更方便。

(2)新型生产工艺和操作技术的开发。生产工艺和操作技术是指在生产过程中,劳动者凭借一定的机具设备、工具,作用于一定的劳动对象的综合技术作业方法。包括用先进的工艺方法代替旧的工艺和操作,以迅速提高劳动生产率,缩短生产周期,节约和合理使用生产要素,提高产品和服务的质量和经济效益等。

(3)能源和原材料的开发。能源开发旨在提高能源利用效率,实现不断节约能源的目标。开发原材料,目的在于实现原材料的综合利用,减少原材料消耗,或发展经济合理的新型原材料等。

(4)环境保护及劳动保护技术开发。随着科学技术的飞速发展,保护环境、清除公害以及不断减轻劳动强度等问题,越来越显得尖锐而迫切。因此,这方面的技术开发是企业技术开发的重要内容。

技术开发的内容十分广泛,应针对不同的企业或同一企业在不同时期的技术需要、企业的能力及各种技术发展情况等,有选择、有步骤地进行。

3. 企业技术开发的方式

企业技术开发主要有自行开发、技术引进、协作开发三种方式。

(1)自行开发。针对企业技术现状和存在的问题,独立地开发有关技术。

①从基础理论研究到应用技术研究,再到技术开发研究的全部过程,都是由一个企业完成。工作难度大,投资风险大。

②利用国内外已有的基础理论研究成果独立进行成果应用及其转换的研究。

③以现有的专门性应用技术成果独立完成有针对性的技术开发。工作难度小,投资风险小。

自行开发是一种自由型战略,开发出的技术往往能更好地适应市场需要和企业实际,但需有一定的科技力量和财力作强大的后盾。因此,只能适应于人员、资金实力雄厚的企业。

(2)技术引进。企业通过技术合作、技术转让、购买专利和机具设备等,实现新技术开发的方式。技术引进可以应用现有的成果,避免重复开发,从而大大节约技术开发时间,缩短开发周期,节约科研试制费用,迅速跟上国内外的先进技术水平。但引进的技术本身已被别人采用,容易造成企业在新技术掌握方面的被动局面。因此,技术引进必须重视消化吸收和再创新。

(3)协作开发。企业的技术开发部门把企业内部和外部的有关科研力量联合起来进行技术开发的一种方式。这种方式可以充分发挥合作各方的优势,避免各自的缺点。因此,协作开发的速度快、效果好。协作开发的方式对所有企业都适用,它不仅是技术开发的一种有效方式,也是科技转化为现实生产力的有效途径。

三、汽车服务机具设备管理

1. 机具设备管理的概念

汽车服务机具设备指在汽车服务企业生产经营过程中所需要的机械和仪器等,是企业的有形固定资产,并可供企业长期使用,在使用中基本保持原有的实物形态,且价值在一定限额以上的劳动资料的总称,是汽车服务企业生产经营中必不可少的物质基础。

汽车服务机具设备管理是以汽车维修企业生产经营目标为依据,通过一系列的技术、经济和组织措施,对机具设备的设计制造、购置、安装、使用、维护、修理、改造、更新直至报废的全过程进行的管理。

汽车服务机具设备管理的目的是以最小的花费取得最佳的投资效果。为此，必须采取一系列措施，使汽车服务机具设备经常处于良好技术状况，充分发挥其效能，保证汽车维修质量和机具设备的安全运行，促使企业生产持续健康发展，提高企业经济效益和社会效益服务。汽车服务机具设备管理有以下三层含义：

（1）汽车服务机具设备管理是对机具设备从选型、采购计划开始直至机具设备报废为止的全过程进行的管理。机具设备管理的全过程涉及选型采购、安装、使用等许多部门和单位，所以客观上，机具设备全过程管理是社会管理。从企业内部来讲，机具设备全过程管理包括机具设备选型购置、安装调试、合理使用、维护修理，应为全员参与的管理。

（2）汽车服务机具设备管理应从技术、经济、组织三方面着手进行综合管理。除对机具设备的物质运动形态（即从机具设备采购安装直至更新报废）进行管理外，还要对机具设备的价值运动形态（即机具设备的最初投资、维修费用支出、折旧、更新改造资金筹措等）进行管理。另外，还必须建立管理机构，健全企业工作的保证体系，推行目标管理。

（3）汽车服务机具设备管理是完善汽车服务机具设备全过程的后勤保障工作。机具设备制造单位要保证用户使用机具设备的寿命周期最长，费用达到最经济。要向用户提供适当的技术文件和充足的维修备件，并开展机具设备使用及维修人员的技术培训等。机具设备使用单位的后勤保障工作包括技术资料的收集和管理，机具设备备件的供应和管理，机具设备管理人员、机具设备操作人员和机具设备维修人员的培训等工作。

2. 机具设备的分类与管理内容

1）汽车服务机具设备的分类

汽车服务机具设备的分类主要是依据机具设备的结构、性能和工艺特征进行的。凡机具设备性能基本相同，又属于各行业通用的，列为通用机具设备；机具设备结构、性能只适用于某一行业或车型专用的，列为专用机具设备。汽车服务机具设备管理主要以汽车维修设备为主，按照国家标准《汽车维修开业条件》（GB/T 16739—2014）的要求，汽车维修企业应按照经营范围配备必要的汽车维修仪表工具、检测设备、通用设备和专用设备。

（1）汽车维修仪表工具包括气缸压力表、燃油压力表、液压压力表、轮胎压力表、万用表、空调检漏设备、千分尺、游标卡尺等。

（2）汽车维修检测设备包括汽车前照灯检测设备、侧滑试验台、制动性能检测设备等。

（3）汽车维修通用机具设备包括空气压缩机、砂轮机、钻床、电焊设备、气体保护焊设备等。

（4）汽车维修专用机具设备根据设备的功能和作业部位可分为：汽车清洗机具设备、汽车补给机具设备（如齿轮油、液压油加注设备）、汽车拆装机具设备（如轮胎轮辋拆装设备）、整形机具设备（如车身整形设备、车架校正设备）、汽车举升运移机具设备和汽车检测机具设备（如汽车电脑故障诊断仪）等。

2）汽车服务机具设备管理工作的内容

加强汽车服务机具设备管理，对保证汽车维修企业生产的正常进行，促进维修技术进步，提高经济效益具有重要意义。汽车服务机具设备管理工作包括如下内容：

（1）设立专职、兼职机具设备管理人员，加强操作人员技术培训，提高操作人员技术素质，保证安全、合理使用机具设备，精心维护机具设备，发挥机具设备在汽车维修生产中的作用。

（2）根据汽车服务机具设备的性能及维修工艺要求,安全、正确、合理地使用机具设备,禁止违章操作和超负荷使用,防止非正常磨损,杜绝机具设备发生人身、机械事故,保持机具设备良好的技术状况和应有的精度,充分发挥机具设备的作用。

（3）认真贯彻执行汽车服务机具设备维护修理制度,制订机具设备维修计划,并认真组织实施,减少维修停机时间,以便及时恢复机具设备良好的技术状况和效能。

（4）做好汽车服务机具设备的日常维护工作,使其处于良好的状态,减轻磨损,延长机具设备的使用寿命。

（5）做好日常管理工作,包括机具设备的调入、调出登记,建档、立账,维修保管,报废及事故处理等,保证机具设备完好,不断提高机具设备的利用率。

（6）做好汽车服务机具设备的改造更新工作,以适应新型车辆的维修工作,但必须考虑该机具设备技术上的先进性与经济上的合理性,做到全面考虑,权衡利弊,以提高机具设备改造更新的经济效益。

（7）做好引进汽车维修、检测机具设备工作。引进国外先进机具设备是促进技术进步的重要手段；但事前必须做好一系列的行业调查与分析研究工作,保证引进的机具设备能发挥其应有的效能。

3. 机具设备管理的原则和制度

汽车服务机具设备管理机构的设置应根据汽车服务企业的规模、经营方式和维修机具设备的拥有量以及机具设备的复杂程度来设置,遵循一定的原则和制订相应的制度。

1) 汽车服务机具设备管理应遵循的原则

（1）统一领导,分级管理。设置汽车服务机具设备管理机构,根据维修企业规模和生产的要求,建立以厂长（总工程师）负责的汽车服务机具设备管理指挥系统。在厂长统一领导下,实行分级管理,企业内部各级管理组织在规定的职责范围内,管好、用好汽车服务机具设备。这样不仅可以充分调动各级机具设备管理人员和职工的积极性,还可以使企业最高领导人摆脱许多日常事务工作。

（2）分工与协作统一。汽车服务机具设备管理机构,有合理分工,注意协作与配合,根据机具设备的分布,使各级机具设备管理部门之间、部门内部都要划清职责范围。在分工的基础上加强合作,相互配合,以达到管好、用好、维护好机具设备的目的。

（3）职、责、权、利的统一。汽车服务机具设备管理机构设置方案确定后,在安排机构人员时,要坚持以能授职,尽量做到能力与职务的统一。要做到人尽其才、人尽其用。注意责和权要适应,管理人员除了有职、有责、有权之外,还应享有相应的利益,做到职、责、权、利的统一。根据汽车维修企业的规模和机具设备拥有量,一类维修企业应设机具设备管理科,二类维修企业应设专职机具设备管理员,在厂长的统一领导下实施汽车服务机具设备管理。

2) 汽车服务机具设备管理制度

汽车服务机具设备管理制度是企业为了保证汽车服务机具设备正常安全运行,保持其技术状况完好并不断提高企业装备技术力量而编制的一些规章制度。汽车维修企业应根据国家法律、法规的要求,以及行业主管部门的具体规定,结合本企业的特点,编制本企业机具设备管理制度。该制度一般包括以下内容。

(1)总则。明确制定汽车服务机具设备管理制度的指导思想和管理范围。

(2)管理机构与人员职责。根据企业维修生产规模和机具设备拥有量,建立健全机具设备管理机构,配备专(兼)职管理人员,明确管理权限和职责范围。

(3)机具设备购置与安装。企业应根据汽车维修生产工艺要求选购机具设备,制定购置机具设备审批程序,制订机具设备购置计划,对拟选购机具设备进行技术经济论证,并按有关规定上报审批,制定机具设备安装、调试、验收有关规定。

(4)机具设备档案的建立与管理。企业应建立健全机具设备档案,其包括:机具设备购置合同(副本)、设备购置技术经济分析评价书、自制的专用机具设备任务书和鉴定书、检验合格证、机具设备装箱单及开箱检验记录(包括随机备件、附件、工具等)、机具设备使用说明书、机具设备易损件图纸、机具设备安装调试记录和验收移交书、机具设备登记卡片、机具设备运行维修记录、机具设备事故报告、机具设备定期维护和检修记录、机具设备大修竣工记录、机具设备封存记录、机具设备报废记录等。

(5)机具设备的使用与维护。根据机具设备特性和结构特点,对机具设备使用做出有关规定,包括建立健全机具设备操作、使用、维护规程和岗位责任制,并对操作人员遵守规程做出明确规定。制订汽车服务机具设备安全操作规程时,一般包括下列内容:

①汽车服务机具设备的使用范围和操作要点。

②汽车服务机具设备的润滑注油规定。

③汽车服务机具设备的维护事项。

④使用汽车服务机具设备的严禁事项和事故紧急处理步骤。

(6)机具设备的检修。明确机具设备管理部门,根据机具设备运行情况制订检修计划,对执行检修的技术标准、检修时间和质量保证做出明确规定。

(7)机具设备的更新、改造与报废。对机具设备更新、改造提出具体要求,包括对机具设备的技术经济论证及更新后的处理,提出机具设备报废的条件及要求。一般情况下,汽车服务机具设备有下列情况之一者即予以报废:

①已超过使用年限,其主要结构和主要部件的磨损已无法修复。

②因灾害和意外事故,机具设备受到严重损坏,已无法使用、修复和改造。

③严重污染环境,已超过法定标准而又无法改造治理。

④自制非标准的汽车服务机具设备,经维修生产验证和技术鉴定,确认已不能使用,也无法修复、改装。

⑤型号过于老旧,性能达不到最低使用要求,又失去修理与改造的意义。

汽车服务机具设备的报废须经机具设备管理部门鉴定,主管领导签字,上级主管部门批准,待批准报废并已停止使用的机具设备,不允许在未批准之前拆卸零部件,以保持机具设备完整。

(8)技术培训。明确职工技术培训的职能部门,提出对机具设备操作人员技术培训和机具设备管理人员培养的具体要求。

(9)奖励与惩罚。提出开展机具设备管理评优活动的要求,制定对机具设备管理工作做出显著成绩人员的奖励规定及对违反机具设备管理制度的处理规定。

(10)附则。明确制度的解释权和发布施行日期。

四、汽车服务技术管理的基础工作

1. 标准化管理

1）标准化管理的概念

标准和标准化是标准化学科中两个最基本的概念。标准是指由有关方面在科学技术与经济的坚实基础上，共同合作起草并一致或基本上同意的技术规范或其他的公开文件。标准化主要是对科学、技术与经济方面的问题给出反复应用的答案的活动，其目的在于获得最佳秩序。

标准化管理是指企业认真贯彻各级标准化部门制定的标准，形成一个企业标准化体系，并进行标准的发放、修改、更替、效果评价等。

2）标准化管理的基本原理

标准化是建立企业管理现代化生产经营秩序的途径，是企业上等级、上水平，赶超国内外先进水平的重要标志。企业标准化是实现专业化生产的前提，是稳定和提高产品质量的重要保证，是国家整个标准化的基础。

（1）简化原理。是指对具有同种功能的标准化对象，通过化繁为简、去劣存优，保持其精练、合理，使总体功能达到最佳的目的。简化原则应注意两个界限，即简化必要性界限和简化合理性界限。

（2）统一原理。是指把一些分散的、具有多样性、相关性和重复性特征的事物，进行科学合理的归并，使其具有一致性。必须指出的是，被统一的事物，在其特性、特征、形式等方面，必须具备可归并性，没有可归并性，统一工作就不能进行。

（3）协调原理。就是为了使标准的整体功能达到最佳，并产生实际效果，必须通过有效的方式协调好系统内外相关因素之间的关系，确定为建立和保持相互一致、适应或平衡关系所必须具备的条件。

（4）最优化原理。是指对标准的构成因素及相互关系在一定的限制条件下进行选择、设计或调整，使之达到最理想效果。开展标准化的最终目的是取得最佳秩序和社会效果。当衡量或考虑标准化的效果时，首先要考虑是否会取得最佳秩序和社会效果。

3）标准的分级与分类

我国标准分为四级：国家标准、行业标准、地方标准和企业标准。

（1）国家标准。由国家标准化主管机构批准、发布，在全国范围内统一的标准。我国国家标准主要包括基本原料、材料标准等七个方面的内容。

（2）行业标准。对没有国家标准而又需要在某个行业范围内统一的技术要求，可以制定行业标准。行业标准由国务院有关行政主管部门制定，并报国务院标准化行政主管部门备案。在公布国家标准之后，该项行业标准即行废止。

（3）地方标准。对没有国家标准和行业标准而又需要在省、自治区、直辖市范围内统一的工业产品的安全、卫生要求，可以制定地方标准。地方标准由省、自治区、直辖市标准化行政主管部门制定，并报国务院标准化行政主管部门和国务院有关行政主管部门备案。在公布国家标准或者行业标准之后，该项地方标准即行废止。

（4）企业标准。企业生产的产品没有国家标准和行业标准的，应当制定企业标准，作为组织生产的依据。企业的产品标准须报当地政府标准化行政主管部门和有关行政主管部门备案。已有国家标准或者行业标准的,国家鼓励企业制定严于国家标准或者行业标准的企业标准,在企业内部适用。

目前我国的标准分类方法主要有两种,一种是按照标准归纳的对象分为技术标准、管理标准和工作标准三类;一种是按照标准的执行力分为强制性标准和推荐性标准:保障人体健康、人身或财产安全的标准,以及法律、行政法规规定强制执行的标准是强制性标准,其他标准则是推荐性标准。

4)标准的制定程序

制定标准是一项艰苦细致的工作,为了保证标准的质量和制定效率,制定标准时应遵循以下程序:

(1)明确标准的适用范围:根据企业标准体系表的规定和标准化计划的要求,明确要制定的标准包括哪些内容,准备达到什么目的,适用于什么范围;只有明确了以上要求,才能开始标准的制定工作。

(2)搜集资料:一项标准制定的水平如何,与所搜集到的资料有直接关系。一般来说,搜集的资料越多、面越广,起草人的视野越宽,标准内容越丰富。

(3)对资料进行整理分析:从创造一项标准的需要出发,对搜集到的多方面、大量的资料进行整理加工和对比分析;并结合标准的制定原则,提出制定该标准方案相应的论据。

(4)编制标准草案:按照确定的方案和标准应有的内容,依据标准制定原则和要求编写标准草案。

(5)征求意见:标准草案应先由标准制定企业的有关业务领导审阅,然后征求有关部门的意见。

(6)修改、补充和会签:对标准草案普遍征求意见后,应加以认真研究和综合平衡,并进行修改、补充,同时进行文字加工,形成送审稿,然后送有关部门会签。

(7)规范性审查:对制定的标准草案送审稿,由标准化专职人员进行标准化规范性审查,着重审查是否符合标准制定的相关规定和基本要求。

(8)标准的审批:经会签后的标准草案连同标准的编制说明书,按规定程序经各级审查员签字后,报总工程师或总经济师(或主管负责人)审批。

(9)标准的发布:经批准的企业标准由标准化专职机构统一组织印刷、复制和存档,并按标准发布程序和格式以正式文件发布。

5)汽车服务标准化管理工作的内容

(1)建立一个专职的标准化管理队伍。汽车服务企业必须建立一个专职的标准化管理队伍来从事标准化管理工作。从企业高层管理部门到各个基层部门必须配备专人负责标准化的管理工作。

(2)形成一套完整的技术管理标准。汽车服务企业从本企业的实际出发,制定一套完善的技术管理标准,确保汽车服务企业的服务质量及正常的经营秩序。汽车服务技术管理标准包括:设备管理标准、检验标准、车身技术标准、喷漆技术标准、电器二级维护技术标准、汽车大修竣工出厂标准、安全生产制度、汽车修理工安全操作规程、电工(空调)安全操作规程、处理车主(客户)投诉程序、后续工作程序等。

(3)加强培训工作。加强标准化管理技术培训工作,为标准化管理提供保证。

(4)加强技术监督。加强标准化管理的技术监督,使标准化管理贯彻到整个生产经营过程中。

(5)建立健全标准化管理的档案管理制度。

2. 计量管理

1)计量工作的概念

所谓计量,就是用计量器具的标准量值去测量各种计量对象的量值。计量工作主要是用科学的方法和手段,对企业生产经营活动中的量、质的数值进行掌握和管理,包括计量检定、测试和化学分析等方面的计量技术和计量管理工作。

计量工作是取得真实数据的重要手段,没有计量,就不可能有可靠的原始记录和统计资料。在企业,没有比较完备的计量,就难以进行严格的质量管理、物资管理、成本管理和经济核算,也难以推行严格的经济责任制。计量工作是企业的一项重要的管理基础工作,做好计量工作对提高企业素质、产品质量和服务质量以及经济效益,具有十分重要的意义。

2)企业计量工作的任务

企业计量工作的基本任务是:宣传贯彻计量法令和相关制度,监督检查各部门、各环节的执行情况;建立健全计量机构,配备计量人员;建立计量标准器,开展量值传递和周期检定;研究解决生产中的计量测试问题,为企业提高产品质量,降低消耗,促进技术进步和改善经营管理提供测量统一的保证。为了保证企业计量工作的顺利开展,要做好以下工作:

(1)要认真执行法定计量单位。计量单位是指用以量度同类量大小的一个标准量。在现代计量技术中,所有的量值都是从基本量单位导出的。能够起着提纲挈领作用的计量单位,称为基本单位。由国家以法令的形式明确规定并在全国强制使用或允许使用的计量单位是法定计量单位。在企业计量工作中,应认真执行法定计量单位。我国法定计量单位以国际单位制为基础,并根据我国国情适当增加了一些其他单位后构成统一计量单位。

(2)要建立健全工作机构,配备专职计量人员。为了统一管理整个企业的计量工作,必须根据生产规模、技术要求和计量测试任务的工作量,建立与健全企业计量工作机构。大中型企业可设计量科(室),在总经理(厂长)或总工程师的直接领导下,负责全企业的计量工作,各分公司(车间)也要相应建立计量组。企业计量机构在实施统一管理中,必须强调监督、检查和考核的职能,对企业生产经营全过程的计量活动进行监督。企业主管领导应支持计量机构的工作,重视计量机构的地位,发挥其应有的作用。

为了搞好计量工作,还必须配备与计量管理和计量技术工作相适应的计量人员。计量人员包括计量管理人员,计量技术人员,计量测定、测试人员和计量器具维修人员等。汽车服务企业配备的计量人员应具备中等以上文化程度,熟悉专业计量技术,具有一定的计量管理业务能力,同时还要懂得相应的生产经营业务技术知识。对经考核合格的计量人员,要保持相对稳定。企业应加强对计量人员的培训,特别要使计量管理干部具备相关方面的知识和技能,以适应计量工作现代化的要求。

(3)建立计量标准,完善检测手段。为了保证在用和流转的计量器具量值的准确一致和满足周期检定、维修的需要,企业计量机构必须建立相应的计量标准,完善检测手段和维修设施。这是企业计量工作一项重要的、细致而又复杂的工作,是整个计量工作的基础。企业建立的计量标准以能满足本单位在用计量器具检定、修理和生产流程中计量测试的需要和经济实用为原则。在建立计量标准中,要注意计量标准的准确度必须符合各类计量器具检定的规定;要根据不同等级计量标准和计量测试技术的需要,建立计量实验室,并使计量实验室具备一定的工作条件,达到一定的技术要求。

要按照组织现代化生产的质量、节能和科学管理的需要,有计划地配齐、配好计量检测手段,改革与淘汰落后的计量器具和计量测试技术,增添先进的计量器具,逐步实现检测手段和计量技术的现代化。

3)汽车服务计量管理的要求

针对汽车服务企业计量管理工作的特点,其计量管理工作应做到如下几点:

(1)企业应设立专门的计量器具保管部门,配备专门的人员负责计量器具的保管工作。计量器具的保管室条件应符合计量器具的保管要求。

(2)搞好对使用计量器具人员计量基本知识的教育和培训,保证其能正确操作、使用和维护计量器具。

(3)加强对在用计量器具的管理,抓好定期检定/校准、正常使用和日常等级管理3个环节。采取的办法一般如下:

①建立企业在用计量器具管理卡片或台账,这有助于掌握计量器具种类、数量、精度等级、购置日期、使用部门、个人使用情况等。

②制定企业计量器具管理目录:指根据在用计量器具卡片或台账,对计量器具分类、分项、分种,制定管理目录,明确哪些计量器具属于本企业计量管理的范畴。

③严格执行计量器具强制检定/校准规定:对企业内部属于强制检定/校准的计量器具,要严格执行有关规定进行检定,未按照规定申请检定或检定不合格者,不得使用。

④对非强制检定/校准的计量器具,应制定定期检定/校准制度,明确每种计量器具的检定/校准周期,并严格按计划进行检定/校准。

⑤建立抽检制度。

3. 技术档案管理

汽车服务技术档案是指与汽车服务企业维修与服务工作相关的技术档案。

技术档案包括与汽车维修服务相关的各项国家标准与政策法规,汽车维修行业的行业技术管理规定,汽车主机厂的技术文件、操作规程、技术服务电报等,汽车服务企业的各项技术管理制度,车辆维修技术工况登记表等。

技术档案是汽车服务企业从事各项技术服务活动的技术依据和技术保证,是汽车服务企业服务质量的保证,是企业的生命源泉,因此,汽车服务企业需充分重视技术档案管理工作。

汽车服务企业进行技术档案管理时,需做到:

(1)技术部门应安排专人从事技术档案的管理工作,各部门有专门人员负责本部门与生产经营活动相关的档案管理,并负责将本部门的技术档案送达技术部门汇总。

(2)技术部门负责技术档案管理工作的人员,负责对技术档案分类汇总,并编制技术档案分类目录,并将其公布在企业内部网上,便于企业的各个部门查询。

（3）企业可以设置专门的技术档案室,技术档案室的条件应符合国家档案管理规定的条件。在企业条件有限,无法设置专门技术档案室时,技术档案可以与其他档案共同摆放在通用的档案中,但必须分类陈列,便于查询。

（4）建立健全企业档案管理制度,在档案管理制度中需明确规定档案的保密原则、档案保管要求、档案的借阅程序等。

（5）根据汽车技术的发展和社会的进步,及时更新技术档案,保证企业维修服务的需要。

第四章 汽车服务质量管理

第一节 汽车服务质量与质量管理概述

汽车服务质量是企业的生命,是汽车服务企业创建品牌汽车服务的基础,是创造顾客满意和忠诚的重要因素之一,直接关系着企业的持续盈利能力和可持续发展。因此,汽车服务质量管理是汽车服务企业日常经营管理中不容忽视的一项重要内容,应放在汽车服务经营活动的首位,即汽车服务质量第一。

一、汽车服务质量

1. 汽车服务质量的概念

汽车服务质量就是汽车服务的一组固有特性满足要求的程度。对汽车服务企业而言,其产品就是"服务",对产品质量评估是在服务传递过程中进行的。顾客对服务质量的满意可以解释为将对接受服务的感知与对服务的期望值相比较后的结果。当感知超出期望值时,服务被认为具有特别质量,顾客表示高兴,对质量评价较高;当没有达到期望值时,服务将不被接受;当感知与期望值一致时,服务质量是满意的。

开展汽车服务活动,首先要确定服务对象(顾客),明确顾客的需要,再把顾客的需要转化成为与此相应的服务。例如,在汽车客运中,"安全,准时"被认为是顾客最基本的要求,它可派生出下列对应的一些质量要求:不丢失和损坏行李或物品,购票迅速,准时发车,准时到达,行车安全可靠,到站后能迅速疏散顾客等;而汽车维修服务应满足顾客如下期望的需要,如接待热情、故障判断准确、配件纯正、技术精湛、工艺规范、价格合理等。

汽车服务企业所提供的服务是一种无形产品,它与硬件、流程性材料等有形产品相比,具有一定的特殊性,具体见表4-1。有些服务质量的特性顾客可以观察到或感觉到,如服务等待时间的长短、服务设施的好坏等;而有些是顾客观察不到的,但又直接影响服务业绩的特性,如企业内部财务差错率等。有的服务质量特性可以定量地考察计算,而有些则只能定性地分析。

服务产品与有形产品的区别　　　　　表4-1

产品	服务产品	有形产品
区别	非实体	实体
	形式各异	形式相似
	生产分销与消费同时进行	生产分销与消费分离
	顾客参与生产过程	顾客一般不参与生产过程
	即时消费	可以储存
	所有权不能转让	所有权可以转让

2. 汽车服务质量的构成要素

汽车服务质量包括汽车技术质量和汽车功能质量两部分。技术质量常用合格与不合格、质量高或低来评价，功能质量常用差、好或优秀等来评价。

汽车技术质量是汽车服务的技术性能，也是顾客在汽车服务过程结束后的所得，又称为结果质量。例如，顾客到汽车维修企业排除了车辆的故障、对车辆进行维护并达到规定的维护技术要求、传动轴和车轮动平衡后达到规定的平衡精度等。由于技术质量涉及的是技术方面的有形内容，很多都有相应的评价标准或规范，因此顾客容易感知质量，并且质量评价比较客观。

汽车功能质量是汽车服务的消费感受，涉及汽车服务人员的仪表仪态、汽车服务态度、汽车服务方法、汽车服务程序、汽车服务效率和汽车服务行为方式等。相比之下，功能质量更具有无形的特点，一般是不能用客观标准来衡量的，因此难以做出客观的评价。顾客的主观感受在功能质量评价中占据主导地位。

3. 汽车服务质量的特性

质量特性是指产品、过程或体系与用户要求有关的固有属性。质量概念的关键是"满足要求"。这些"要求"必须转化为有指标的特性，作为评价、检验和考核的依据。由于用户的需求是多种多样的，所以反映质量的特性也应该是多种多样的。用户的需求可分为精神需求和物质需求两部分，评价汽车服务质量时，从被服务者的物质需求和精神需求来看，可以归纳为以下6个方面的质量特性。

(1)功能性。功能是指某项服务所发挥的效能和作用。汽车专卖店的功能是让顾客买到所需要的汽车；交通运输业的功能是运送旅客和货物到达目的地；汽车维修服务企业的功能是使顾客的汽车得到满意的维修；而"4S店"汽车销售和售后服务的功能是使消费者满意地得到和使用汽车。能否使被服务者得到这些功能是对服务的最基本要求，因此，功能性是服务质量中最基本的特性。

(2)经济性。经济性是指顾客为了得到某项服务所需费用的合理程度。这里所说的费用是指在接受服务的全过程中所需要的费用，即服务周期费用。如顾客购买商品所支付的商品货价、运输费用、安装费用、维修费用等。它是每一个顾客在接受服务时都要考虑的质量特性。经济性是相对的，不同等级的服务所需要的费用是不同的。

(3)安全性。安全性是指保证顾客在享受服务的过程中生命不受到危害，健康和精神不受到伤害，以及财物不受到损失的能力。安全性改善和保证的重点在于唤起员工对安全性的高度重视，加强对防火、防盗措施的改善、服务设施的维护、环境的清洁卫生等方面工作的精力和财力的投入。

(4)时间性。时间性是指服务在时间上能够满足顾客需求的能力，包括及时、准时和省时三个方面。及时是当顾客需要某种服务时，能够及时地提供；准时是要求某些服务的提供在时间上是准确的；省时是要求顾客为了得到所需的服务所耗费的时间能够缩短。及时、准时和省时三者是相关的、互补的。研究表明，在服务传递过程中，顾客等候服务的时间是关系到顾客的感觉、顾客印象、服务企业形象以及顾客满意度的重要因素。对于服务企业来说，在时间性方面要掌握、控制好等待时间、提供时间和过程时间。等待时间就是顾客等候接受服务的时间；提供时间是服务人员向顾客提供服务的平均时间；过程时间则是顾客看不到的企业内部自身经营过程的时间,但其对顾客感受到的服务却有着直接的影响。

(5)舒适性。舒适性是指在满足了功能性、经济性、安全性和时间性等方面特性的情况下,服务过程的舒适程度。它包括服务设施的完备、适用、方便和舒服,环境的整洁、美观和有秩序。显然,舒适性与顾客所付出的代价,即服务的不同等级密切相关的。也就是说,舒适的程度是相对的,但不同等级的服务应有各自的规范要求。

(6)文明性。文明性是指顾客在接受服务过程中精神需求得到满足的程度。顾客期望得到一个自由、亲切、尊重、友好、自然与谅解的气氛,有一个和谐的人际关系,来满足自己的需要。服务是服务人员与顾客直接接触而产生的无形产品,因而在诸种服务质量特性中,文明性充分体现了服务质量的特色。文明性包括提供服务人员的思想品质、道德水准、技能、礼貌、教养,而这些个人素质很大程度上来自于企业的熏陶和教育。因此,为了保证文明性,企业需长期不懈地致力于对员工的培训、开发和教育。

顾客从以上六个方面将预期的服务和接受到的服务相比较,最终形成自己对服务质量的判断。

4. 汽车服务质量的范围

1)汽车服务企业提供的有形产品

(1)车辆维修。对服务企业而言,维修工作都是以顾客提供的车辆为核心,车辆维修质量的好坏,直接影响企业的经济效益和后续发展。如一台维修车辆在车间维修后,没有达到预期的效果或质量要求,维修企业为之付出的不仅仅是返修成本的增加,更严重的是有可能造成顾客的流失。

(2)故障诊断。对于故障车辆,故障诊断的一次正确率,直接影响到产品交付活动中的各个相关环节,同时也能反映出企业的技术质量。用户在进入维修企业之前总希望能一次解决问题,但如果维修人员无法一次找到故障根源,就会造成用户心理负担,认为自己的车有了很严重的问题;即使问题最终解决,用户也会认为以前的工作都是无用的,甚至认为你在故意制造问题骗取用户。许多用户的抱怨就是从这里开始的。

(3)救援服务。对于因故无法行驶的车辆,根据实际情况进行无偿或有偿的救援服务,可以提高顾客对企业的信任度,树立良好的口碑。救援服务不仅限于维修人员的现场排除故障,还应包括协助用户从困境中解脱出来(如电话讲解、拖车服务等)。

(4)车辆防护。对于顾客的车辆要提供必要的防护(外观检验、外观防护、作业防护等),以加强顾客和企业之间的相互信任。

(5)旧件保管。对于车辆上更换下来的旧件或失效件,除气、液态之外,要为顾客提供包装袋带走或提供场地储存,在没有特殊要求的情况下要定期清理。

(6)接/送车服务。对因故无法将车辆开至维修点的顾客或没时间等待的顾客,在企业资源允许的情况下提供有偿或无偿的接、送车服务,这样可以扩大企业的服务范围,最大限度地满足顾客需求。

(7)预约服务。为使维修企业的资源合理配置,最大限度地为用户提供服务,在用户提出的合理的时间范围内提供相应的预约服务,会使企业和用户之间形成默契,减少误解,提高用户满意程度。

2）汽车服务企业提供的无形产品

（1）合理的价格。企业经营是以赢利为目的的，价格作为买方与供方关注的焦点之一，在维系企业与顾客之间的关系上起着决定性作用。企业依据物价管理部门和行业管理部门的规定制定出合理的收费标准，并依据标准提供完善的维修和服务。按明示的收费价格，业务员对收费内容做出合理、翔实的解释，也是服务质量的一种表现形式。

（2）质量跟踪。维修车辆交付后，由专人或接待人员在规定时间内对车辆的使用状况、故障重复出现率、用户满意程度等信息进行电话跟踪或上门回访，以增强企业信息沟通的时效，促进企业改进，同时增加了用户对企业的信任，可以使服务内容以用户为中心形成闭环。

（3）交付期限。对于维修车辆，维修企业各部门之间要依靠自身完善的管理体系进行有效沟通和信息反馈，随时掌握维修、配件、技术动态，在配件、技术（资料、支持）、人员、设备均符合工作标准的情况下，除了严格按承诺期限交付工作之外，对发现的新故障要及时与用户取得联系，重新确定工作内容和交付期限，征得用户同意后方可重新派工；对发生的不可预计的非生产因素（如停电、自然灾害等），除企业本身事先要有充足的预防措施外，还要及时与用户联系，取得谅解。

（4）保修承诺。为提高品牌或企业的信誉度，为顾客创造良好、安心使用条件，维修企业在本着"公平、合理"的原则上有义务对本企业的维修、配件或服务提供有限条件的保修或保用政策。同时在宣传、贯彻执行上要由业务人员与用户进行良好有效的沟通，以保证此项服务的顺利进行。

（5）咨询（技术支持）服务。因汽车消费的多样化和汽车生产的品牌化，维修企业需要在一定范围内对自身的服务内容、专业技术等方面提供咨询，以宣传企业在为用户提供最大的方便（如故障自救、使用说明、活动通知等）。这些服务内容可以通过热线电话、网站、邮件、广告等多种媒体形式进行。

3）为顾客制造和谐的氛围

（1）服务技巧。这方面可包含的内容很多，企业在实际运作中要根据本企业的实际业务流程具体分类。如接待中采用主动迎接、寒暄，问诊中采用开放式提问还是封闭式提问，维修过程透明可视，工作内容完整、单据清晰，解释工作简洁明了等，甚至可以用具有企业个性的文化来吸引用户融入企业文化中。

（2）以顾客为关注焦点。每一位用户都希望自己受到好的礼遇。企业为取信于用户、吸引用户，对每位用户的姓名、职业、个人爱好等做一些基本了解，在用户进入企业时，由业务人员主动喊出其姓名（或某先生、某女士），简单询问一下近期工作、生活情况等，会让用户感到亲切，与企业沟通起来更加融洽，也增强了对企业的信任程度；另外，在遇到重大问题时，应适时地由主管人员亲自接待、处理。

（3）超越用户期望值。每位用户在进入维修企业之前，都或多或少的对企业做一个初步评价或对维修结果有一个初步的期望值，企业在正常维修服务业务之外，为用户提供一些无偿或折扣服务，如定期免费检测、季节检测、专项检测、赠送小礼品、定时间段内费用折扣等；或企业定期做一些布局或形象改变，让用户每次来都有不同的感受（新鲜感）；或企业定期召开用户座谈会、维护知识讲座、聘请专业人员对用户感兴趣的知识进行讲座或组织活动等。

（4）舒适的环境。包括醒目的标识、充足的车位、丰富多样的娱乐设施、功能齐全的休息区、整洁明亮的接待大厅、员工朝气蓬勃的精神面貌、标准的接待用语等,这些外观环境在用户刚刚进入维修企业时会给用户非常深刻的感官印象,在第一印象上使用户感到愉悦,有助于顺利完成维修服务工作,创造企业的品牌形象。

(5)车辆维修档案及提示服务。维修企业为每一位用户建立车辆档案,档案内容除包括车辆的原始档案外,还应记录维修次数、维护周期、返修频次、维修分类等;对部分非专业用户或汽车经验有限的用户,除了建立维修档案外,还要根据其车辆使用情况定期提醒用户进行定期的维护和维修,给用户创造安心可靠的使用氛围。

另外,企业还可根据自身的社会环境、地理位置、政策环境等综合因素制订出内容丰富实用的维修服务内容,以最大限度地满足不同用户对车辆维护(或消费)的需求,最终达到服务用户、提高服务质量的效果。

5.汽车服务质量的考查

对于汽车服务企业,可以从内容、过程、结构、结果及影响等五个方面考查其服务质量。

(1)内容。主要考查服务系统是否遵循了标准化程序。对日常服务而言,标准作业流程已经制定,要求服务者遵守这些既定程序。

(2)过程。主要考查服务中的事件顺序是否恰当,基本的原理是要保持活动的逻辑顺序和对服务资源的协调利用。顾客和服务人员间的交互过程应得以监控,也包括服务人员之间的交互作用和沟通。

(3)结构。考查服务系统的有形设施和组织设计是否充足。有形设施和辅助设备只是结构的一部分,人员资格和组织设计也是重要的质量因素。通过与设定的质量标准相比较,可以判定有形设施是否充足。人员雇佣、晋升资格等都要达到标准;了解企业控制质量效果的方法有:采用主动的自我评估程序和成员对他们同事工作的了解。

(4)结果。考查服务会导致哪些状况的改变。服务质量的最终测量要能反映最终结果。顾客抱怨是反映质量结果的最有效的指标之一。对公共服务而言,通常的假设是,除非抱怨水平开始上升,否则现状就是可以接受的。通过跟踪一些指标(如抱怨数量),就可以监视服务结果质量的变化。

(5)影响。考查服务对顾客的长期影响。值得注意的是,这种影响必须包括对服务易获性的衡量,迫切需要那些能规划、并能出色和创新地提供服务的管理者。

二、质量管理

1.质量管理的概念

质量管理是通过建立职能机构、质量管理体系,制定规章、规范、标准和运用检测仪器、检测工具、检测设备以及一些管理方法,对涉及产品质量各环节的工作质量进行适时地监控、处理,以确保产品达到相关的质量标准和应具备的使用价值完整性的工作。

国际标准化组织(ISO)给出的质量管理定义为:质量管理指在质量方面的指挥和控制活动,通常包括制定质量方针和质量目标,以及为实现质量方针和质量目标而开展的质量策划、质量控制、质量保证和质量改进等活动。

质量管理是企业管理的基础,可以规范企业管理和人的行为,监督和预防质量事故的发生,对提高企业的经济效益具有重要意义。对"质量管理"定义的理解需要把握好以下几个方面:

（1）质量管理是通过建立质量方针和质量目标，并为实现规定的质量目标进行质量策划，实施质量控制和质量保证，开展质量改进等活动予以实现的。

（2）质量管理不能包含企业的全部管理，它仅是在质量方面的指挥和控制活动。但由于企业的基本任务是向市场提供符合顾客和其他相关方要求的产品或服务，所以质量是企业的主导因素，围绕着产品质量形成的全过程实施质量管理是企业的各项管理的主线。

（3）质量管理涉及企业的各个方面，是否有效地实施质量管理关系到企业的兴衰。企业的高层管理者应正式发布本企业的质量方针，在确立质量目标的基础上，按照质量管理的基本原则，运用管理的系统方法来建立质量管理体系，为实现质量方针和质量目标配备必要的人力和物资资源，开展各项相关的质量活动。这也是各级管理者的职责。所以，企业应采取激励措施激发全体员工积极参与，充分发挥他们的才干和工作热情，形成"人人争做贡献"的工作环境，确保质量策划、质量控制、质量保证和质量改进活动顺利地进行。

（4）开展质量管理活动要考虑经济性因素，要用最经济的手段提供优质的产品或服务。

2. 质量管理的内容

质量管理内容包括以下几个方面：

（1）建立质量方针和质量目标。质量方针是"由企业的高层管理者正式发布的该企业总的质量宗旨和方向"。质量目标是"在质量方面所追求的目的"。任何企业及其高层管理者都有自己既定的质量方针和质量目标，只不过有些是正式发布的，有些没有；有些正式发布的可能是虚假的，而其意识或头脑中的才是"真实"的。

（2）进行质量策划。根据策划，确定相应的组织机构，分配质量职能和资源，建立质量管理体系，编写必需的文件和程序。

（3）进行质量控制。根据确定的要求和程序，对生产经营过程进行控制，以确保其达到质量要求。

（4）提供质量保证。对内为管理者，对外为顾客及其他相关方提供达到质量要求的信任，使他们对企业的产品、过程和体系放心。

（5）进行质量改进。这是很重要的一项质量管理内容，往往被忽视。企业若没有持续的质量改进，在激烈的市场竞争中就会失败。

第二节　汽车服务质量管理方法

汽车服务质量管理的方法有汽车服务质量规划、汽车服务标杆管理、汽车服务蓝图化与过程管理、汽车服务质量差距管理、汽车服务全面质量管理等。在汽车服务企业的质量管理中，可以综合运用这些管理方法。

一、汽车服务质量规划

汽车服务质量规划是汽车服务质量管理中的一个重要内容，它能帮助管理者采用恰当的质量策略来应对激烈的竞争。

1. 汽车服务任务

质量管理人员应首先确定汽车服务企业的汽车服务任务，明确本企业为哪些细分市场的汽车服务,应解决顾客的哪些问题。然后,汽车服务管理人员根据汽车服务任务,为汽车服务工作确定一系列具体的汽车服务质量指导原则。

2. 顾客期望的汽车服务质量

顾客期望的汽车服务质量指顾客在接受服务之前所期望的汽车服务质量,优质的汽车服务指顾客接受服务过程中感觉到的汽车服务实绩符合或超过他们的期望。汽车服务企业可从本企业以及同类企业的汽车服务中获取顾客期望的汽车服务质量标准。

3. 汽车服务过程和汽车服务结果的质量规划

汽车服务过程和汽车服务结果的质量规划是指对汽车服务流程、各流程汽车服务质量、汽车服务结果及跟踪汽车服务做出的质量要求和检查。

在汽车服务行业中,相互竞争的企业都可以使用类似的技术为顾客提供相同的汽车服务,但汽车服务的质量结果不一定相同。这是由于面对面的汽车服务是汽车服务人员和顾客相互接触、相互交往、相互影响的过程,顾客感受的汽车服务质量不仅与汽车服务结果有关,而且与汽车服务过程有关。因此,要取得竞争优势,管理人员必须在研究企业内外汽车服务过程和结果的基础上,规划本企业的汽车服务过程和汽车服务结果。

4. 汽车服务人员质量培养规划

在大多数情况下,顾客感觉中的汽车服务质量是由汽车服务人员和顾客相互交往过程决定的。如果汽车服务人员不能为顾客提供优质的汽车服务,就没有企业的优质汽车服务。管理人员可通过对全体员工长期、有针对性、有计划的汽车服务质量培养,形成以合适的高质量的汽车服务文化为核心的汽车服务企业文化,激励全体员工主动做好汽车服务工作。

5. 汽车服务环境和设备质量保证规划

管理人员必须根据优质汽车服务的需要,确定汽车服务工作中应使用的设备、技术和汽车服务操作体系;并通过培训工作,使汽车服务人员掌握必要的设备使用技能,以满足提高汽车服务质量的要求;通过环境和设备的规划与建设、汽车服务人员培训,确保汽车服务质量达标。

6. 顾客参与汽车服务过程规划

汽车服务质量不仅与汽车服务人员有关,而且与顾客的行为和态度有关,可以说顾客是"兼职的汽车服务人员"。要获得优质的汽车服务,必须使顾客参与汽车服务过程,通过一系列鼓励措施(如较低的汽车售价、汽车美容项目),激励顾客积极参与汽车服务活动,通过顾客问卷答题、与顾客对话等活动,使顾客参与汽车服务过程的规划。

二、汽车服务标杆管理

1. 汽车服务标杆管理的内涵

汽车服务标杆管理的定义为:"一个将自身的汽车服务与最强大的对手或汽车服务行业领导者相比较的持续过程。"

汽车服务标杆管理的基本环节是以最强的竞争企业或汽车服务行业中领先和最有名望的企业在汽车服务方面的绩效及实践措施为基准,树立学习和追赶的目标,或将本地区最优秀的汽车服务企业视为学习的标杆企业,通过资料收集、比较分析、跟踪学习、重新设计并付诸实施等一系列规范化的程序,将本企业的实际状况与这些基准进行定量化评价和比较,找出自己的不足,从而提高自身汽车服务水平和汽车服务质量,改善经营管理水平,增强企业的竞争力。

2. 汽车服务标杆管理的类型

根据汽车服务标杆对象选择的不同,通常将汽车服务标杆管理分为内部标杆管理、行业竞争标杆管理、职能标杆管理和流程标杆管理四类。

1) 汽车服务企业内部标杆管理

汽车服务企业的内部标杆是企业内部的单位或部门,如汽车维修部门的某个榜样班组。汽车服务企业内部标杆管理的方法是确立内部标杆及管理的主要目标,然后推广到企业的其他部门。

在企业内部树立标杆的优点在于:由于不涉及汽车服务秘密的泄露和其他利益冲突等问题,容易取得标杆对象的配合,数据采集比较容易;因其简单易行、成本较低、时间较短,是所有标杆管理类型中最快、成本最低的一类。其缺点在于:视野狭隘,范围局限在企业内,不容易找到最佳的汽车服务实践,很难实现创新性的汽车服务突破。因此在实践中,汽车服务企业内部标杆管理应该与外部标杆管理结合起来使用。

2) 汽车服务行业竞争标杆管理

汽车服务行业竞争标杆管理的标杆对象是行业内部的直接竞争对手,竞争标杆管理的目标是与有着相同市场的汽车服务企业在汽车服务和工作流程的绩效与实践等方面进行比较,直接面对竞争者。竞争标杆管理需要收集竞争者的财务、市场状况等有关信息进行分析,在此基础上明确和改进本企业战略,提高战略运作水平。

行业竞争标杆管理的优点在于:由于同行业竞争者之间的汽车服务项目和汽车服务流程相似,面临的市场机会相当,竞争对手的作业能力一般会直接影响本企业的目标市场。因此,竞争对手的信息对本企业在进行策略分析及市场定位上有很大的帮助,有助于本企业系统分析竞争对手与其他服务环境。最佳汽车服务实践的转移也比较简单,不需要经过大的调整就可以直接应用于本企业。其缺点在于:正因为标杆对象是直接竞争对手,信息具有高度商业敏感性,难以取得竞争对手的积极配合,很难获得真正有用或是准确的资料,从而极有可能使标杆管理流于形式或者失败。另外拘泥于同行范围之内寻求最佳实践,视野仍然狭窄,难以突破和创新,难以标新立异。

3) 引进不同行业先进职能标杆管理

引进不同行业先进职能标杆管理指以非汽车服务的某行业领先者或某些企业的优秀职能操作为基准,找出达到同行最好的运作方法,将其引进汽车服务企业。其理论基础是任何行业均存在一些相同或相似的功能或流程,如物流、人力资源管理、营销手段等,从而可能被其他行业的企业来学习和借鉴。其优点在于:由于不是直接的竞争者,没有直接的利害冲突,因此合作者往往比较愿意提供和分享技术与市场信息;另外,跳出汽车服务行业的框框约束,企业视野更为开阔,更容易创新和寻求真正的最佳实践,随时掌握最新经营方式。其缺点在于:投入较大,信息相关性较差,最佳实践需要较为复杂的调整转换过程,实施较为困难。

4) 引进不同汽车服务流程标杆管理

引进不同汽车服务流程标杆管理是以最佳汽车服务工作流程为基准进行的标杆管理,从具有类似流程的汽车服务企业中发掘最有效的操作程序,使企业通过改进汽车服务流程来提高业绩。这类标杆管理可以跨不同类型、不同服务项目的汽车服务企业来进行,一般要求对标杆企业整个工作流程和操作有很详细的了解。

在标杆管理中汽车服务企业最好的选择就是根据需要实施综合标杆管理,即根据企业自身条件和标杆管理项目的要求,将各种标杆管理方式相结合,取长补短,以取得高效的标杆管理效果。

3. 汽车服务标杆管理的程序

汽车服务标杆管理作为一种科学系统的管理方法,其成功实施依赖于一整套特定的步骤和程序。标杆管理最重要的两个步骤就是学习和实施。具体来说,一个完整的内外部综合的标杆管理程序通常分为五个步骤。

1) 计划

计划阶段有以下主要工作:

(1) 组建汽车服务标杆管理项目小组,该小组担当发起和管理整个流程的责任。

(2) 明确汽车服务标杆管理的目标。

(3) 通过对汽车服务项目的衡量评估,确定标杆项目。

(4) 选择标杆对象。

(5) 制订数据收集计划,如进行问卷调查、安排参观访问,充分了解标杆对象并及时沟通。

(6) 开发测评方案,为标杆管理项目赋值,以便于衡量比较。

2) 汽车服务企业内部数据收集与分析

这一阶段包括以下工作:

(1) 收集并分析汽车服务企业内部公开发表的信息,遴选内部标杆管理合作对象。

(2) 通过汽车服务企业内部访谈和调查,收集汽车服务企业内部第一手研究资料。

(3) 根据需要,组建汽车服务企业内部标杆管理委员会来实施内部标杆管理。

(4) 通过进行汽车服务企业内部标杆管理,为进一步收集企业外部标杆管理数据打下基础。

3) 汽车服务企业外部数据收集与分析

这一阶段包括以下工作:

(1) 利用各种渠道收集外部企业公开发表的信息。

(2) 通过调查问卷和实地访问,收集外部企业第一手研究资料。

(3) 将收集的有关最佳实践数据与自身绩效计量相比较,识别推动取得更好绩效的因素,撰写标杆管理报告。标杆管理报告要揭示标杆管理过程的关键收获,以及对标杆管理的调整、转换、创新的见解和建议。

4) 调整

根据已实施标杆管理的报告,确认正确的纠正性行动方案,制订详细实施计划,再组织内部实施最佳实践方案,并不断对实施结果进行监控和评估,及时进行调整,最终达到增强汽车服务企业竞争优势的目的。

5) 持续改进

汽车服务标杆管理是持续的管理过程,不是一次性行为。因此,为便于以后继续实施标杆管理,汽车服务企业应维护好标杆管理数据库,制订和实施持续的绩效改进计划,以不断学习和提高。

三、汽车服务蓝图化与过程管理

20世纪80年代初,美国学者提出在服务业使用服务蓝图技术来描绘服务体系,分析评价服务质量,并在美国服务业中得到实际应用。该技术通过对服务流程、顾客行为、服务企业员工行为以及服务接触、服务证据等方面进行描述,将复杂、抽象的服务过程用框图简单化、具体化。汽车服务蓝图技术可用于汽车服务企业质量和经营的管理,并形成相应的管理模式。

1. 汽车服务蓝图的内涵

汽车服务蓝图就是把汽车服务过程的每个部分按步骤画出来的流程图。汽车服务蓝图借助于流程图,通过分解汽车服务组织系统和结构,鉴别用户与员工以及体系内部的汽车服务接触点,在汽车服务流程分析的基础上研究汽车服务传递的各个方面,将汽车服务过程、员工的角色和汽车服务、顾客的角色和作用等有形证据直观地展示出来。

经过汽车服务蓝图的描述,汽车服务被合理地分解成汽车服务的步骤、任务和方法,使汽车服务过程中所涉及的人都能客观的理解和处理它,并能有机结合。更为重要的是,顾客同企业及汽车服务人员的接触点被识别,从而可以从这些接触点出发,来改进汽车服务质量,提高顾客满意度,并可持续地进行汽车服务。

2. 汽车服务蓝图的组成

汽车服务蓝图如图4-1所示,分为四个部分,自上而下分别是顾客行为、前台汽车服务员工行为、后台汽车服务员工行为以及汽车服务的支持过程。

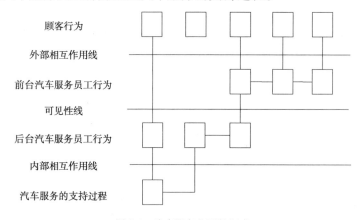

图4-1 汽车服务蓝图的组成

(1)顾客行为。这一部分紧紧围绕着顾客在购车维修和评价汽车服务过程中所采取的一系列步骤、所做的一系列选择、所表现的一系列行为,以及它们之间的相互作用来展开。

(2)前台汽车服务员工行为。前台汽车服务员工行为是指直接向用户提供汽车服务,并可以被用户看得见的员工行为,如汽车销售人员、配件销售人员、维修接车员、车辆保险员等的行为。这部分紧紧围绕前台服务员工与顾客的相互关系展开。

(3)后台汽车服务员工行为。后台员工行为围绕支持前台汽车服务员工的活动展开,发生在汽车服务体系的后台,主要为前台汽车服务员工提供技术、知识等保障汽车服务,必要时有些后台员工,如车辆维修人员、车辆美容人员、信息管理人员也为用户直接提供汽车服务。

(4)汽车服务的支持过程。这一部分覆盖了在传递汽车服务过程中所发生的,支持汽车服务员工的各种内部汽车服务步骤以及它们之间的相互作用;覆盖了所有保障汽车服务体系正常运行的辅助工作;主要是指那些与提供汽车服务相关,但属于汽车服务体系本身不可控的外部相关部门的行为。

隔开四个关键行动领域的三条水平线,最上面的一条线是外部相互作用线,它代表了顾客和汽车服务企业之间直接的相互作用,一旦有垂直线和它相交叉,汽车服务(顾客和企业之间的直接接触)就发生了。中间的一条水平线是可见性线,它把所有顾客看得见的汽车服务活动与看不见的分隔开来,通过分析有多少汽车服务发生在可见性线以上及以下,一眼就可明了哪些活动是前台汽车服务员工行为,哪些活动是后台汽车服务员工行为。第三条线是内部相互作用线,它把汽车服务员工的活动同对其的汽车服务支持活动分隔开来,是内部顾客和内部汽车服务人员之间的相互作用线,如有垂直线和它相交叉则意味着发生了内部汽车服务。

3. 汽车服务蓝图的制订

建立汽车服务蓝图的步骤如下:

(1)识别计划建立汽车服务蓝图的汽车服务过程,明确对象、建立蓝图的目的和质量管理目标。

(2)从顾客的角度用流程图的形式来表示汽车服务过程。在这一步骤中,首先要明确顾客是谁,明确顾客的汽车服务需求,这一点非常重要。然后用图表列出顾客的购车、维修等汽车服务,以及评价汽车服务的过程中所采取的或所经历的选择和行动。

(3)画出前、后台汽车服务员工行为。首先画外部相互作用线和可见性线,然后用图描述从一线员工的角度所理解的汽车服务过程,区分前台(可见)员工行为和后台(不可见)员工行为。建立蓝图的人员必须了解一线员工的所作所为,以及哪些活动是完全暴露在顾客面前的,哪些活动是顾客看不见的。前、后台员工的行为均要重视,尤其是前台员工的行为,代表着企业的形象。

(4)画出内部支持活动。首先画出内部相互作用线,这样可以识别汽车服务人员活动和内部支持活动之间的联系。这一步骤还使内部支持活动对顾客的直接与间接影响变得清晰可见。从与顾客联系的角度看,某些内部汽车服务过程可能具有重要意义,而有些则没有明显的联系,应予以去除。

(5)最后一步,可以在汽车服务蓝图中加入表示顾客在整个汽车服务体验过程的各个步骤中所看到的或所接受到的汽车服务的有形证据。

四、汽车服务质量差距管理

汽车服务质量差距管理是质量管理者在差距分析的基础上,有针对性地提出管理和改进措施,以提高汽车服务质量。

1. 汽车服务质量差距产生原因

由于汽车服务质量存在感知,因此对同一汽车服务存在着质量评价的差距。在汽车服务中存在以下五种汽车服务质量差距。

1)汽车服务企业管理层感知差距

汽车服务企业管理层感知差距是指管理者不能准确地感知顾客对汽车服务质量的评价而产生的质量评价差距。产生这种差距的主要原因包括:

(1)管理层从汽车服务市场调研和需求分析中所获得的信息不准确。

（2）管理层从汽车服务市场调研和需求分析中获得的信息准确,但理解有偏差。
（3）本企业没有做过汽车服务市场需求分析工作。
（4）与顾客接触的一线员工向管理层报告的信息不准确或根本没报告。
（5）企业内部机构重叠,妨碍了与顾客接触的一线员工向上级报告汽车服务市场需求信息。

2）汽车服务质量标准差距

汽车服务质量标准差距是汽车服务企业所制订的具体质量标准与管理层对顾客的质量预期的认识之间出现的差距。这种差距产生的原因包括：

（1）企业制定的质量标准中存在失误,或者缺乏有关质量标准。
（2）管理层对制定质量标准重视不够,对制定质量标准的工作支持不够。
（3）整个企业没有明确的汽车服务目标,造成没有质量标准。

3）汽车服务传递差距

汽车服务传递差距是指汽车服务产生与传递过程没有按照汽车服务企业所设定的汽车服务标准来进行。造成这种差距的主要原因包括：

（1）汽车服务标准定得太复杂,太僵硬。
（2）一线员工没有认可这些具体的汽车服务质量标准,比如,在提高汽车服务质量中要求员工改变自己的汽车服务习惯,而员工可能极不愿意认可这样的汽车服务质量标准。
（3）新的汽车服务质量标准违背了现行的企业文化。
（4）汽车服务运营管理水平低下,有汽车服务质量标准却不执行,缺乏监督和检查。
（5）缺乏汽车服务质量标准的培训学习和贯彻。
（6）企业的技术设备和管理体制无助于一线员工按具体的汽车服务质量标准进行汽车服务,使本企业的汽车服务水平不能达到标准。

4）汽车服务市场沟通差距

汽车服务市场沟通差距是指在市场宣传中所做出的承诺与汽车服务企业实际提供的汽车服务不一致。造成这种差距的原因包括：

（1）企业没能将汽车服务市场营销传播计划与汽车服务运营活动相结合。
（2）企业没能协调好传统的汽车服务市场营销和汽车服务运营的关系。
（3）企业通过信息传播宣传介绍了汽车服务质量标准细则,但实际的汽车服务水平滞后或达不到这些汽车服务质量标准,让顾客认为企业进行了虚假营销。
（4）企业存在着力图夸大自己的汽车服务质量的冲动。

5）汽车服务质量感知差距

汽车服务质量感知差距是指顾客体验和感觉到的汽车服务质量与自己期望的汽车服务质量不一致。造成这种差距的原因包括：

（1）顾客实地体验到的汽车服务质量低于预期的汽车服务质量,或者存在着服务质量问题。
（2）口碑较差。
（3）企业形象差。
（4）汽车服务失败。

2. 汽车服务质量差距改进方法

1）汽车服务企业管理层感知差距的改进

汽车服务企业管理层感知差距产生的原因如果是管理不善，就必须提高管理水平，或者是让管理者更深刻地理解汽车服务和竞争的特性。在很多情况下，后一种情况更具有适用性，因为感知差距产生的原因并不一定是缺乏竞争力，而是管理者缺乏对汽车服务竞争的深刻认识。任何解决方法都离不开更好地开展市场调研活动，唯有如此，才能更好地了解顾客的需求和期望。汽车服务企业开展市场调研活动仅从汽车服务市场和与顾客的接触中获取信息还远远不够，还必须提高内部信息的管理质量。

2）汽车服务质量标准差距的改进

汽车服务企业应在深入分析顾客需求的基础上，对企业发展的问题进行重新排列；同时应该邀请具体的汽车服务提供者参与标准的制定工作。最理想的方法是计划制订者、管理者和与顾客接触的员工相互协商，共同制定有关的汽车服务质量标准。而且要注意质量标准不能制订得过于缺乏弹性，否则员工在执行标准时就会缺少灵活性，风险也会加大。

3）汽车服务传递差距的改进

缩小汽车服务传递误差要依赖于科学的汽车服务质量标准，同时对员工进行有效培训，执行汽车服务质量标准，使员工认识到，汽车服务水平必须达到汽车服务质量标准，必须与企业长远的战略或盈利目标相适应。另外，管理者可对所有员工的工作进行适当分类，使其各司其职，避免让单个员工承担繁杂的工作而影响汽车服务质量。如果汽车服务企业的技术或管理系统对质量改进行为的支撑力度不够，或者这些系统难以使员工达到汽车服务质量标准，在这种情况下要么改变这些系统，以使其能够对质量改进起到坚强有力的支撑作用；要么从另外一个角度入手，提高内部营销和员工培训的水平，使其能适应技术和管理系统的特性。

4）汽车服务市场沟通差距的改进

汽车服务市场沟通差距的解决途径是建立起汽车服务经营部门与市场部门的协调机制，加强内部沟通，经营活动与市场推广活动保持协调一致。每一次市场推广活动的推出必须考虑到汽车服务的产生和传递，而不是各行其是。通过这种机制的建立，企业至少可以达到两个目标：一是，市场推广中的承诺和宣传可以更加现实、准确；二是，外部沟通中所说的承诺可以顺利兑现，而且可以承诺得相对多一些。在此基础上，企业还要时刻注意利用更科学的计划手段来改善市场沟通的质量。

5）汽车服务质量感知差距的改进

汽车服务质量感知差距的出现原因比较复杂，但主要是因为汽车服务企业在与顾客的沟通上或顾客期望管理上出现偏差。因此，其改进途径主要是建立健全与顾客的沟通机制，改善其汽车服务企业的形象，明确表达汽车服务承诺并做好承诺，对不利的顾客互动进行适当干预。

五、汽车服务全面质量管理

全面质量管理的思想来自美国通用电气公司质量管理部部长菲根堡姆（A. V. Feigenbaum）博士，他在1961年首先提出全面质量管理的理念。这一理念经历了近六十年的发展，广泛应用于各类企业的质量管理工作中，对当前汽车服务企业的质量管理依然具有十分重要的价值。

1. 汽车服务全面质量管理的概念

汽车服务全面质量管理是一个以质量为中心，以全员参与为基础，目的在于通过让顾客满意和本企业所有成员及社会受益而达到长期成功的管理途径。全面质量管理强调执行质量管理是企业全体人员的责任,应使全体人员都具有质量的概念和承担质量的责任。

汽车服务全面质量管理的核心思想是在企业的各部门中做出质量发展、质量保持、质量改进计划,从而以最为经济的水平进行汽车服务,使用户或消费者获得最大的满意度。它主要包括三个层次的含义:①运用多种手段,系统地保障和提高汽车服务质量;②控制质量形成的全过程,而不仅是某个汽车服务过程;③质量管理的有效性应当是以质量成本来衡量和优化。因此,全面质量管理不仅停留在汽车服务过程本身,而且已经渗透到了质量成本管理的过程之中,通过让顾客满意和本企业所有成员及社会受益而达到长期成功。

2. 汽车服务全面质量管理的特点

汽车服务全面质量管理强调全面的综合治理,它不仅强调各方面工作各自的重要性,而且更强调各方面工作共同发挥作用时的协同作用。其具有以下几个方面的特点:

(1)以适用性为标准。全面质量管理要求汽车服务的质量必须符合用户的要求,始终以用户的满意为目标。从这个角度来看待全面质量管理,则将涉及所有参与到汽车服务过程中的资源和人员。

(2)以人为本。汽车服务全面质量管理是一种以人为中心的质量管理,必须十分重视整个过程中所涉及的人员。为了做到以人为本,企业必须做到:高层领导全权委托、重视和支持质量管理活动;给予每个人均等机会,公正评价结果;让全体员工参与到质量管理的过程中,并均担负一定的质量责任;缩小领导者、技术人员和现场员工的差异。

(3)突出改进的动态性。由于顾客的需求是不断发生变化的,顾客的需求通常会随着汽车服务质量的提高而变得更高,这就要求我们有动态的质量管理概念。汽车服务全面质量管理不但要求质量管理过程中要有控制程序,而且要有改进程序。

(4)综合性。所谓综合性指的是综合运用质量管理的技术和方法,并且组成多样化的、复合的质量管理方法体系,从而使汽车服务企业的人、设备和信息有机结合起来。

3. 汽车服务全面质量管理的原则

(1)汽车服务以顾客为中心。在当今的经济活动中,任何一个汽车服务企业都要依存于他们的顾客,通过满足或超标准满足顾客的需求,获得继续生存下去并可持续发展的动力和源泉。

(2)汽车服务企业必须充分发挥领导的作用。一个汽车服务企业从总经理层到员工层,都必须参与到质量管理的活动中来。其中,最为重要的是企业的决策层必须对质量管理给予足够的重视。我国的《质量管理法》规定,质量部门必须由总经理直接领导,这样才能够使汽车服务企业的所有员工和资源都融入全面质量管理之中。

(3)汽车服务企业全员参与。全员参与是全面质量管理思想的核心,员工是企业之本,只有员工的充分参与,才能充分发挥他们的才干,为企业带来最大的收益。

(4)重视汽车服务过程和方法。即必须将全面质量管理所涉及的相关资源和活动都作为一个过程来进行管理。

(5)系统管理汽车服务质量。即系统地组织企业所有部门都参与到汽车服务质量提高活动中来,最大限度地满足顾客的质量需求。

(6)汽车服务持续改进。实际上,仅仅做好一次汽车服务并不困难,而要把汽车服务工作成千上万次都做好,那才是不简单的。因此,持续改进是全面质量管理的持久思想。

(7) 汽车服务质量以事实为基础。全面质量管理必须以质量事实为依据,背离了质量事实基础就没有任何意义。

(8) 汽车服务互利共赢的供方关系。汽车服务企业和汽车及配件供应商之间保持互利关系,可增进两个企业创造价值的能力,从而为双方的进一步合作提供基础,谋取更大的共同利益。因此,全面质量管理实际上已经渗透到汽车及配件供应商的管理之中。

4. 汽车服务全面质量管理的 PDCA 循环

美国质量管理专家戴明博士虽早提出了 PDCA 循环的概念,汽车服务全面质量管理的思想基础和方法就是根据汽车服务的特点,将 PDCA 循环应用于汽车服务企业的质量管理中,从而形成汽车服务 PDCA 循环。

在汽车服务 PDCA 循环中,"计划(P)→执行(D)→检查(C)→处理(A)"的管理循环,是现场汽车服务质量保证体系运行的基本方式,反映了不断提高汽车服务质量应遵循的科学程序。汽车服务全面质量管理在汽车服务 PDCA 循环的规范下,形成了四个阶段和八个步骤,如图 4-2 所示。

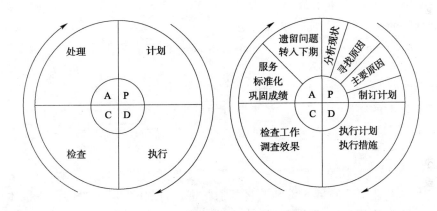

图 4-2 汽车服务 PDCA 循环示意图

1) 计划(Plan)

计划包括制定汽车服务质量目标、活动计划管理项目和措施方案,计划阶段需要了解企业目前的工作效率,追踪目前流程的运行效果和收集流程过程中出现的问题点,根据收集到的资料进行分析,并制订初步的解决方案,提交高层领导批准。

计划阶段包括以下内容:

(1) 分析现状。通过对现状的分析,找出存在的主要汽车服务质量问题,尽可能以数字量化的形式进行说明。

(2) 寻找原因。在所搜集到的资料基础上,分析产生汽车服务质量问题的各种原因或影响因素。

(3) 提炼主因。从各种原因中找出影响汽车服务质量的主要原因。

(4) 制订计划。针对影响汽车服务质量的主要原因,制定汽车服务技术、组织措施等方案,并具体落实到执行者。

2) 执行(Do)

在实施阶段,就是将制定的计划和措施,具体组织实施和执行。将初步解决方案提交给企业高层进行讨论,在得到企业高层的批准之后,由企业提供必需的资金和资源来支持计划的实施。实施阶段需要注意的是,不能将初步的解决方案全面展开,而应先在局部范围内进行试验后再推广。这样,即使设计方案存在较大的问题,损失也可以降低到最低限度。

3)检查(Check)

将执行的结果与预定目标进行对比,检查计划执行情况,看是否达到预期的效果。按照检查的结果来验证是否按照原来的汽车服务标准进行,或者看原来的汽车服务标准规范是否合理等。

4)处理(Administer)

处理阶段包括以下三方面的内容:

(1)对于成功的经验加以肯定,并予以标准化或制订成汽车服务指导书,便于以后进行汽车服务工作时遵循。

(2)对于失败的教训也要总结,以利于进步。

(3)对于没有解决的问题,应放到下一个汽车服务 PDCA 循环中,作为下一阶段的计划目标。

5. ISO9000 质量管理体系认证

1)ISO9000 的概念

ISO 是 International Organization for Standardization 的英语简称,翻译成中文就是"国际标准化组织"。

"ISO9000"不是一个标准,而是国际标准化组织中"品质管理和品质保证技术委员会"制定的一系列标准的统称,主要涉及企业运行中质量保证模式以及质量保证体系的要素定义、设计原则、标准和运营指南,是"全面质量管理"思想在质量管理运作中最重要的一个应用。

"ISO 质量管理体系认证"属于第三方认证,不受产销双方的经济利益支配,公正、科学,是各国对产品和企业进行质量评价和监督的通行证,可以作为用户对供方质量体系审核的依据,说明企业有满足其订购产品技术要求的能力。鉴于此,世界各大企业纷纷采用 ISO9000 系列标准在企业内部建立质量管理体系,申请体系认证,这也是众多汽车服务企业提升汽车服务质量的重要手段。

2)推行 ISO9000 的一般步骤

推行 ISO9000 有如下五个必不可少的过程:知识准备→立法→宣传、贯彻→执行→监督、改进。在具体实践中,汽车服务企业可以根据实际情况,对上述五个过程进行规划,按照一定的推行步骤,逐步导入 ISO 质量管理体系。推行 ISO9000 的一般步骤如下:

(1)企业原有质量体系识别、诊断。

(2)任命管理者代表,组建 ISO9000 推行组织。

(3)制定目标及激励措施。

(4)各级人员接受必要的管理意识和质量意识训练。

(5)ISO9000 标准知识培训。

(6)质量体系文件编写(立法)。

(7)质量体系文件大面积宣传、培训、发布、试运行。

(8)内审员接受训练。

(9)若干次内部质量体系审核。

(10)在内审基础上开展管理者评审。

(11)质量管理体系完善和改进。

(12)申请认证。

汽车服务企业在推行ISO9000之前,应结合本企业实际情况,对上述各推行步骤进行周密的策划,并给出时间和活动内容的具体安排,以确保达到更有效的实施效果。企业经过若干次内审并逐步纠正后,若认为所建立的质量管理体系已符合所选标准的要求,便可以申请外部认证。

3)认证注册的一般程序

汽车服务企业ISO质量管理体系认证的实施和监督,一般可分为以下四个阶段。

(1)提出申请。申请者自愿选择一家认证机构,按照规定的内容和格式向认证机构提出书面申请。书面申请的内容包括企业名称、总部地点、多场所的名称和地点、员工总人数、生产班次、产品名称、申请认证的范围及专业类别、申请认证的标准、删减条款的细节、体系开始运行的时间、申请认证的时间、内部审核和管理评审的情况、其他特殊要求、是否转换认证、在此之前在其他机构有没有获得认证注册或被暂停/撤销认证、联系人等。

认证申请书的附件包括:

①营业执照的复印件。

②主管机关的生产或汽车服务许可证复印件。

③质量、公安、环保、卫生等机关的许可证复印件。

④质量手册和程序文件,其内容应能证实企业质量管理体系满足所申请的质量管理体系标准的要求。

⑤记录清单。负责受理申请的认证机构应在收到认证申请之日起60天内做出是否受理申请的决定,并书面通知申请者;如果不受理申请,也应说明理由。

(2)体系审核。体系审核是指认证机构指派审核组对申请的质量管理体系进行文件审查和现场审核。文件审查的目的主要是审查申请人提交的质量手册是否满足所申请的质量保证标准的要求;如果不能满足,审核组需向申请者提出,由申请者澄清、补充或修改。只有当文件审查通过后方可进行现场审核。现场审核的主要目的是通过收集客观证据检查评定质量管理体系的运行与质量手册的规定是否一致,证实其符合质量保证标准要求的程度,并做出审核结论,向认证机构提交审核报告。

审核组的正式成员应为注册审核员,其中至少应有一名高级审核员,必要时可聘请技术专家协助进行审核工作。

(3)审批发证。认证机构审查由审核组提交的审核报告,对符合规定要求的予以批准认证,并向申请者颁发体系认证证书,证书有效期为三年;对不符合规定要求的,应书面通知申请者。

认证机构应公布证书持有者的注册名录,其内容应包括注册的质量保证标准的编号及其年代号和所覆盖的产品范围。注册名录可向注册单位的潜在顾客和社会有关方面提供对注册单位质量保证能力的信任,使注册单位获得更多的订单。

(4)认证监督。认证机构要求获得质量管理体系认证的企业必须接受如下监督管理:

①标志的使用。体系认证证书的持有者应按体系认证机构的规定使用其专用的标志,

不得将标志使用在产品上,防止顾客误认为产品获准认证。

②通报。证书的持有者改变其认证审核时的质量管理体系,应及时将更改情况上报认证机构,认证机构根据具体情况决定是否需要重新评定。

③监督审核。认证机构至少每年对证书持有者的质量管理体系进行一次监督审核,以使其质量管理体系继续保持。

④监督后的处置。通过对证书持有者的质量管理体系进行监督审核,如果证实其体系继续符合规定要求,则保持其认证资格;如果证实其体系不符合规定要求,则视其不符合的严重程度,由认证机构决定暂停其使用认证证书和标志或撤销其认证资格,收回其认证证书。

⑤换发证书。在证书有效期内,如果遇到质量管理体系标准产生变更或者质量管理体系认证范围发生变更或者证书的持有者变更,证书持有者可以申请换发证书,由认证机构决定是否进行必要的补充审核。

⑥注销证书。在证书有效期内,由于体系认证规则或体系标准发生变更或其他原因,证书的持有者不愿保持其认证资格的,认证机构应收回其认证证书并注销认证资格。

[案例]从丰田召回事件看全面质量管理

1. 丰田的精益生产与全面质量管理

丰田公司的精益生产(Toyota Production System,TPS)可以归纳为两个方面:准时化生产(Just In Time,JIT)和全面质量管理。准时化生产又称零库存管理,强调物流平衡,追求零库存,要求上一道工序加工完的零部件可以立即进入下一道工序。全面质量管理强调质量是生产出来的,而非检验出来的,由生产中的质量管理来保证最终质量。重在培养每位员工的质量意识,在每一道工序进行时注意质量检测与控制,保证及时发现质量问题。

2. 召回门事件暴露了丰田的质量管理缺陷

2009年8月28日,美国发生了一起丰田雷克萨斯汽车因加速器失灵造成车毁人亡的悲剧,丰田召回事件由此拉开序幕。截至2010年5月18日,丰田公司召回车辆近千万辆,比其2009年全球销量还多37%,如此大规模召回使丰田承受了巨大的损失。召回事件归根结底是丰田的质量管理出了问题,透过丰田召回事件,精益生产的模式特别是其中的质量管理到了该反思的时候。

3. 对丰田全面质量管理的反思

1)丰田全面质量管理与20世纪60年代开始的全面质量管理侧重点的区别

以确保零部件和制品的质量为目的的全面质量管理,是丰田精益生产方式的一个重要的支撑。20世纪60年代兴起的全面质量管理是继传统质量管理、统计质量管理之后的新的质量管理体系,该体系强调质量管理从过去以生产为中心转向以用户为中心,围绕用户的需求设计制造和供应产品或服务。比较两者,我们可以看出,丰田的全面质量管理仍然围绕生产本身,与全面质量管理的新阶段并不相符。丰田此次在欧美大规模召回汽车,很大一部分原因在于没有充分考虑欧美人的体型特点,在制动踏板的位置设计上沿用了本国的标准,这显然是错误的。

2)质量检测部门对于企业是否必要

丰田公司开展全面质量管理,在企业内不设质量检测部门,仅仅依靠在产品设计阶段进行质量控制。不设质量检测部门,依靠各种利益共同体之间的信任和信心的做法也是不对的。不管是上下游企业之间还是生产各环节之间,不可避免地会因为人为或非人为的因素出现这样那样的质量问题,并由此造成整个集团企业"千里之堤溃于蚁穴"。一个小小的加速踏板故障就把丰田从全球第一的宝座上拉了下来,试想,如果丰田能有一个质量检测部门对上游的零部件进行检查,或许这次召回事件完全可以避免。

3)上下游企业尤其零部件供应商到了全球采购时代是否依然可信

造成丰田召回事件的原因是丰田的美国零部件供应商(CTS)提供的加速踏板出了故障。为日本经济腾飞立下汗马功劳的精益生产一旦到了"全球采购"的时代,问题就暴露出来了。过去在日本国内约束各个命运共同体的社会、经济、法律、风俗等因素,随着日本企业走向世界开展全球采购而变得越来越靠不住。在这样的大环境下,丰田公司依旧抱着全面质量管理不设质量检测部门,就像火中取栗,被烧伤手脚是难免的。

4)质量在成本和销量的目标下如何能够得到保证

2005年,渡边捷昭成为丰田新总裁后,就以做全球汽车业霸主为目标,扩大规模,压缩成本,丰田汽车于2008年超过美国通用成为全球第一。就在丰田取得全球第一的第二年召回事件就发生了,到2010年初,丰田还没有焐热的霸主宝座不得不拱手让人。被誉为"成本杀手"的渡边捷昭要求员工千方百计节约成本,一方面要求设计部门把丰田汽车所有零部件用量压缩30%,另一方面通过全球采购从全世界采购最低报价的零部件。通过这两项措施压缩成本,丰田节约了几百亿美元,但也正是这两项措施为丰田的危机埋下了祸根。廉价的零部件造成了丰田汽车制动踏板和脚垫出现问题,产品设计上省去了钢板等部件更是火上浇油。

第三节　汽车服务质量管理体系

为了成功地领导和运作一个企业,需要采用一种系统和透明的方式进行管理。汽车服务企业针对所有相关方的要求,建立并保持持续改进其业绩的质量管理体系,可使企业获得成功。

一、汽车服务质量管理体系的建立

1. 汽车质量管理体系建立的基本原则

1)汽车质量管理原则是基础

汽车质量管理原则包括汽车服务质量管理的指导思想和基本方法,说明了汽车服务企业在质量管理中应处理好与顾客、员工和供方三者之间的关系。汽车质量管理原则构成了汽车服务质量管理体系建立与实施的基础。

2)领导作用是关键

高层管理者通过其领导作用及所采取的各种措施可以创造一个员工充分参与的汽车服务质量内部环境,汽车服务质量管理体系只有在这样的环境下才能确保得到有效运行。领导的作用,特别是高层管理者的作用是汽车服务质量管理体系建立与实施的关键。高层管理者应做出有关建立和实施汽车服务质量管理体系,并持续改进其有效性方面的承诺,带头以增强顾客满意为目的,确保顾客的要求得到确定并予以满足。

3)全员参与是根本

全员参与是汽车服务质量管理体系建立与实施的根本,因为只有全员充分参与,才能使他们的才干为企业带来收益,才能确保高层管理者所做出的各种承诺得以兑现。汽车服务企业应采取措施确保在整个企业内提高满足顾客要求的意识,确保每一位员工认识到所在岗位的重要性以及如何为实现质量目标做出贡献。

4)注重实效是重点

《质量管理体系要求》(GB/T 19001—2016)所规定的要求是通用性要求,适用各种类型、不同规模和提供不同产品的企业。因此,汽车服务质量管理体系的建立与实施一定要结合汽车服务企业及其产品的特点,重点放在如何结合实际、如何注重实效上来,注重汽车服务质量的管理过程、管理结果、管理的适用性和有效性。

5)持续改进求发展

顾客的需求和期望在不断变化,以及市场的竞争、科技的发展等,这些都促使汽车服务企业持续改进,因此持续改进是汽车服务企业的永恒目标。持续改进的目的在于提高顾客和其他相关方的满意度。汽车服务企业应通过各种途径促进汽车服务质量管理体系的持续改进。尤其是在通过《质量管理体系要求》(GB/T 19001—2016)认证后,汽车服务企业应进一步参照《质量管理体系业绩改进指南》(GB/T 19004—2015),持续改进企业的总体业绩与效率,不断提高顾客和其他相关方满意的程度,进而建立一个行之有效并且高效的汽车服务质量管理体系。

2. 质量管理体系建立的基本步骤

一般来讲,建立质量管理体系需经过以下7个步骤。

1)学习标准

汽车服务质量管理体系的建立需要全员参与,对于全体员工的培训,要从意识入手,树立以顾客为关注焦点的思想,满足顾客要求、增强顾客满意的思想,以及持续改进汽车服务质量管理体系有效性的思想,使全体员工对汽车服务质量管理体系的建立持积极向上的态度,这样对于体系在企业中的贯彻和实施将起到良好的推动作用。

对全体员工进行标准培训是培训中必不可少的内容,但由于员工从事的岗位不同,对他们的标准培训可根据其职能、责任和权限的不同而在范围、深度等方面进行差异性培训。对内部审核员的培训要全面、深入,不仅要让其熟悉标准所涵盖的全部内容,还要对标准的每一项条款结合本企业的性质、特点、经营情况深入理解,这就对内部审核员的认定工作在教育程度、相关行业的工作经验、个人的工作能力等方面提出更高的要求。

对处在重要工作岗位上的人员,如汽车销售和维修部门经理、技术主管、质检员等的培训,应根据标准的具体章节,逐条加以培训,要使其深入理解标准在自己职责范围内的作用。对一般岗位的培训可集中讲解,也可根据岗位特点、部门范围分开讲解,对他们的培训可适当浅显一些,让其了解本岗位标准的表述。

培训主要放在企业所建立的汽车服务质量管理体系对相关岗位的规定和要求上,让其知道自己岗位的重要性和如何做才能符合相关文件的规定和要求。这就要求标准培训要多样化,可以请从事质量认证的咨询老师来企业培训,也可参加公开的培训课程,还可由企业内部人员讲解,另外也可以结合体系的策划,在策划过程中进行体验,加深理解。

对高层领导的培训是非常重要的。高层领导需要了解管理思想的发展,特别是领导作用,使其知道在汽车服务质量管理体系的实施和保持过程中,需直接参与哪些工作,如何对汽车服务质量管理体系进行策划,如何推动汽车服务质量管理体系的持续改进。培训的重点是质量管理八项原则和管理职责,使高层管理者能对体系做出符合标准而又适应本企业的全面策划,提出方针和目标、落实岗位职能、提供相应的资源(人力资源、基础设施、工作环境),团结全体员工,协调各个部门,领导和推动汽车服务质量管理体系的全面建立,并使其在运行过程中得以保持和持续改进。

2)明确质量方针,确定质量目标

在质量方针提供的质量目标框架内规定汽车服务企业的质量方针和质量目标。应根据汽车服务企业的宗旨、发展方向,确定与企业的宗旨相适应的质量目标以及相关职能和层次上的质量目标。汽车服务企业的质量目标应是可测量的。

3)策划质量管理体系

汽车服务企业应依据质量方针、质量目标,应用过程方法对企业应建立的汽车服务质量管理体系进行策划,并确保质量管理体系的策划满足质量目标要求。在汽车服务质量管理体系策划的基础上,进一步对服务产品的实现过程进行策划,确保这些过程的策划满足所确定的质量目标和相应的要求。

4)确定职责和权限

汽车服务企业应依据质量管理体系策划以及其他策划的结果,确定各部门、各过程及其他与汽车服务质量工作有关人员应承担的相应职责,赋予相应的权限,并确保其职责和权限能得到有效实施。

高层管理者还应在管理层中指定一名管理者代表,代表高层管理者负责汽车服务质量管理体系的建立和实施。

5)编制汽车服务质量管理体系文件

汽车服务企业应依据质量管理体系策划以及其他策划的结果,确定汽车服务质量管理体系文件的框架和内容。在汽车服务质量管理体系文件的框架里确定文件的层次、结构、类型、数量、详略程度,规定统一的文件格式,编制汽车服务质量管理体系文件。

(1)质量管理体系文件的编制。

编制汽车服务质量管理体系文件是为了建立一个完整并且运行良好的质量管理体系,但这并不是要求将质量管理体系中所有的过程和活动都形成文件。文件的多少和繁简完全取决于汽车服务过程和活动的复杂性、过程接口的多少、员工的素质(包括教育程度、培训经历、技能水平、经验)等诸多因素。

汽车服务质量管理体系文件的内容和规定应涵盖标准的所有有关条款。编制汽车服务质量管理体系文件应遵循5W1H原则,即"Who、When、Where、What、Why、How"。描述一件事情要具备"谁来做、什么时候做、在哪里做、做什么事、为什么做及怎么做",至少要具备"谁在什么时候怎样做什么事",否则,编制的文件就没有作用了。

(2)质量管理体系文件的类型。

汽车服务质量管理体系文件概括起来可分为三大类:一层次文件是质量手册;二层次文件是产品实现控制程序文件;三层次文件是作业指导性文件。

①一层次文件即质量手册,是"规定汽车服务企业质量管理体系的文件",它向汽车服务企业内部和外部提供关于质量管理体系的一致信息。质量手册对汽车服务企业的质量管理体系作系统、具体而又纲领性地阐述,能反映出企业质量体系的总貌。质量手册内容适于汽车服务企业的所有管理标准条款及对标准条款删减的说明。质量手册编写可根据汽车服务企业具体情况而定,参照《质量管理体系要求》(GB/T 19001—2016)编制。

②二层次文件即产品实现控制程序。是质量手册的支持性文件。产品实现控制程序是表述和规定汽车服务产品实现的整个过程中各个子过程的活动,因此须采用过程方法。汽车服务企业可以参照《质量管理体系要求》(GB/T 19001—2016)编制。

③三层次文件即作业指导性文件,是一层次文件和二层次文件的支持性文件。它对质量手册和服务程序的具体实施做出了更详细的规定,三层次文件是直接面对相关岗位的具体规定。

6)发布和实施汽车服务质量管理体系文件

汽车服务质量管理体系文件在正式发布前应认真听取多方面的意见,并经高层管理者签署发布。汽车服务质量管理体系文件的正式发布实施即意味着文件所规定的汽车服务质量管理体系开始正式实施和运行。

7)学习汽车服务质量管理体系文件

在汽车服务质量管理体系文件正式发布或即将发布实施之前,认真学习质量管理体系文件对质量管理体系的真正建立和有效实施至关重要。各部门、各级人员都要通过学习,清楚地了解汽车服务质量管理体系文件对本部门、本岗位的要求以及与其他部门、岗位的相互关系的要求,只有这样才能确保汽车服务质量管理体系文件在整个企业内得以有效实施。

[案例]某汽车维修企业第三层次质量管理体系文件《喷漆作业指导书》

1. 前期处理

1.1 坯面清理:根据车辆修复后的状况,采用除锈剂、砂纸、铁刷等进行。

1.2 除锈后,用清水将坯面清洗干净,经棉纱擦净,干燥10min。

1.3 用150号或200号砂纸将须喷漆部位进行打磨。

1.4 用清水清洗后,用棉丝等将打磨部位擦拭干净,干燥10min。

1.5 坯面清理后自检要求:无锈、无剩余不牢固的漆皮、无油污。

2. 车身修复

2.1 调配原子灰,1份原子灰加入2%~3%的催干剂。

2.2 用调配后的原子灰填在金属表面凹处以修复表面。

2.3 干燥:

a) 大气温度20℃的情况下20~30min自然干燥。

b) 大气温度低于20℃,红外线短波约为3~5min。

c) 温度过高、过低时,适当延长或缩短干燥时间,每低5℃干燥时间延长10min。高5℃干燥时间缩短5min。用红外线烤干时,干燥时间适当缩短。

d) 当环境湿度大于85%时,禁止用原子灰填补修复操作。

e) 第一道腻子干燥后,用2号60目干砂布将填补修复表面进行打磨。

2.4 第二遍用原子灰填补修复不平表面。干燥(同2.3)。

2.5 第二道腻子干燥后,用P150~P240号水砂纸将填补修复表面进行打磨。

2.6 第三遍用原子灰填补修复不平表面。干燥(同2.3)。

2.7 第三道腻子干燥后,用P600~P800号水砂纸将填补修复表面进行打磨。

2.8 个别有砂眼的地方用砂眼灰找平。用P800~P1000号水砂纸将修补表面磨平。干燥(同2.3)。

2.9 填补修复表面后自检要求:无砂眼,无砂纸道痕、完全平整、光滑。

3. 喷底漆

3.1 配合比例:稀料与底漆比例为2:1用搅拌尺充分搅匀。

3.2 喷底漆:喷枪喷嘴直径1.5~1.8mm,将喷枪的压力调至(0.3±0.1)MPa,使喷枪喷出的液体呈直角、扇面形、喷嘴至漆面约15~20cm。

3.3 干燥:大气温度20℃以上时,干燥时间不低于10min,温度过高、过低时,适当延长或缩短干燥时间。

3.4 打磨:用P1000号水砂纸将喷漆表面进行打磨至平整、光滑。

3.5 干燥:大气温度20℃以上时,干燥时间不低于15min,温度过高、过低时,适当延长或缩短干燥时间。

3.6 使用压缩空气将喷漆表面吹干净。喷底漆表面自检要求:无划痕、平整、光滑。

4. 喷普通面漆

4.1 喷面漆。

a) 使用已调制好的漆料进行喷漆作业。

b) 漆在使用前加的固化剂、稀料比例为:漆和固化剂2:1加30%稀料。

c) 喷枪喷嘴直径:1.5~1.8mm。使用压缩空气压力:0.4~0.8MPa。

d) 每遍喷漆相隔时间:每次喷完漆后自然干燥5~10min,最后一遍面漆需要烘干,(60±5)℃烘干30min。

e) 干燥:整车喷好后,在大气温度20℃时,至少干燥6~8h。大气温度过高、过低时,适当延长或缩短干燥时间。

4.2 喷漆表面要求:平滑、光亮、色泽均匀、边界整齐、漆面无泡、无龟裂、无皱纹、无流痕、不须喷的部位不得有漆痕。

5. 喷金属面漆

5.1 喷面漆。

a) 使用已调制好的漆料进行喷漆作业。

b) 漆在使用前加的稀料比例为:漆和稀料2:1。

c) 喷枪喷嘴直径:1.5~1.8mm。使用压缩空气压力:0.4~0.8MPa。

d) 每遍喷漆相隔时间:5~10min。

e) 一般喷漆至少三遍。

f) 罩膜:喷涂方法同普通面漆。

5.2 干燥:整车喷好后,在大气温度20℃时,至少干燥6~8h。大气温度过高、过低时,适当延长或缩短干燥时间。

6. 烘烤

6.1 喷涂后进行加温烘烤,烤房内温度[(60±5)℃]保持半小时(应明确不同漆种的温度及时间)。

6.2 烘烤时应逐渐升温,以保持喷涂后漆面有充分的流平时间,并防止温升过快造成漆面皱折。

7. 喷漆

喷漆后的车辆,如发现微小缺陷(如脏点),可用1500号以上砂纸抛光,然后打蜡。

8. 安装附件

安装附件,用清水清洗车辆,质检合格后交付。

要求:喷面漆表面平滑光亮、色泽均匀、连界整齐、漆面无起泡、无龟裂、无皱纹、无流痕、不允许受喷的部位不得有漆痕。

二、汽车服务质量管理体系的运行

汽车服务质量管理体系运行主要反映在两个方面:一是企业所有质量活动都在依据质量策划的安排以及质量管理体系文件要求实施,二是企业所有质量活动都在提供证实,证实质量管理体系的运行符合要求并得到有效实施和保持。汽车服务企业运行和实施质量管理体系的基本步骤如图4-3所示。

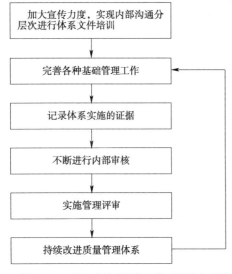

图4-3 运行和实施质量管理体系的基本步骤

1. 全员参加

汽车服务质量管理体系文件发布与实施要有一定的时间间隔,作为对企业全体员工的培训时间的时间间隔可由汽车服务企业本身的规模和实际情况决定,一般规定为一周。各部门负责人应在文件发布后集中力量组织对各岗位的培训,培训要全面,各岗位人员应全部参加,杜绝个别人尤其是各岗位的负责人对建立体系的懈怠情绪,对于培训不积极者应采取必要的措施,以保证培训的效果。企业管理者应加强引导、培训、督促和检查力度。质量管理体系的建立不是某个人的事情,也不是某个领导的事情,它需要全体员工团结努力,共同参与。

2. 记录质量管理体系实施的证据

汽车服务质量管理体系的实施要留下证据。质量记录是体系实施的主要证据,如:发动机大修过程检验记录(表4-2)、车辆入库检验单和交车检验单等。记录不一定拘泥于纸质媒体,还包括以录像形式记录下来的会议和培训等的事实证据,总之记录的形式是多种多样的。质量记录要按规定的程序收集、整理和保存,作为汽车服务档案,以备认证审核员认证、审查。

发动机大修过程检验单 表4-2

发动机大修过程检验单(1)

编号：

施工编号		牌照号		车架号		送修日期	
厂牌型号		发动机型号		送修单位		修竣日期	

检验部件		检验内容				备注	检验部件		检验内容		备注
缸体	内径尺寸	缸号	部位	D_{max}	D_{min}		曲轴	主轴径尺寸	1		
									2		
		1	上						3		
			中						4		
			下						5		
		2	上						6		
			中						7		
			下					连杆轴径尺寸	1		
		3	上						2		
			中						3		
			下						4		
		4	上						5		
			中						6		
			下				缸盖	下平面度			
		5	上				其他				
			中								
			下								
		6	上								
			中								
			下								
	上平面平面度										
活塞	最大裙部尺寸	1									
		2									
		3					结论				
		4									
		5									
		6									
检验员		承修工段					备注				
检验日期		承修人									

3. 质量管理体系内部审核

汽车服务企业在质量管理体系运行一段时间后,应按策划的时间安排,进行内部审核,以确定质量管理体系是否符合策划的安排、是否符合《质量管理体系要求》(GB/T 19001—2016)以及企业所确定的质量管理体系要求是否得到有效实施和保持。

内部审核是企业自我评价、自我完善机制的一种重要手段,是汽车服务质量管理体系持续改进的措施之一。企业应按策划的时间间隔坚持实施内部审核。

1)内部审核的范围

凡是与审核的汽车服务质量管理体系所覆盖的产品和质量活动有关的部门和地区均应列入审核范围以内。就部门而言,汽车服务企业的办公室、质量办、销售部门、采购部门、维修车间、技术部门、考核部门、计量管理部门、培训部门、车辆设备管理部门、财务部门等均应包括在内。

2)内部审核的频次和方式

内部审核每年至少要进行一次,一般应安排在认证审核前两个月,当汽车服务企业内部机构做出重大调整、出现重大的顾客投诉或重大质量问题、企业的经营业绩停滞不前时,可以增加内部审核的次数。

评审可采用集中审核或滚动审核的方法。

(1)集中审核的特点:每次内部审核可针对全部适用过程及相关部门,也可针对某些过程或部门;审核后的纠正行动及跟踪在限定的时间内完成;审核的时间大多为:新建汽车服务质量管理体系运行后,质量管理体系有重大变化时,外部质量审核前或领导认为有必要审核时。

(2)滚动审核的特点:审核持续时间长,审核和审核后的纠正行动及其跟踪陆续展开,在一个审核时期内应保证所有适用过程及相关部门得到审核,重要的部门可安排多次数审核。

3)内部审核的程序流程

内部审核的程序流程如图4-4所示,包括4个主要步骤:

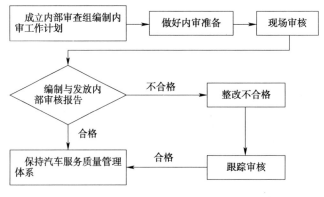

图4-4 内部审核的程序流程

(1)内部审核计划的编制。

在内部审核前要编制内部审核实施计划,它是审核活动的具体安排,应形成文件,由审核组长编制并由管理者代表批准。内部审合计划应明确审核的目的和范围,审核依据的文件(标准、手册及程序文件和作业指导性文件等),审核组成员名单和分工情况,审核日期和地点、受审核部门、首次会议、末次会议的安排,各主要质量审核活动的时间安排,审核报告日期等内容。审核内容的安排要考虑审核的全面性和重点,如关键过程、特殊过程和上次审核问题多的过程及所涉及的部门,审核的时间应具体到小时、分钟,以保证审核进度的完成和审核的深度。

(2)现场审核。

内审员在实施现场审核时,要保持客观、公正、礼貌的工作态度,要仔细倾听对方的讲话,一般不予打断,可以用身体语言鼓励对方讲话,如点头、微笑或身体前倾等,同时观察对方的表情。观察、查看各种设备、产品、环境、仪表、文件、记录、标识及施工作业等。

注意观察那些不易引起注意的地方、角落。提问对象要明确,应正确地提出问题,可以是封闭式的提问,也可以是启发、诱导式提问,如主题式、扩展式、征求意见式或设想式等,方法视情况而定,还可以用澄清事实的口吻提问,不提倡用敌对的方式提问。

审核员随时记录下客观的证据,以有限的时间获取最多的信息。审核员要控制审核的客观性,恰当把握审核的深度,不要停留在文件和口头上,要以事实为依据,寻找审核证据,要有代表性,可用抽样的方法。审核完成后应与受审核方共同确认审核事实。

(3)编写审核报告。

审核组长要编制审核报告,内容包括:审核的目的、准则、受审核方概况、审核组成员、审核日期、受审核部门及其负责人、审核过程和主要内容、审核的依据(标准和手册)、不合格项的观察结果,质量体系运行的有效性结论,对前次审核纠正措施情况及效果的评价,审核报告分发范围和时限等。

(4)提出纠正和预防措施。

受审核部门提出纠正措施(包括纠正时限),由审核组认可,管理者代表批准。对纠正措施的跟踪和验证由审核部门进行,验证内容包括:计划是否按规定日期完成,计划的各项措施是否都已完成、效果如何,实施记录如引起程序的修改是否按手册规定执行等。对审核过程中出现的不符合的趋势提出预防措施。

4. 按质量体系要求实施管理评审

管理评审是汽车服务企业的高层管理者对企业所处的客观环境(包括法律、法规、市场新车型的出现、顾客的消费观念、消费要求等)的变化和企业为树立良好的形象及企业内部产品、过程、资源(人力资源、基础设施、工作环境)等方面的变化组织企业的管理者进行评审,确保汽车服务质量管理体系持续的适宜性、充分性和有效性。管理评审包括评价汽车服务质量管理体系改进的机会、变更及质量方针、目标变更。

1)管理评审的作业流程

汽车服务企业应每年按策划的时间间隔坚持实施管理评审。管理评审的作业流程如图4-5所示,主要包括4个步骤:

(1)管理者代表要收集和整理上次管理评审后的内审和外审的结果。各部门的负责人要提供顾客满意度的测量结果、顾客抱怨和投诉意见,本部门的质量目标的完成情况和下达任务的完成情况;提供的服务符合顾客、法律法规的情况,体系运行过程中对过程控制的有效性、纠正措施和预防措施的实施情况等资料。另外,还要提供外界环境的变化(如顾客要求、竞争对手、市场等)和新技术、质量标准、相关法律法规的变化以及企业自身组织机构、财务状况的变化等可能引起质量体系的变更的资料;办公室提供以往管理评审跟踪措施的实施及结果;参加会议的人员还要向全体员工征询对企业提供的服务、体系运行过程的改进的合理化建议等。

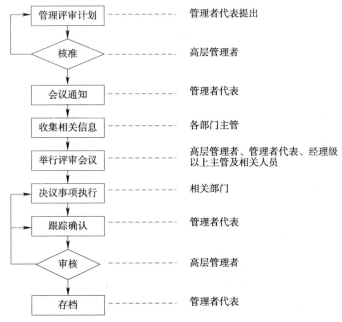

图 4-5　管理评审的作业流程

(2)评价汽车服务质量管理体系持续的适宜性、充分性、有效性。高层管理者与企业的管理层要实事求是,从解决问题的角度出发去客观分析和讨论问题,避免追究责任,这样才能发现汽车服务质量管理体系运行过程中真正存在的问题。

①质量管理体系在运行过程中,过程的展开是否合理;哪些环节存在着衔接不足;哪些过程做得不到位。

②资源(人力资源、基础设施、工作环境)配置是否合理。

③结合国际、国内的政治气候和经济环境分析企业所面对的市场变化,评价质量管理体系是否存在着不充分的地方。

④质量管理体系运行过程中所实现的质量目标是否达到了规定的质量目标;哪些目标达到了,为什么能达到;哪些目标没有实现,为什么没有实现。

(3)高层管理者在管理评审会议结束时要对汽车服务质量方针和质量目标的适宜性,质量管理体系的适宜性、充分性和有效性做出结论,并对下述三个方面提出改进的要求和措施:

①汽车服务质量管理体系及其有效性的改进:对企业现有的汽车服务质量管理体系及过程的有效性提出改进的要求和措施。

②与顾客有关的汽车服务产品的改进:包括顾客规定的要求(如提供维修服务、维修检验过程、交付修竣车辆对用户的回访工作等);有些顾客虽然没有提出要求,但出于对企业服务考虑,企业本身所必须做到的要求;企业的维修服务符合法律法规的要求。

③资源的需求:根据对汽车服务质量管理体系运行情况的评审和企业内、外环境变化,考虑自身资源的充分性,企业在人力资源、基础设施、工作环境等方面是否充分,并在资源方面做出补充和协调。

(4)管理评审会议结束后,各部门领导要认真执行管理评审的决定和措施。有些汽车服务企业通过管理评审提出很多积极而有效的改进措施,但在各部门执行起来却很难,最后往往不了了之。导致这种结果的原因很多,有的是高层管理者提出措施后,认为执行是下面各部门负责人的事;有的是领导监督、检查力度不够;有的是平时就管理涣散,一旦强化管理后,很难适应;有的根本就是企业的机制导致的。总之,种种原因都与汽车服务企业的高层管理者有着直接和间接的关系。因此,汽车服务企业的高层管理者不仅要有远见卓识,还要有规范的现代企业管理理念,这对企业的成功至关重要。

2)管理评审与内部审核的联系与区别

管理评审与内部审核都是汽车服务企业自我评价、自我完善机制的重要手段,是汽车服务质量管理体系持续改进的重要措施之一,也是汽车服务质量管理体系的重要组成部分。

管理评审与内部审核的不同点包括:

(1)内部审核是由内审员依据标准、质量手册、程序文件及作业指导文件检查质量管理体系运行的效果是否达到了规定的要求,及时发现问题,采取措施(纠正措施和预防措施),使质量管理体系持续有效的运行。管理评审是高层管理者组织,对审核(企业内部审核、顾客的审核、认证机构的审核)发现的问题(如顾客对企业提供服务的满意程度、企业的经营业绩与预期的目标的差距等)进行深入、细致、全面地分析,并从服务产品提供的各个过程中寻找原因。

(2)内部审核是以现场审核为主,而管理评审则以会议评审为主。

5. 质量管理体系的持续改进

汽车服务质量管理体系的保持比体系的建立更困难,它是一项长期不懈的工作,它需要汽车服务企业的管理者带头自觉执行,需要全体员工共同参与,共同去寻求体系改进的机会,以达到体系的持续改进。

1)高层管理者充分发挥领导和指挥作用,带动全体员工共同参与

高层管理者对汽车服务质量管理体系的重视和认知程度决定着汽车服务质量管理体系在企业中是否能真正、彻底地贯彻执行。高层管理者不仅要直接参与质量方针和质量目标的策划,更重要的是强有力地去监督和检查各个部门质量管理体系的运行情况。

高层管理者要把对企业的特有的管理理念和对体系策划的目标要求推广下去。根据体系的规定及时收集各部门质量管理体系运行的证据,亲自参加企业的质量分析会,获得第一手资料,及时了解和掌握企业在体系运行过程中取得的业绩和不足之处,带领企业的管理层去寻求改进的方向,"督促有力、身体力行、检查到位"是质量管理体系保持的关键所在。

2)引导全体员工遵循"顾客导向"的服务理念,提高满足顾客需求的意识

"顾客导向"意味着对顾客可能提出的要求做好准备。汽车维修质量和服务质量到底是否合格,关键要看顾客是否满意,对于汽车服务企业来讲,最终提供给顾客的不仅仅是修好的汽车,更重要的是提供给顾客一套汽车维修服务产品。

高层管理者应通过管理评审、内部审核和质量分析会以及召开会议的形式,提高各部门

的管理者和员工满足顾客要求的意识,组织研究增强顾客满意的方法。各个部门应通过管理例会、张贴标语、职工培训,特别是发生在企业内部的案例进行剖析等方式,使各个岗位上的所有员工树立起以顾客为关注焦点的思想,在生产中自觉地应用"顾客导向"的服务理念,充分关注顾客,了解顾客的需求,并提前做好准备,要让顾客感觉到企业员工真正做到了急顾客所急、想顾客所想。

对内部顾客同样运用"顾客导向"的服务理念,在企业内部互相为自己工作打分,找出不足,然后再由岗位或部门的负责人组织对存在的不足进行分析和讨论,提出纠正措施并加以纠正。只有全体员工的满足顾客要求的意识提高了,才能使汽车服务质量管理体系得到持续的运行。

3)应用过程方法提高企业的汽车服务质量管理水平

实现业务管理的流程化是实现业务管理规范化的前提和基础。没有业务管理的标准化流程就难以达到顾客的高满意率。比如:在事故车维修中,由于某些小零部件的供应不足,可能造成延长交车时间,服务顾问要不厌其烦地向顾客做解释工作,解释工作做得不到位,顾客有可能产生抱怨。汽车服务企业的管理者应认识到过程控制的重要性,要保证业务流程有条不紊地进行,避免过程的脱节。只有坚持严格按标准化的业务流程作业,才能为顾客提供高质量的服务。

通过质量方针的建立和实施,营造一个激励改进的氛围和环境;确立质量目标以明确改进的方向;通过数据分析、内部审核不断地寻求改进的机会,并做出改进活动安排;实施纠正和预防措施,实现持续改进;在管理评审中评价改进效果。

第五章　汽车服务企业人力资源管理

第一节　人力资源管理概述

一、人力资源及其特点

一般认为,所谓人力资源,是指能够推动整个经济和社会发展的劳动者的能力,包括能够进行智力劳动和体力劳动的能力。正确理解这一范畴,必须注意其以下特征:

1)生物性

人力资源存在于人体之中,是有生命的活资源,与人的自然生理特征相联系。

2)能动性

在经济活动中,人力资源是居于主导地位的能动性资源。人力资源与其他经济资源的不同之处在于它具有目的性、主观能动性和社会意识。

3)可再生性

人力资源是一种可再生的资源。它可以通过人力总体和劳动力总体内各个个体的不断替换更新和恢复得以实现,是一种用之不尽、可充分开发的资源。

4)社会性

从人类社会经济活动的角度来看,不同的劳动者一般都分别处于各个劳动集体之中,构成了人力资源社会性的微观基础。从宏观上看,人力资源总是与一定的社会环境相联系的,它的形成、开发、配置和使用都是一种社会活动。从本质上讲,人力资源是一种社会资源,应当归整个社会所有,而不应仅归属于某一个具体的经济单位。

二、人力资源管理的定义及内容

人力资源管理,是指对人力资源的取得、开发、保持和利用等方面所进行的计划、组织、指挥、协调和控制的活动。它是研究并解决组织中人与人关系的调整、人与事的配合,以充分开发人力资源,挖掘人的潜力,调动人的生产主动积极性,提高工作效率,实现组织目标的理论、方法、工具和技术的总称。

人力资源管理包括对人力资源进行质量与数量的管理两方面。对人力资源质量的管理,是指采用科学的方法,对人的思想、心理和行为进行有效的管理(包括对个体和群体的思想、心理、行为的协调、控制与管理),充分发挥人的主观能动性,以达到组织的目标。对人力资源数量的管理,就是根据人力和物力及其变化,对人力进行恰当培训、组织和协调,使二者经常保持最佳比例和有机的配合,从而使人和物都充分发挥出最佳效果。

总之,人力资源管理最重要的工作就是在适当的时间,把适当的人选(最经济的人力)安排在适当的工作岗位上,充分发挥人的主观能动性,使得人尽其才,事得其人,人事相宜。

三、人力资源管理的职能

从人力资源管理的定义出发,人力资源管理的职能包括以下几个方面。

(1)工作分析。是指通过一定的方法对特定岗位信息进行收集和分析,进而对工作职责、工作条件、工作环境以及任职者资格做出明确的规定,编写工作描述和工作说明的管理活动。工作分析是一切人力资源活动的平台,是人力资源管理的基础性工作。

(2)人力资源规划。人力资源规划的主要内容是,根据企业的发展预测企业在未来较长一段时间对员工种类、数量和质量的需求,编制人力资源供给计划,通过内部培养和外部招聘的方式来进行人力资源供给,以满足企业的人力资源需要,确保企业发展战略的顺利实施。

(3)人员招聘。是指组织选择合适的渠道和方法,吸引足够数量的人员加入组织,并选择和录用最适合组织和岗位要求的人员的过程。

(4)培训。是指组织有计划地帮助员工提高与工作有关的综合能力而采取的努力。培训的目的不仅是要帮助员工学习完成工作所必需的技能、知识和行为,并把它们合理地运用到工作实践中,而且要通过培训将组织的价值观念和文化传递给员工。

(5)员工职业生涯管理。是指组织和员工共同探讨员工职业成长计划并帮助其发展职业生涯的一系列活动。它可以满足个人成长的需要,也实现个人与组织的协调发展。

(6)薪酬管理。是指针对不同的工作制定合理公平的工资、奖金以及福利计划,以满足员工生存和发展的需要。也可以认为它是组织对员工贡献的回报。

(7)劳动关系管理。包括与员工签订劳动合同,处理员工与公司或员工之间可能出现的纠纷,规范员工的权利和义务,建立员工投诉制度,根据相关的法律法规处理员工管理的问题等。

(8)绩效评价。是指衡量和评价员工在确定时期内的工作活动和工作成果的过程。它包括制定评价指标、实施评价、评价后处理等方面的工作。

人力资源管理不是简单的活动的集合,而是相互联系的整体。比如,组织设计和岗位研究是人力资源管理的基础,其他的很多职能活动,如薪酬管理、绩效考核、人力资源规划、招聘选拔和培训等都需要参考岗位信息;绩效考核的结果又是薪酬管理、培训和选拔的依据,因此,必须将人力资源的各项职能活动作为一个整体看待,这样才能真正发挥人力资源管理的功能,提高管理效率。

四、人力资源管理理论的发展

人力资源管理理论的发展大致可以划分为以下4个阶段,即早期的人事管理活动阶段、人事管理阶段、人力资源管理阶段和人力资本管理阶段。

1. 早期的人事管理活动阶段

工业革命使劳动力出现了相对过剩,这种状况决定了早期的管理者将人力视为取之不尽,用之不竭的资源,因此早期的管理并没有将人作为管理中的重要因素。19世纪后期"福利人事"概念的兴起应视为人力资源管理的雏形。它的主要起因是对工厂员工的人道主义关注,这样就促使工厂主不得不对劳动者的工作条件、福利状况表示关心,包括提供失业安置、带薪的病假以及住房补贴等。但这些早期的人事管理活动只是为了用福利性安排来替代真实工资的支付,并用以缓和劳资关系、遏制工会运动。

2. 人事管理阶段

一般认为,从第一次世界大战到第二次世界大战期间,人事管理渐渐成形,并逐渐成为企业管理的一个支持体系。公司组织规模的扩大是这一阶段的人事管理发展的主要原因。最初的人事管理主要关注的是人员招聘、上岗培训、工作记录、报酬支付体系、在岗培训及人事档案管理等。"二战"后到20世纪50年代,人事管理又纳入了更多内容,包括工资管理体系、基础培训和劳资关系咨询等,但仍局限在战术而非战略上。此阶段内,组织规模的扩张又促进了劳资关系的变化,如劳资交涉从行业层转向公司层,结果是在人事管理层中出现劳资关系专家。在随后的20年中,越来越多的人介入人事工作,一批酬劳与福利专家、劳工关系专家以及培训与发展专家纷纷出现,说明此阶段人事管理的职能进一步强化。这部分归因于政府对人事立法的重视及人事立法数量的增加。所以,也有人称此阶段为人事管理的"政府职责"阶段。

3. 人力资源管理阶段

20世纪80年代,人事管理进入了创新阶段,人力资源管理替代人事管理成为主流。人事管理的重心由解决劳资冲突转向通过提高员工归属感来改善组织绩效。在这一阶段,通过日本企业人事管理的成功经验,包括企业工会、终身雇佣、质量管理小组活动等的深入研究,企业管理者开始认识到团队精神、人的管理水平及组织文化对提高生产率、达成企业目标的正面作用。人力资源管理对人事管理的替代,不仅仅是简单的名称的变换,也不仅仅局限于技术方法的优化、制度的改进,而是一种战略观念的转变。虽然人力资源管理与人事管理在内容上并无重大差异,但人力资源管理更强调人的价值、人所需要的关怀,其管理目标不仅在于实现企业收益最大化,还在于满足员工在组织内的心理和物质需要。

4. 人力资本管理阶段

人力资本管理理论是人力资源管理理论的最新发展,日渐成为人力资源管理领域的研究热点。美国经济学家舒尔茨和贝克尔创立的人力资本理论突破了传统理论中的资本只是物质资本的束缚,将资本划分为人力资本和物质资本。该理论认为人力资本是体现在人身上的资本,即对生产者进行普通教育、职业培训等支出和其在接受教育的机会成本等价值在生产者身上的凝结,它表现在蕴含于人身中的各种生产知识、劳动与管理技能和健康素质的存量总和。

人力资本理论主要包括:

(1) 人力资源是一切资源中最主要的资源,人力资本理论是经济学的核心问题。

(2) 在经济增长中,人力资本的作用大于物质资本的作用。人力资本投资与国民收入成正比,比物质资源增长速度快。

(3) 人力资本的核心是提高人口质量,教育投资是人力投资的主要部分。不应当把人力资本的再生产仅仅视为一种消费,而应视同为一种投资,人力资本投资的经济效益远大于物质投资的经济效益。教育是提高人力资本最基本的手段,所以也可以把人力投资视为教育投资。

（4）教育投资应以市场供求关系为依据，以人力价格的浮动为衡量因素。

第二节　汽车服务企业人力资源工作分析与设计

一个组织要有效地进行人力资源的开发与管理，一个重要的前提就是要了解组织中各种工作的特点以及能够胜任相应工作的人员的特点。这就是汽车服务企业工作分析的主要内容。工作分析是人力资源管理活动的平台，人力资源管理的很多职能活动，都需要由工作分析为之提供准确的信息。

一、汽车服务企业工作分析的概念

汽车服务企业工作分析是确定完成汽车维修服务各项工作所需的技能、责任和知识的系统过程。它提供了关于工作本身的内容、要求以及相关的信息。通过工作分析，我们可以确定某一维修工位的任务和性质是什么，哪些类型的人适合从事这项工作。所有的这些信息，都可以通过工作分析的结果——职位说明书来进行描述。职位说明书一般包括两方面的内容，即工作说明和工作规范。工作说明是关于工作任务和职责信息的文本说明；工作规范则包含了一个人完成某项工作所必需的基本素质和条件。

工作分析主要用于解决工作中以下6个方面的重要问题：①员工完成什么样的体力和脑力劳动（What）；②由谁来完成上述劳动（Who）；③工作将在什么时间内完成（When）；④工作将在哪里完成（Where）；⑤工人如何完成此项工作（How）；⑥为什么要完成此项工作（Why）。以上6个问题涉及一项工作的职责、内容、工作方式、环境以及要求五大方面的内容。工作分析就是在调查研究的基础上，理顺一项工作在这五个方面的内在关系。所以，工作分析的过程，从某种意义上来说，也是一个工作流程分析与岗位设置分析的过程。工作分析如图5-1所示。

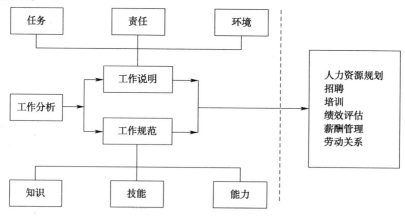

图5-1　工作分析图

二、汽车服务企业工作分析所需的信息

汽车服务企业工作分析是一个描述和记录维修工作的各个方面的过程，它需要收集和维修工作本身相关的各项信息。一般情况下，进行工作分析的目的会对信息收集的种类产

生影响。如果汽车服务企业进行工作分析主要用于建立比较科学的薪酬体系，那么工作分析所涉及的信息主要是工作过程中的各项报酬因素以及影响这些报酬因素的其他信息。下面介绍一个有效的工作分析应该包括的内容：

（1）工作职责范围和工作职责内容。它包括：①工作中所含的各项任务；②每项任务的工作流程；③工作流程与其他工作的关系；④工作各个阶段成果的表现形式和保存形式。

（2）人的活动。包括：①与工作相关的基本动作和行为；②工作方式；③沟通方式。

（3）工作特征。具体包括：①工作的时间特征；②工作条件；③工作的空间环境特征；④工作的人际关系特征；⑤工作的技术性、创新性和复杂性。

（4）所采用的工具、设备、机器和辅助设施。具体包括：①使用的机器、工具、设备和辅助设施的清单；②应用维修车辆的材料；③应用维修车辆的产品或服务。

（5）工作的任职要求。包括：①个性特点；②所需的学历和培训程度；③工作经验；④基本能力要求；⑤基本知识要求；⑥对身体条件的要求。

（6）工作业绩。包括：①工作目标；②记录工作业绩的方式；③业绩考核标准。

三、工作信息收集方法

为了进行工作分析，每项工作都要收集大量的信息，下面将简单介绍几种常用的工作信息收集方法。

1. 工作实践法

工作实践法指的是工作分析人员亲自从事所需要研究的工作，从而掌握工作要求的第一手材料。这种方法的优点是可以准确地了解工作的实际任务和在体力、环境及社会方面的要求，适用于那些短期内可以掌握的工作。其缺点是不适用于需要进行大量训练和危险的工作。

2. 直接观察法

直接观察法是指工作分析人员观察所需要分析的工作的过程，以标准格式记录各个环节的内容、原因和方法，从而系统地收集一种工作的任务、责任和工作环境等方面的信息的方法。直接观察法的优点是工作分析人员能够比较全面和深入地了解工作的要求，适用于那些程序化的、工作内容较为固定的、体力劳动成分较高的工作岗位。但是直接观察法不适用于脑力劳动成分比较高的工作和处理紧急情况的间歇性工作。有些工作包括许多思想和心理活动，体现着不同的创造性和运作分析能力，如律师、教师、急救站的护士等，这些工作就不容易使用直接观察法。此外，直接观察法对于有些员工来说难以接受，因为他们会感到自己正在受到监视甚至威胁，所以会在内心中对工作分析人员产生反感，同时也可能导致动作的变形。因此，在使用直接观察法时，应将工作分析人员所使用的方法介绍给员工，使之能够被员工接受。

3. 访谈法

通过与员工和管理者的访谈，可以获取更多的细节和更准确的信息。很多工作是不可能由工作分析人员实际体会的，或者是不可能通过观察来了解的，因此与工作的承担者面谈是收集工作信息的一种有效方法。访谈法的种类包括个别员工访谈法、集体员工访谈法和主管访谈法。个别员工访谈法适用于各个员工的工作有明显差别、工作分析的时间又比较充分的情况。集体访谈法适用于多名员工从事同样的工作的情况。使用集体访谈法时应请主管出席,或者事后向主管征求对收集到的材料的看法。主管访谈法是指同一个或多个主管面谈,因为主管对于工作内容相当了解,主管访谈法能够减少工作分析的时间。

在访谈之前,分析人员一要做细致的准备工作。工作分析人员应该事先准备一份完整的问题表,典型问题包括:你做哪些工作,主要职责,如何完成,在哪些地点工作,工作需要怎样的学历背景、经验、技能条件或专业执照,基本的绩效标准,工作环境和工作条件,工作有哪些生理要求,以及情绪及感情上的需求,工作的安全和卫生状况等。

访谈法的优点在于它的方便和准确性,并为组织提供一个良好的机会来向员工解释访谈的重要性和必要性。甚至在访谈过程中还能让员工有一个释放不满情绪的机会并使他们看到组织为此而进行改善的希望。访谈法的缺点是:工作分析经常是调整薪酬的序幕,因此员工容易把工作分析看作是变相的绩效考核,故而有可能夸大其承担的责任和工作的难度,这就容易引起工作分析资料的失真和扭曲。另外,员工可能不信任工作分析人员,也可能怀疑其动机。同时,分析人员所提出的问题也可能会因不够明确或不够准确而造成误解。因此,访谈法不应该作为工作分析的唯一方法。

4. 问卷法

收集工作分析信息的问卷可以由承担工作的员工来填写,也可以由工作分析人员来填写。开放式的问卷很容易产生面谈法中产生的问题,因此可以采用结构化程度比较高的问卷。在结构化问题中,列举出一系列的任务或行为,请工作者根据实际工作要求对任务是否执行或行为是否发生做出回答。如果回答是肯定的,还要进一步了解这项任务或行为出现的频率、难易程度以及其与整个工作的关系。对各个项目,给出一个分数。经过量化的分数是工作分析人员进一步汇总和评价的基础。使用问卷法时,关键在于问卷的结构化程度。有的问卷非常结构化,包括数以百计的工作职责细节;也有的问卷非常开放,如"请叙述工作的主要职责"。最好的问卷应该介于两者之间,既有结构化问题,也有开放式问题。

问卷法的优点是:①它能够从许多员工那里迅速得到进行工作分析所需的资料,可以节省时间和人力。这种方法一般比其他方法费用低、速度快。②调查表可以在工作之余填写,不会影响工作时间。③这种方法可以使调查的样本量很大,因此适用于需要对很多工作者进行调查的情况。④调查的资料可以数量化,由计算机进行数据处理。问卷法的缺点:①设计理想的调查表要花费很多时间、人力和物力,费用比较高。而且,在问卷使用之前,还应该进行调试,以了解员工理解问卷中问题的情况。为了避免误解,还经常需要工作分析人员亲自解释和说明。②填写调查表是由工作者单独进行的,缺少交流,因此被调查者中可能有不积极配合与不认真填写的,从而影响调查的质量。

5. 典型事例法

典型事例法指的是对实际工作中的工作者特别有效或者无效的行为进行简短的描述,通过积累、汇总和分类,得到实际工作对员工的要求。典型事例法的优点是直接描述工作者在工作中的具体活动,因此可以揭示工作的动态性质;其缺点是收集归纳典型事例并进行分类需要耗费大量时间。此外,由于描述的是典型事例,因此很难对常规的工作行为形成总体概念,而后者才是工作分析的主要目的。

此外,工作分析还有工作日志法,它要求任职者在每天的工作结束之后记下工作中的各种细节,由此来了解工作的性质。工作日志法也可以同面谈法结合使用。

四、工作分析的实施过程

1. 工作分析的实施步骤

1)成立工作分析的工作组

该工作组一般包括数名人力资源专家和多名工作人员,它是进行工作分析的组织保证。

首先,工作组首先需要对工作人员进行工作分析技术的培训,制订工作计划,明确工作分析的范围和主要任务。同时,配合组织做好员工的思想工作,说明分析的目的和意义,建立友好的合作关系,使员工对工作分析有良好的心理准备。

其次,工作组还需要确定工作分析的目标和设计职位调查方案。在一开始就确定工作分析所获得信息的使用目的。信息的用途直接决定了需要收集哪些类型的信息,以及使用哪些方法来收集这些信息,在此基础上,对信息调查方案进行设计,不同的组织有其特定的具体情况,可以采用不同的调查方案和方法。当然,如果能够把工作分析的任务和程序分解为若干个工作单元和环节,将更利于工作分析的完成。

2)收集与工作相关的背景信息

工作分析一般应该得到的资料包括:劳动组织和生产组织的状况、企业组织机构和管理系统图、各部门工作流程图、各岗位办事细则、岗位经济责任制度等。

很多组织都会有自己的"定岗、定编、定员"的具体规章制度,这些背景信息将会对下一步的调查和分析过程产生重要的影响。其中一个最重要的作用在于,它能帮助工作分析人员进行有效的清岗工作,即对该组织当前的所有部门的岗位进行清理。在背景信息的帮助下,通过与该组织的人事部门的工作人员进行讨论,分析人员能够清楚地了解组织各部门的岗位以及各岗位上的人数和大致的工作职责,并可以用一个标准的职位名称来规范各岗位。

3)收集工作分析的信息

职位调查是调查收集和工作相关的资料,为正确编写职位说明书提供依据。这个阶段的任务是根据调查方案,对组织的各个职位进行全方面的了解,收集有关工作活动、职责、工作特征、环境和任职要求等方面的信息。在信息收集中,一般可灵活运用访谈、问卷、实地观察等方法,来得到有关职位的各种数据和资料。职位调查是工作分析中十分必要的准备工作,它的真实程度以及准确性,直接关系到工作分析的质量。

4)整理和分析所得到的工作信息

工作分析并不是简单机械地积累工作的信息,而是要对各职位的特征和要求做出全面的说明,在深入分析和认真总结的基础上,创造性地揭示出各职位的主要内容和关键因素。整理和分析过程应包括以下3个措施:

(1)整理访谈结果和调查问卷,剔除无效的访谈信息和调查问卷,并按照编写职位说明书的要求对各个职位的工作信息进行分类。

(2)在职人员以及他们的直接主管对初步整理的信息进行核对,以减少可能出现的偏差,同时也有助于获得员工对工作分析结果的理解和接受。

(3)修改并最终确定所收集的工作信息的准确性和全面性,作为编写职位说明书的基础。

5)编写职位说明书

职位说明书在企业管理中的作用非常重要,不但可以帮助任职人员了解其工作,明确其责任范围,还可为管理者的决策提供参考。一般而言,职位说明书由工作说明和工作规范两部分组成。工作说明是对有关工作职责、工作内容、工作条件以及工作环境等工作自身特征等方面所进行的书面描述。而工作规范则描述了工作对人的知识、能力、品格、教育背景和工作经历等方面的要求。当然,工作说明和工作规范也可以分成两个文件来写。

2.职位说明书的编写与管理

职位说明书要求准确、规范、清晰。在编写之前,需要确定职位说明书的规范用语、版面格式要求和各个栏目的具体内容要求。

职位说明书一般包括以下几项内容:

1)职位基本信息

职位基本信息也称为工作标识,包括职位名称、所在部门、直接上级、定员、部门编码、职位编码等。

2)工作目标与职责

重点描述从事该职位的工作所要完成或达到的工作目标,以及该职位的主要职责权限等,标准词汇应是:负责、确保、保证等。

3)工作内容

这是最主要的内容。此栏应详细描述该职位所从事的具体的工作,应全面、详尽地写出完成工作目标所要做的每一项工作,包括每项工作的综述、活动过程、工作联系和工作权限。同时,在这一项中还可以同时描述每项工作的环境和工作条件,以及在不同阶段所用到的不同工具和设备。

4)工作的时间特征

反映该职位通常表现的工作时间的特征,例如,在流水线上可能需要三班倒,在高科技企业中需要经常加班,市场营销人员需要经常出差,一般管理人员则正常上下班等。

5)工作完成结果及建议考核标准

反映该职位完成的工作标准,以及如何根据工作完成情况进行考核,具体内容通常与该组织的考核制度结合起来。

6)教育背景和工作经历

教育背景反映从事该职位应具有的最低学历要求。在确定教育背景时应主要考虑新加入员工的最低学历要求,而不考虑当前该岗位在职员工的学历。工作经历则反映从事该职位所具有的最起码的工作经验要求,一般包括两方面:一是专业经历要求,即相关的知识经验背景;二是可能需要本组织内部的工作经历要求,尤其针对组织中的一些中高层管理职位。

7)专业技能、证书和其他能力

此项反映从事该职位应具有的基本技能和能力。某些职位对专业技能要求较高,没有此项专业技能就无法开展工作,如财务主管这一职位,如果没有财务、金融等相关基础知识以及国家的相关基本法律知识,就根本无法开展此项工作。而另一些职位则可能对某些能力要求较高,如市场部主管这一职位,则要求具有较强的公关能力、沟通能力等。

8）专业培训

此项反映从事该职位前应进行的基本的专业培训，否则将不允许上任或不能胜任工作。具体是指员工具备了教育水平、工作经历、技能要求之后，还必须经过哪些培训。

职位说明书一般由人力资源部统一归档并管理。然而，职位说明书的编写并不是一劳永逸的工作。实际工作中组织内经常出现职位增加、撤销的情况，更普遍的情形是某项工作的职责和内容也会出现变动。每一次工作信息的变化都应该及时记录在案，并迅速反映到职位说明书的调整之中。在这种情况下，一般由职位所在部门的负责人向人力资源部提出申请，并填写标准的职位说明书修改表，由人力资源部进行信息收集并对职位说明书做出相应的修改。

第三节 汽车服务企业人员招聘与培训

一、汽车服务企业人力资源招聘

1. 人力资源招聘的概念

所谓人力资源招聘，就是通过各种信息途径吸引应聘者，并从中选拔、录用企业所需人员的过程。"与其训练小狗爬树，不如一开始就选择松鼠"，英国的这句谚语形象地说明了人力资源招聘的重要性。

从数量与质量两方面，获取汽车服务企业在各个发展阶段所需要的人员，是汽车服务企业人力资源招聘工作的主要目标。此外，通过企业代表与应聘者的直接接触，以及在招聘过程中进行的宣传工作，也可以树立良好的企业形象。同时，通过在招聘过程中对应聘者的准确评价和有效选拔，汽车服务企业可以找到那些认可企业的核心价值观念，并且受聘岗位与受聘者的能力和兴趣相匹配的人员，这样就可以减少新加入者在短期内离开公司的可能性，降低企业的人力资源风险。

2. 汽车服务企业人力资源招聘的程序

汽车服务企业人力资源招聘的过程一般包括以下步骤。

1）确定人员的需求

根据企业人力资源规划、职位说明书和企业文化确定企业人力资源需求，包括数量、素质要求以及需求时间。

2）确定招聘渠道

确定企业是从内部选拔，还是从外部招聘企业所需人员。

3）实施征召活动

根据不同的招聘渠道实施征召活动的具体方案，将以各种方式与企业招聘人员进行接触的人确定为工作候选人。

4）初步筛选候选人

根据所获得的候选人的资料对候选人进行初步筛选，剔除明显不能满足企业需要的应聘者，留下来的候选人进入下一轮的测评甄选。

5）测评甄选

采用笔试、面试、心理测试等方式对候选人进行严格测试,以确定最终录用人选。

6）录用

企业与被录用者就工作条件、工作报酬等劳动关系进行谈判,签订劳动合同。

7）招聘评价

对本次招聘活动进行总结,并从成本收益的角度进行评价。

3.汽车服务企业人力资源招聘的原则

在汽车服务企业人力资源招聘的过程中,应主要把握好以下几条原则。

1）择优、全面原则

择优是招聘的根本目的和要求。择优就是广揽有经验的汽车维修人才,选贤任能,从应聘者中选出优秀者。做出试用决策前要全面测评和考核,招聘者要根据综合考核成绩,精心比较,谨慎筛选,做出录用决定。为确保择优性原则,应制定明确而具体的录用标准。

2）公开、竞争原则

公开是指把招考单位、种类、数量、报考的资格、条件,考试的方法、科目和时间均面向社会通告周知,公开进行。竞争是指通过考试竞争和考核鉴别,以确定人员的优劣和人选的取舍。只有通过公开竞争才能使人才脱颖而出,吸引真正的人才,才能起到激励作用。

3）宁缺毋滥原则

招聘决策一定要树立"宁缺毋滥"的观念。这就是说,一个岗位可暂时空缺,也不要让不适合的人占据。这就要求我们做决策时。要有一个提前量,而且广开贤路。

4）能级原则

人的能量有大小,本领有高低,工作有难易,要求有区别,所以招聘工作不一定要最优秀的,而应量才录用,做到人尽其才,用其所长,这样才能持久高效地发挥人力资源的作用。

5）全面考核原则

全面考核原则指对报考人员从品德、知识、能力、智力、心理、工作的经验和业绩进行全面考试、考核和考查。决策者必须对应聘者各方面的素质条件进行综合性的分析和考虑,从总体上对应聘者的适合性做出判断。

4.汽车服务企业人员招聘的途径

人员招聘的途径不外乎两种:内部招聘和外部招聘。企业可以根据公司的战略、企业经营环境和岗位的重要程度以及招聘职位的紧急程度来确定具体的招聘途径。招聘途径的选择与企业的传统也有关,内部招聘与外部招聘各有利弊。

5.汽车服务企业人事测评

汽车服务企业人事测评是汽车服务企业人力资源招聘的重要工具。利用人事测评可以从应聘者中选出汽车服务企业最需要的人。人事测评就是采用科学的方法,收集被测评者在主要活动领域中的信息,针对某一素质测评目标体系做出量值或价值判断的过程。

选拔性测评是以选拔优秀人员为目的的测评,通过这类测评,要把不同素质、不同水平的人区别开来。开发性测评是以开发人员素质为目的的测评,是要了解测评对象有哪方面的优势和劣势,从而为测评对象指出努力方向,为组织提供开发依据。考核性测评是以鉴定与验证某种素质是否具备或具备程度大小为目的的测评,它经常穿插在选拔性测评中。这

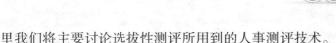

里我们将主要讨论选拔性测评所用到的人事测评技术。

1) 面试

面试是企业最常用的,也是必不可少的一种测评手段。它是一种评价者与被评价者双方面对面的观察、交流互动的一种测评形式。一项调查表明,99%的企业使用面试作为筛选工具。面试的主要任务是为录用决策解决疑问。通过面试,一般需要了解应聘者的以下内容:应聘动机;对本公司及其提供职位的了解程度;离开原来职位的具体原因;可以报到上班的时间;原来的收入水平以及期望的收入水平;工作经历、表现和感受;专业知识、技能以及接受的培训;业余生活和爱好;应聘者本人的优缺点;外在仪表和内在的心理倾向;反应与应变能力;表达能力和情绪控制能力等。

2) 笔试

笔试主要用来测试应聘者的知识和能力。现在有些企业也通过笔试来测试应聘者的性格和兴趣。

对知识和能力的测验包括两个层次,即一般知识和能力与专业知识和能力。一般知识和能力包括一个人的社会文化知识、智商、语言理解能力、数字能力、推理能力、理解能力和记忆能力等。专业知识和能力即与应聘岗位相关的知识和能力,如财务会计知识、管理知识、人际关系能力、观察能力等。

3) 能力测试

常用的能力测试方法包括:智力测试,语言能力测试,理解和想象能力测试,判断、逻辑推理和归纳能力测试,反应速度测试,操作与身体技能测试等。

4) 评价中心

评价中心是一种综合性的人事测评方法。评价中心综合使用了各种测评技术,其中也包括了我们前面介绍的能力测验和面试的方法等,但评价中心的主要组成部分以及它的最突出的特点就是它使用了情境性的测评方法对被测试的特定行为进行观察和评价。这种方法通常就是将被测试者置于一个模拟的工作情境中,采用多种评价技术,有多个评价者观察和评价被测试者在这种模拟工作情境中的行为表现。

评价中心常用的情境性测评方法有:无领导小组讨论、公文处理练习、模拟面谈、演讲、书面的案例分析、角色游戏等。这些方法都可以用于揭示特定职位上所需的胜任特质,从而对被测试者进行测评。评价中心采用的情境测试曾经由于其主观性较强而招致一些人对其有效性的怀疑。现在,有些人已经将情境性的测评转化成标准化的方式来呈现,使测验的结果能够得到客观的评价。例如,将模拟情境制成录像,根据情境的内容设计一些标准化的选择题,被测试者边看录像边回答问题,再对他们作答的结果进行客观的计分,并且可以建立常规模型。这种方法可以使情境性测验变得更加容易实施。从组织的角度而言,人事测评可以帮助一个组织有效地选拔和合理地利用人才,做到人尽其才。另外,通过帮助每个员工了解他们自己的素质并帮助他们制订和实施职业生涯规划,从而为员工提供发展机会,这就意味着对员工的激励,从而有利于提高团队的凝聚力。

二、汽车服务企业人力资源培训

人是生产力诸要素中最重要、最活跃的因素,一个国家、一个民族、一个企业的命运,归根到底取决于其人员的素质。人的素质的提高，一方面需要个人在工作中的钻研和探索，更重要的是需要有计划、有组织的培训。

1. 培训的含义

人员培训，是指企业为了实现企业自身和员工个人的发展目标，有计划地对全体工作人员进行培养和训练，使之提高与工作相关的知识、技能以及态度等素质，以适应并胜任职位工作。这一定义有以下几层含义：

(1) 培训的最终目的是为了实现企业和员工的个人发展目标。企业的发展目标具有多重性，对于企业来说，包括提高生产效率、提高经营效益、扩大企业规模、增强市场竞争力等。员工的个人发展目标包括满足个人志趣、增长知识、提高技能、晋升职务、实现自我价值等。

(2) 培训的直接目的是为了提高员工的素质，使之适应和胜任职位工作。员工的工作绩效取决于其工作行为，而工作行为很大程度上又是由员工的素质决定的。员工的素质主要由若干要素构成，包括与工作相关的知识、技能及工作态度等。培训的直接目的就是为了提高员工这方面的素质，使他们的行为符合职位工作的要求，从而有效地履行工作职责和完成工作任务。

(3) 培训是一项涉及全体员工的制度化的人力资源管理活动。培训并非只与企业中的部分人员相关，也并不是只涉及低学历者或技术职位的工作，而是涉及企业中所有层次和类别的员工。在企业，不管是总经理、部门经理，还是基层管理人员，或是一线生产员工，都应该接受不同层次不同类型的培训。培训不应该是随意性、权宜性的活动，而应该是计划性和经常性的活动。企业员工培训活动应该形成一种制度。

2. 汽车服务企业培训形式的分类

1) 从培训与工作的关系来划分，有在职培训、脱产培训和半脱产培训

在职培训即人员在实际的工作中得到培训，培训对象不脱离岗位，可以不影响工作或生产。但这种培训方法往往缺乏良好的组织，不太规范，影响培训效果。

脱产培训即受训者脱离工作岗位，专门接受培训。组织可以把员工送到各类学校、商业培训机构或自办的培训基地接受培训，也可以选择本单位外的适宜场地自行组织培训。由于学员为脱产学习，没有工作压力，时间和精力较集中，其知识技能水平会提高较快。但这种形式的缺点是需要投入较多的资金。

半脱产培训介于上述两种形式之间，可在一定程度上克服两者的缺点，吸纳两者的优点，从而更好地兼顾费用和效果。

2) 从培训的目的来划分，有文化补习、学历教育、岗位职务培训等

文化补习的目的在于增加受训者的科学文化知识，提高其基本素质。这类培训的对象主要是学历较低、从事简单劳动的一般人员。

学历教育的目的是全面提高受训者的专业素质，以取得更高的学历。为了稳定学历较低的骨干乃至提高组织人员的整体素质，许多组织都制定措施鼓励员工提高学历，甚至直接筛选人员送到国内外的大学接受学历教育。

岗位职务培训是以工作的实际需要为出发点，围绕着职位的特点而进行的针对性培训。这种培训旨在传授个人对于行使职位职责、推动工作方面的特别技能，偏重于专业技术知识的灌输。

第四节　汽车服务企业绩效考核与激励

汽车服务企业成功很大程度上取决于人力资源。这不仅意味着企业要关注其占有多少人力资源,更要重视人力资源的实际使用情况。绩效评估为衡量这种情况提供了理论和实践的依据。只有建立科学合理的绩效评估体系和激励措施,有效管理和控制员工的行为和结果,人力资源效用发挥最大化,企业才会实现和扩展人力资源带来的竞争优势。

一、汽车服务企业绩效考核的含义和作用

1. 绩效考核的含义

绩效考核是指收集、分析、评价和传递某一个人在其工作岗位上的工作行为表现和工作结果方面信息的过程。绩效考核是评价每个员工的工作结果及其对组织贡献的大小的一种管理手段,所以事实上每一个组织都在进行着绩效考核。由于人力资源管理已经越来越受到汽车服务企业重视,因此,绩效考核也就成为企业在管理员工方面的一个核心职能。

2. 绩效考核的作用

绩效考核对于汽车服务企业的作用主要表现在以下几方面。

1)有助于提高汽车服务企业的生产率和竞争力

从人力资源管理的角度认为,衡量生产力的主要因素应该是员工的招聘、培训、作用、激励和绩效评价,并以绩效评价为核心。根据一项针对上市公司的研究表明:具有绩效管理系统的公司在利润率、现金流量、股票市场绩效、股票价值以及生产率方面,明显优于那些没有绩效管理系统的公司。

2)为员工的薪酬管理提供依据

员工的实际业绩决定了其报酬水平的高低,根据人员业绩的变化情况来确定是否应予以加薪。绩效考核结果最直接的应用,就是为企业制定员工的报酬方案提供客观依据。可以说,没有考核结果为依据的报酬,不是真正的劳动报酬。

3)为人员调配和职务调整提供依据

人员调配之前,必须了解人员使用的状况、人事配合的程度,了解的有效手段是绩效考核。人员职务的升降也必须有足够的依据,这也必须有科学的绩效考核作保证,而不能只凭领导人的好恶轻率地决定。通过全面、严格的考核,发现一些人的素质和能力已超过所在职位的要求,适合担任更具挑战性的职位,则可对其进行晋升;反之,则可对其降职处理。这样就为管理人员的能上能下提供了客观的依据。

4)为员工培训工作提供方向

培训是人力资源开发的重要方式。培训必须有的放矢,才能收到事半功倍的效果。通过绩效考核,可以发现员工的长处与不足、优势与劣势,从而根据员工培训的需要制订具体的培训措施和计划。

5)有助于员工的自我提升

绩效考核强化了工作要求,能增强员工的责任意识,从而使员工明确了自己怎样做才能更符合组织期望。通过考核发掘员工的潜能,可以让员工明白自己最适合的工作和岗位。

同时,通过绩效考核,可以使员工明确工作中的成绩与不足,这样就促使他在以后的工作中发挥长处,努力改善不足,使整体工作绩效进一步提高。

二、汽车服务企业绩效考核的原则

1. 客观、公正原则

考核前要公布考核评价细则,让员工知道考核的条件与过程,以对考核工作产生信任感,对考核结果抱理解、接受的态度。在制定绩效考核标准时,应从客观、公正的原则出发,坚持定量与定性相结合的方法,建立科学适用的绩效指标评价体系。这就要求制定绩效考核标准时要尽量减少个人主观臆断的影响,要用事实说话,切忌主观武断。

2. 具体可衡量原则

即考核指标要具体明确,绝不含糊。绩效管理的各项指标应该是一个个可以度量的指标,比如,对于销售人员进行考核时,考核"销售成果"显然不如考核客户回访次数、新客户接待率和回款率等这些指标更具体和明确。

3. 反馈原则

考核与员工的薪酬水平挂钩,更重要的是改善员工的工作绩效,使员工认识到工作上的不足,并加以改善。所以,结果应直接反馈给员工,以明确其努力方向。

三、汽车服务企业绩效考核的程序和方法

1. 绩效考核的程序

1)制定绩效考核标准

绩效考核要发挥作用,首先要有合理的绩效标准。这种标准必须得到考核者和被考核者的共同认可,标准的内容必须准确化、具体化和定量化。为此,制定标准时应注意两个方面:一是以职务分析中制定的职务规范和职务说明为依据,因为它们是对员工的岗位职责的组织要求;二是管理者与被考核者之间进行沟通,以使标准能够被共同认可。

2)评定绩效

将员工实际工作绩效与组织期望进行对比和衡量,然后依据对比的结果来评定员工的工作绩效。绩效考核指标可以分为许多类别,比如,业绩绩效考核指标和行为考核指标等;考核工作也需从不同方面取得事实材料。

3)绩效考核反馈

这一环节是指将考核的结果反馈给被考核者。首先,考核者将书面的考核意见反馈给被考核者,由被考核者予以同意认可。其次,通过绩效考核的反馈面谈,考核者与被考核者之间可以就考核结果、考核过程的不明确或不理解之处进行解释,这样有助于被考者接受绩效考核结果。

2. 绩效考核的方法

1)排列法

排列法是根据某一考核指标,如销售回款率,将全体考核对象的绩效从最好到最差依次进行排列的一种方法。这是一种较简单的考核方法,这种方法所需要的时间成本很少,简单易行,一般适合于员工数量较少的评价需求。

2）成对比较法

成对比较法是考核者根据某一标准将每一员工与其他员工进行逐一比较，并将每一次比较中的优胜者选出的一种考核办法。这一方法的比较标准，往往不是具体的工作成果，而是考核者对被考核者的一个整体印象。由于这种方法需要对每次比较进行强制排序，可以避免考核中易出现的趋中现象。但当比较的人员很多时，采用这种方法进行考核，需要进行相当多次的比较，会耗费很大的时间成本。

3）等级评估法

等级评估法的一般做法是：根据工作分析，将被考核岗位的工作内容划分为相互独立的几个模块。在每个模块中用明确的语言描述完成该模块工作需要达到的工作标准。然后，将标准分为几个等级选项，如"优秀、良好、合格、不合格"等，根据被考核者的实际工作表现，对每个模块的完成情况进行评定。等级评估法的优点是考核内容全面、实用并且开发成本小。它的缺点在于受考核者的主观因素影响较大。

4）关键事件法

关键事件法是客观评价体系中最简单的一种形式。在应用这种评价方法时，负责评价的主管人员把员工在完成工作任务时所表现出来的特别有效的行为记录下来，形成一份书面报告。每隔一段时间，主管人员和其下属面谈一次，根据所记录的特殊事件来讨论后者的工作业绩。使用这种方法时，可以将其与工作计划、目标及工作规范结合起来。

5）行为锚定评价法

行为锚定评价法是将传统业绩评定表和关键事件相结合形成规范化评价表格的方法。这种方法以等级分值量表为工具，配之以关键行为描述或事例，然后分级逐一对人员绩效进行评价。由于这些典型行为描述语句的数量有限，不可能涵盖千变万化的员工的实际工作表现，而且被考核者的实际表现很难与描述语句所描述的内容完全吻合，但有了量表上的这些典型行为锚定点，考核者打分时便有了分寸。这些代表了从最劣至最佳的典型绩效的、有具体行为描述的锚定点，不但能使被考核者较深刻地了解自身的现状，还可找到具体的改进目标。

6）360度考核

所谓360度考核，就是在组织结构图上，由位于每一员工上下左右的公司内部其他员工、被考核的员工本人以及顾客，一起来考核该员工的绩效的一种方法。360度考核特别注重通过反馈来提高员工的绩效，因此，把360度考核中的反馈称为360度反馈。

为了避免不必要的人际冲突，保证反馈过程的顺利进行和反馈结果的有效性，360度考核大多是以匿名的形式进行的。目前这种考核主要用于管理人员的开发方面，它的设计价值也在于开发上。各种形式的反馈对比使管理人员对自己的优缺点能有一个更为现实的全面认识，促进管理人员的行为改变，并将此改变与组织的变革、改善紧密联系起来。这种相关群体共同参与的考核形式无疑会促使信任水平的提高，也能促使管理者和他们身边的人进行更多的沟通，从而能减少员工的抱怨和不满，提高顾客的满意度和培养组织的合作精神。

四、激励

1. 激励的意义和作用

激励是以员工需要作为新的刺激因素，去激发、奖励员工的工作积极性和充分发挥其潜在能力,实现组织目标,并从中获得满足的过程。激励过程是由激励的感受者、激励的施加者、激励的环境条件、激励的目的和激励的措施等五个因素协同作用而产生的。

西方行为科学家认为,没有激励,一个人的能力仅能发挥出20%~30%;如果处于激励状态,则能发挥出80%~90%,有时甚至会更大。因此,人的潜在能力变为现实能力是需要激励的。激励的"公平理论"认为员工工作积极性的高低,不仅受其所得绝对报酬的影响,还受到相对报酬的影响。若把员工对工资报酬的满意程度看成是社会比较过程,则公式表示为:

$$\frac{A(本人所得的报酬)}{B(本人的劳动付出)} = \frac{C(比较他人所得的报酬)}{D(比较他人的劳动付出)}$$

当 $A/B = C/D$ 时,员工心态平衡,不会产生消极行为;$A/B > C/D$ 时,员工心态是欣喜的,更不会产生消极行为,反而会产生积极行为;相反,当 $A/B < C/D$ 时,员工心态就会不平衡,会产生消极行为。特别是当 A 与 C 差不多,B 大于 D 很多,或 B 与 D 差不多,A 小于 B 很多时,员工就会跳槽而去。

2. 激励方法

激励的方法有物质激励和精神激励两种,企业实施激励时要把这两种方法结合起来运用,既要重视员工的物质利益,反对"精神万能",又要充分运用精神激励,反对"金钱万能"。具体方法有以下几种。

(1)奖惩激励。奖励是对员工某种行为的肯定和表扬,惩罚则是给予否定与批评。被奖励者虽然是少数,但激励所起作用的范围却是全体员工,通过奖励企业可获得期望出现的行为方式和道德风尚。奖励的方式有:奖金、奖品、公开表扬、评先进、上光荣榜、授予奖章、奖状、晋升、提供疗养、旅游、培训、出国考察机会等;惩罚的方式有:经济罚款、行政处分、批评、降级、辞退、开除、法律制裁等。

(2)榜样激励。榜样的力量是无穷的。俗语说,喊破嗓子,不如做出样子。开展树典型、学先进活动,充分发挥先进典型、先进工作者和劳动模范的榜样作用。

(3)目标激励。企业要使员工明确企业目标、部门目标、岗位目标及个人奋斗目标,包括物质文明和精神文明建设目标。目标明确,能鼓舞人努力工作,为实现目标而奋斗。

(4)参与激励。组织员工或下属参与企业管理的决策,进行自我管理和控制,以增强员工的主人翁责任感,调动其工作积极性。

(5)岗位竞争激励。竞争上岗,上岗升薪,下岗降薪,使员工不仅有光荣感,还有危机感,从而促使其兢兢业业地努力工作。

(6)创新激励。应注意鼓励创新,容许失误。开展合理化建议活动,并给予奖励或表扬,对于重大创新成果应予以重奖。

激励不仅能产生积极效应,如果使用的不好,还会产生负面效应。所以在使用激励中还应注意以下几个方面:

(1)公开性。制度公开,执行情况公开,提高激励的透明度。

(2)客观公正性。激励过程中要防止讲人情、讲关系,要以绩效考核为依据。

(3)合理性。注意激励标准不能是高不可攀,而应是员工经过努力可以达到的。

第五节　汽车服务企业人员的管理

知识经济时代,企业的成败实际上取决于人的管理,怎样求才、知才、用才、育才是每个成功企业管理者必备的素质。把员工看成是最宝贵的财富,为提高员工价值而进行投资,加强对员工的考核、激励与职业引导,增强员工活力,是现代人力资源管理的基本出发点。

汽车服务行业是一个劳动密集型行业,其核心竞争力之一是人力资源管理,汽车服务企业的组织决定着企业的命运,而企业组织的建设依赖的是人力资源管理。

一、汽车服务企业人力资源管理的内容

现代汽车服务企业本身就是为高科技化的产品提供服务的,产品的高新技术含量越来越高,要熟练掌握这些技术就必须招聘到有用的人才,合理使用人才,科学管理人才,有效开发人才,只有这样才能促进汽车服务企业目标定实现。其人力资源管理内容如下。

1. 选择人

"选择人"主要指如何确定企业的员工需求并把合适的人员吸引到企业中来,它包括人力资源规划、工作分析、招聘、选拔和委派。企业经过人力资源规划,确定了需要招聘的职位、部门、数量、时限、类型等,再进行工作分析,确定空缺职位的工作性质、工作内容以及胜任该工作的员工应具备的资格、条件,就可以进行人员的招聘。招聘是通过各种信息传播渠道,把可能成为和希望成为企业员工的人吸引到企业应聘,实现员工个人与岗位的匹配,也就是人与事的匹配;选拔是企业根据用人标准和条件,运用适当的方法和手段,对应聘者进行审查、选择、聘用;委派是把招聘、选拔来的员工安排到一定的岗位上,担任一定的职务。选择人员要在对企业工作需求分析的基础上,招聘具有一定技能的人员到企业空缺的岗位上。汽车服务企业营销和维修技术人员最好选择在专业院校接受过专业培训及高等教育的人员。汽车技术管理人员必须具有相当的汽车专业知识和实践经验。其他人员也要有相关的知识,并熟悉汽车服务行业。

2. 培育人

汽车服务企业面对的是:一是对新招聘来的员工进行一定时间的教育,如企业发展现状和远景教育,企业宗旨和企业价值观教育等,使新员工尽快熟悉企业情况、环境。二是对现有员工进行培训,通过各种不同方式进行不同的培训,不断提高员工的素质。目前多数汽车维修服务企业主要是靠师傅带徒弟来培养人才,维修质量好坏完全凭经验,许多先进的仪器设备不会正确使用,更谈不上熟练操作。所以,必须加强人才培养。

3. 使用人

对人才要量才使用,大材小用不行,小材大用也不行;要用其所能,避其所短,充分发挥其优势。要坚持员工的素质评估和绩效考评制度,对员工的德、智、能、技做出客观的、公正的评价。对那些素质高、绩效显著的员工给予奖励和升迁;对素质低、绩效差的员工适当采取降级使用、惩罚、解雇等措施,要做到奖惩分明。

4. 激励人

建立各种绩效管理指标,加强对员工的素质、行为及工作成果评价,在绩效考评的基础

上，为员工提供所需的、同其事业成功度相匹配的工资、奖酬，增加其满意感，充分发挥工资、奖酬的激励功能。

薪酬是员工地位和成功的重要标志之一，对于员工的态度和行为有着重要影响。薪酬管理既是维持企业正常运转的常规工作，又是推动企业战略目标实现的强有力工具。长期以来，汽车服务企业中的技术工人工资没有统一的标准，处于无序状态，随意性很大。这样的工资制度无法调动技术工人的积极性，工人干活，企业给钱，只要有企业出更高的价钱，技术工人就毫不犹豫地往"高"处流。"多劳多得，奖惩结合"是汽车服务企业薪酬管理的一个基本法则，是调动员工积极性首要和最为常用的手段，用有限的资金调动员工最大的积极性，这是企业管理者应具备的重要素质。

二、汽车服务企业人员的配置

企业发展以人为本，人才资源作为企业发展的最重要资源，是为企业创造利润的源泉。在激烈竞争的今天，没有高素质的员工队伍和科学的人事安排，企业将面临淘汰的后果。但是人才也并不是越多越好，员工的数量和质量同企业的投资额息息相关，所聘用人员数量越多，聘用人才素质越高，企业为此付出的代价也就越高。因此，汽车服务企业必须把握好人才的数量和质量，注意人才的优化组合，避免人员结构臃肿，资金利用价值不高。

1. 定员

在汽车服务企业人员的配置中，要坚持能职匹配的原则，坚持所配置人员的知识、素质、能力与岗位的要求相匹配。俗语说"骏马能历险，犁田不如牛。"一定要从专业、能力、特长、个性特征等方面衡量人与职位之间是否匹配，做到人尽其才，职得其人，这样才能持久高效地发挥人力资源的作用。

1）一类汽车维修服务企业定员

在技术管理人员中，应至少有一名具有本专业知识并取得任职资格证书、为本企业正式聘用的工程师或技师以上的技术人员负责技术管理工作，技术人员数应不少于生产人员数的5%。

技术工人工种设置应与其从事的生产范围相适应，各工种技术工人数应与其生产规模、生产工艺相适应。各工种技术工人必须经专业培训，取得技术等级证书，并经行业培训，取得上岗证，持证上岗。各工种均由一名熟练掌握本工种技术的技术工人负责，其技术等级分别为：汽车发动机维修工、汽车底盘维修工、汽车电器维修工、高级汽车维修钣金工等；其他工种不低于中级。

一类汽车维修服务企业对车辆的进厂检验、过程检验、竣工出厂检验必须由专人负责。专职检验人员必须经过主管部门专业培训、考核并取得"质量检验员证"，持证上岗。应有一名质量总检验员和至少两名质量检验员；应配备一名经正规培训取得机动车驾驶证，且技术等级不低于中级的试车员，试车员可由质量检验人员兼任。

一类汽车维修企业应至少有两名经过专业培训并取得"会计证"的财务人员，其中应有一名是经过行业培训的财务结算人员。

2）二类汽车维修服务企业定员

在技术管理人员中，应至少有一名具有本专业知识并取得任职资格证书、为本企业正式聘用的助理工程师或技师以上的技术人员负责技术管理工作。

技术工人工种设置应与其从事的生产范围相适应,各工种技术工人数量应与其生产规模、生产工艺相适应,一线生产工人应不少于15人。各工种技术工人必须经过专业培训,取得工人技术等级证书,并经行业培训,取得上岗证后,持证上岗。各工种均由一名熟练掌握本工种技术的技术工人负责,其技术等级分别为:汽车发动机维修工、汽车底盘维修工、汽车电器维修工、汽车维修钣金工、中级汽车维修漆工等;其他工种不低于初级。

二类汽车维修服务企业质量检验工作必须由专人负责。质量检验人员必须经过主管部门专业培训、考核并取得"质量检验员证",持证上岗。应至少有两名质量检验员;应至少配备一名经正规培训取得正式驾驶证,且技术等级不低于中级的试车员,试车员可由质量检验员兼任。

二类汽车维修服务企业应至少有两名经过专业培训并取得"会计证"的财务人员,其中有一名是经过行业培训的财务结算人员。

总之,各汽车服务企业在对各自企业人员需求做出科学、全面的分析判断后,可进行人员配置。例如,某汽车服务企业的人员配置见表5-1。

某汽车服务企业的人员配备情况　　　　　　　　　表5-1

职位	学历	语言	计算机	从事本行业年限(年)	人数(人)
总工程师	本科	英语	使用	15	1
总经理	本科	英语	使用	熟悉本行业	1
文秘	专科	英语	使用	本专业最好	1
技术部工程师	本科	英语	使用	10	1
培训教师	本科	6级	使用	5	1
质检员	专科	英语	使用	10	1
车间主任	专科	英语	使用	10	1
机工	专科	英语	使用	10	13
电工	专科	英语	使用	10	1
钣金工	中职	—	使用	5	2
油漆工	中职	—	使用	5	2
汽车美容工	中职	—	使用	5	5
前台接待经理	本科	英语	使用	10	1
前台业务员	专科	英语	使用	5	1
前台结算	专科	英语	使用	会计员3	1
财务部经理	本科	英语	使用	会计师5	1
会计员	专科	英语	使用	会计员3	1
配件经理	本科	英语	使用	5	1
仓库管理员	专科	英语	使用	3	1
采购员	专科	英语	使用	有驾驶证5年以上	1
后勤管理	—	—	—	—	2
合计					40

2. 制定人员劳动时间消耗

汽车服务企业是为客户的车辆使用提供完善和高质量保障的系统,并为客户提供优质、便利的服务环境。企业要取得发展,获得利润,必须确保能以最小的资源消耗顺利完成在正常条件下的各项工作。因而,必须确定与企业经营规模相适应的合理的工作方法和最节约的工作时间,作为生产定额。

1)工时工作制度和年工作时数

工时工作制度是指一年的工作天数、每个工作日的工作班数和每工作班的延续工作时间。企业工作制度一般应由设计任务书规定。对于中、小型服务企业,以手工作业为主的工种,一般均采用一班制;以机器设备为主的作业,大多采用两班制;为充分利用机床设备,减少基建投资,机加工作业可采用三班制。对于大型维修服务企业,由于作业的机械化程度高,多采用两班制,以提高投资效益。

年度工作时数是指生产工人在一年内所做工作的小时数。它又分为名义年工作时数和实际年工作时数。对于一名生产工人:

名义年工作时数 = [365 - (年法定休假日数 + 年节日天数)] × 工作班延续工作时间

实际年工作时数 = [365 - (年法定休假日数 + 年节日天数)] × 工作班延续工作时间 × 工时利用率

2)年工作总量

汽车服务企业的年工作总量是指企业为完成年生产纲领所必需耗用的工作时间。企业的生产纲领乘以完成单件产品维修的工时即为企业的年工作总量。

根据各种作业生产纲领的不同计量单位,可将汽车修理服务作业年工作量的计算归纳为三种类型:

Ⅰ类——以产品件数计,包括拆、装、调试,车身修理,钣金,机钳加工,电气、附件修理等作业,年工作量计算式为:

年工作量 = 扩大工时定额 × 换算生产纲领

Ⅱ类——以产品质量计,包括零件清洗、热处理、加工等作业,年工作量计算式为:

年工作量 = 以产品质量计的年生产纲领/设备的小时生产率

Ⅲ类——以加工产品表面积计,包括电镀、油漆、堆焊作业,年工作量计算式为:

年工作量 = 年生产纲领/每小时的生产率

3)企业人员的确定

生产工人数的确定:

生产工人数 = 年工作量/工人实际工作时数

辅助工人数的确定:一般为生产工人数的10%左右,每名清洁工每班可清扫1800~2500m^2的生产面积。

企业其他人员的确定:按生产工人数的一定百分比确定。

三、汽车服务企业人员的培训

汽车服务企业建立对内部员工的培训机制是稳定人才的主要手段和企业发展的必然措施与动力。制约企业成长的重要因素是企业内部人力资本的供给,企业能扩张多快,很大程度是要看内部管理人员的培养速度。在一定时期通过从外部招聘技术人员和管理人员是必要的,但经验表明,一个企业如果管理人员不能从外部招聘为主转向内部培养为主,就不能算是走上正轨的企业。在许多情况下,企业必须根据内部培养的程度决定其业务的扩张速度,而不是简单地由扩张速度来决定招聘人才的数量,许多急剧扩张的企业后来失败的原因之一就是过多地从外部招聘人才。外部招聘的另一个危险是(尤其中高层管理人员、技术人员)可能吸纳了对企业不忠的人,因为经常跳槽的人有部分是属于对企业缺乏忠诚感的机会主义分子。我们看到许多外国大公司刚开始进入中国市场时到处挖人,除了母公司派来的总经理外,从普通员工到高层经理几乎所有岗位都对外开放,但一旦进入稳定发展阶段后就转向以内部提拔为主,这点值得我们借鉴。

据日本资料介绍,工人教育水平每提高一个等级,技术革新者的人数就增加6%。工人提出的革新建议,一般能降低成本5%;技术人员提出的革新建议,一般能降低成本10%~15%;受过良好教育与培训的管理人员,则能降低成本30%以上。由此可见,加强从业人员的技术业务培训是开发智力和培养人才的重要途径之一,是提高企业生产效率、取得最佳经济效益和有计划培养劳动后备力量的重要措施。

汽车服务企业在员工培训中要坚持以市场经济为导向与企业需求相结合的原则,统一安排,因材施教;时刻研究汽车服务市场发展规律、企业的需要、企业的发展目标,培养实用性人才;对不同对象要区别对待,提出不同的要求,同时采用灵活多样的培训形式。

1. 对维修人员的培训

维修服务工人分为初级工、中级工、高级工及学徒工四个级别。

(1)初级工培训。主要内容是:汽车结构原理、汽车维修的基本知识、常用原材料和零部件的分类、通用工具的使用与保管、维修的安全操作规程等。通过培训,使其达到能胜任车辆一级维护的工作,满足一般工人的技术要求。

(2)中级工培训。在初级工培训考核合格的基础上进行的,其基本内容是:深入学习汽车结构原理,汽车性能,汽车故障与排除,汽车技术使用,零部件的配合要求,常修车型的技术参数,汽车维修的质量要求,汽车维修所用原材料的规格、性能、正确保管和使用方法,常用标准件的合格性鉴别,维修专用工具的保管和使用方法,常用机械的正确操作方法,安全生产规程等,并掌握机加工一个工种的操作技能。通过中级工的培训,使其能胜任汽车二级维护和一般小修工作,并能在工程技术人员的指导下承担某一总成的大修工作。

(3)高级工培训。是指在中级工培训合格,并经过一定时期的实践锻炼后,在技术上进一步深造的培训。其主要内容是:常见车型的构造原理、技术使用与维修要求,汽车故障原因分析和预防,公差与技术测量,零件磨损机理,汽车零部件质量鉴定,维修质量检验,汽车维修所用原材料的质量、性能鉴定,维修专用工具、卡具、器具的正确使用和保管,维修加工机具的操作与维护等,能绘制简单的零件图和阅读较复杂的装配图,并能指导他人从事维修和机加工工作。此外,还应掌握维修作业流程、有关定额的考核与计算等。通过培训,使其能胜任汽车大修工作和一般汽车零件的制造和配制能力,成为企业维修的技术骨干力量。

(4)学徒工培训。应采取以适应性教育为主、操作技能为辅的培训计划,要坚持德、智、体全面发展的原则。学徒工在参加劳动生产时,要安排老工人当师傅,签订师徒合同,做到包教包会。虽然汽修业发展到今天已可以利用高新技术设备进行检测诊断维修,但由于汽车修理是一个对实践经验要求非常强的行业,尽管计算机控制在汽车上的应用越来越多,其故障率很低,可靠性高,可以借助仪器设备来进行故障诊断,但是,机械部分的故障还占很大比例,且复杂多样,所以在汽车维修中故障的判断,经验还是主要的。因而,经验积累是非常必要的。现代汽车服务企业学徒工应该是经过中高等专业教育的初到企业员工。学徒期满,要经过考核合格后才能转正。对于学习努力、成绩优秀、确实已达到本工作应知应会的学徒工,可以提前转正。

2. 对管理人员的培训

1) 企业领导人员

重点学习企业管理、政策法规、市场动向和发展趋势及先进企业的管理经验等。必要时组织他们在国内外进行实地参观考察,使其成为既懂政治又懂经济,既懂管理又懂经营,会按经济规律办事的专门人才。

2) 企业管理人员

应按人事、秘书、财会、统计、物资等不同的专业,有计划、有目标地培训,使其成为不仅能胜任本职工作,还能不断为企业管理提出好的改进意见,成为企业的好管家,领导的好助手、好参谋。

3) 企业工程技术人员

企业工程技术人员在新技术、新设备、新材料、新工艺的引进和应用,生产中问题的解决,经营管理的改善等方面都起着非常重要的作用。因此,应着重加强对他们的再教育,尤其要抓紧对质量管理人员、检验人员的培训。一是要普遍加强理论技术教育,使其在二三年内,在技术水平上提高一个等级;二是对没有受过专业教育的人员,要有计划地进行本专业中专、大专课程的理论教育;三是对质检人员,要能及时进行新工艺、新标准、新车型及检测设备运用的培训,使其做到熟练掌握、运用自如。

在对员工进行培训的内容中,还必须加入有关态度的培训。员工工作态度是影响员工士气及企业绩效的重要因素。一般而言,每个企业都有自身特定的文化氛围及与之相适应的行为方式,如价值观、企业精神及企业风貌等。必须使全体员工认同并自觉融入这一氛围中,建立起企业与员工之间的相互信赖关系,培养员工对企业的忠诚及积极的工作态度,增强其企业观念和团队意识。

第六章 汽车服务企业物资与设备管理

物资和设备是企业生产经营活动的基本条件,也是保证企业生产活动得以正常进行的基础。物资贯穿于企业整个生产经营活动中,并在生产中不断改变自己的形态,创造价值。加强对企业的物资管理,涉及企业内外各个领域和环节,包括对物资需求、采购、使用、保管的控制等。加强企业的物资管理对于有效利用物资,保证生产经营活动的顺利进行,提高企业经济效益有着十分重要的意义。

第一节 汽车服务企业物资管理概述

一、汽车服务企业物资管理的任务

1. 汽车服务企业物资管理的内容和意义

所谓汽车服务企业的物资管理,是对汽车服务企业经营活动所需的各种物资供应、保管、合理使用等进行的一系列管理工作的总称。它主要包括物资供应计划的编制、物资的采购、物资消耗定额的制订和管理、物资储备量的控制、仓库管理、物资的节约使用和综合利用等。

企业的生产过程同时也是物资的消费过程。合理地组织物资供应,是保障企业正常进行生产经营活动的前提。搞好物资管理,对于促进企业不断提高服务质量、用户满意度、企业的劳动生产率,增加业务量,加速资金周转,节约物资消耗,降低产品或服务成本,增加企业利润,提高企业经济效益有着重要的意义。物资管理是企业管理系统必不可少的生产保障子系统,是企业管理的重要组成部分。

2. 汽车服务企业物资管理的任务

汽车服务企业物资管理的任务,总的来说,是企业正常经营活动的后勤物资保障,是企业根据经营活动的需要和市场预测,按质、按量、按品种、按时间、成套地供应企业生产经营活动所需的各种物资,并且通过有效的组织形式和科学的管理方法,监督和促进企业合理地使用物资,提高企业经济效益。具体来说,企业物资管理的基本任务有以下几个方面:

(1) 开展调查研究,充分掌握物资的供需信息。一方面要掌握生产经营中需要什么物资,需要多少,什么时候需要;另一方面要掌握消费品市场、生产资料市场、技术市场等物资供应的数量、质量、价格和品种,以及供应来源和供应渠道等信息。只有全面、及时、准确地掌握物资供需的信息及其变化规律,才能在物资管理工作中提高自觉性,掌握主动性。

(2) 加强物流管理,提供后勤保障。企业的物资供应部门,要以最佳的服务水平,按质、按量、按品种、按时间,成套、经济、合理地满足企业生产经营中所需的各种物资,保证生产服务经营活动顺利地进行。

（3）合理使用和节约物资。企业应在保证产品质量的前提下，尽量选用资源充足、质优价廉的物资和代用品，有效利用物资，降低产品或服务成本；制订先进合理的物资消耗定额，实行集中下料和限额发料，搞好物资的综合利用和修旧利废，并要督促一切物资使用部门，努力降低物资消耗。

（4）经济合理地确定物资储备。企业在进行库存决策中，应根据物资的供需情况和运输条件，全面分析哪些物资要库存，哪些物资不要库存。对于需要库存的物资，要运用科学的方法，制订先进合理的储备定额。

（5）缩短物资流通时间，加速流动资金周转。物资流通的时间，主要由采购计划的科学性（即对需求预测的准确性）和运输时间所决定。流通时间越短，占用资金就越少，从而物资作为生产资料的功能也就越大。因此，企业应根据就地就近原则，避免远距离运输，千方百计地缩短流通时间，以利于加速物资周转，节约流动资金。

（6）制订物资管理的岗位责任和规章制度。物资的采购、装卸搬运、保管储存、发放和使用等，都要制订标准工作岗位责任制。

二、汽车服务企业物资的分类

企业所需的物资品种繁多，规格复杂，变化较大，各种物资又有其不同的特点和要求。为了便于加强管理，合理组织采购和供应，严格控制资金占用，提高经济效益，必须对企业各种物资进行科学合理的分类。物资按其在生产经营中的作用可分为：

（1）主要原料和材料。汽车服务企业的物资主要指整车、汽车维修配件、汽车美容产品及汽车附件等。

（2）辅助材料。指用于生产过程有助产品形成，但不构成产品实体的材料，如使主要材料发生物理或化学变化的辅助材料，以及与机器设备使用和劳动条件有关的辅助材料等。

（3）燃料。指用于工艺制造、生产动力和调节温度、湿度等方面的煤炭、汽油、柴油等。

（4）动力。指生产和管理等方面的电力、蒸汽、压缩空气等。

（5）工具。指生产中消耗的各种专用工具、刀具、量具、卡具等。

采用这种分类，主要便于企业制订物资消耗定额，计算各种物资需要量和储备量，为计算产品或服务成本和核算资金定额等提供依据。

第二节 汽车服务企业物资定额管理

一、汽车服务企业物资消耗定额

1. 汽车服务企业制定物资消耗定额的意义

汽车服务企业与其他企业一样，必然要耗用一定的人力和物力才能完成一定的车辆维修服务和设备维修任务。在所耗用的物力中，除一部分是固定资产（厂房、设备、机具）的自然损耗费用之外，大部分是属于一次性转移的物资（燃料、配件、原材料和辅助材料等）消耗，这一部分物资消耗数量较大，在维修服务成本或配件成本中也占有相当大的比重，如果对它们的耗用不制定一定的标准，就会不可免地造成巨大的浪费。因此，要做好物资管理工作，首要任务就是制定各类物资的合理消耗定额。

所谓物资消耗定额,是指在一定的技术、组织、环境条件下,为完成一定数量的工作任务所必需消耗的各类物资的数量标准。

汽车服务企业各类物资的消耗定额,一部分由上级主管部门制定,一部分由企业自行制定。定额无论是由哪一级制定的,当正式公布实行后,便属于必成性的标准,企业每个生产经营部门和个人都必须尽最大可能达到或更好地完成定额要求。在汽车服务业的生产经营管理工作中,物资消耗定额的作用为:

(1)是企业确定计划物资消耗量,编制物资供应计划的主要依据。物资采购计划是企业经营技术财务计划的组成部分之一。编制物资采购计划的主要依据是计划期规定的生产任务与物资消耗定额进行计算得出的各类物资消耗的数量。如果没有物资消耗定额,或者定额不够合理,则编制出来的物资供应计划必然会与生产任务的需求量产生较大的差距,造成计划供应的物资不敷应用或储存过多等缺陷。

(2)是实行经济核算、节约物资消耗的有力工具。物资消耗定额是企业开展经济核算的重要基础,在一定程度上可以说,没有定额就不可能开展经济核算。

(3)是企业提高生产技术、经营管理、生产组织和操作水平的重要手段。生产经营活动中所消耗的物资数量在很大程度上取决于企业所采用的技术、生产者的操作水平和企业整个组织管理水平。对于汽车服务企业,还取决于运行生产调度水平,因为生产调度水平的先进与落后,将使物资消耗数量产生相当大的差距。所以,科学、合理的物资消耗定额对于促进企业全面改善管理工作,提高生产组织、技术和操作水平等将起到非常重要的作用。

物资消耗定额能否起到上述作用,关键在于所制定的定额是否先进合理,如果定额过高,在正常消耗之上,则无论有任何浪费和虚耗,将仍在"定额"之内,自然不能起到上述作用,因而这种定额是落后的;但是如果定额过低,处于正常(必须)消耗之下,则出现无论采取何种措施,都会出现达不到定额要求的现象,那么,这种定额将挫伤职工节约物资消耗的积极性,同样不能发挥定额的上述作用。

所谓先进、合理的物资消耗定额,必须是在现有技术水平、生产环境和企业操作水平条件下,按照生产所需的消耗数量规定定额。该项定额应保证从事这一生产活动时,大部分劳动者可以达到标准,少数人优于标准,个别人或个别情况下达不到标准。

在一般条件下,制定物资消耗的先进合理定额是一种平均先进定额,制定的方法是采用"再平均法",即将实际执行过程根据所收集的实耗资料计算得出的平均数作为基数,将超出平均数以上的数值进行再平均,以再平均所得的数值作为定额。结论是:这种定额高于总体平均数,低于先进数,即为企业大多数定额执行者经过努力可以达到的标准。

2. 汽车服务企业制定物资消耗定额的方法

物资消耗定额的制定是依据企业当时的具体条件、制定定额人员的经验和业务水平、企业所掌握的参考资料的数量与质量等各方面因素来进行的。企业要连续地进行生产,就必须有足够的原材料、燃料等物资作保证。汽车服务企业制定物资消耗定额方法主要有以下四种方法:

1)经验估计法

经验估计法是指企业初次从事该项生产活动,无以往物资消耗数据和其他企业的参考资料,但生产工作又迫切需要有一个物资消耗定额时,制定临时性物资消耗试行定额的方法。采用这种方法制定的定额准确程度较差,而且与制定定额人员的经验是否丰富和科学密切相关。所以,采用这种方法制定的定额应在试行一段时间后,根据实际执行情况适当地进行修订。

2）统计分析法

统计分析法在企业从事过该种生产活动,并积累了一定数量的物资实际消耗量数据后,就可以依据积累的统计资料进行分析、计算,确定该类物资消耗定额。显然,采用这种方法所制定的定额其准确程度受以往统计资料的可靠性和以往采用的生产方法、操作水平与管理水平的影响较大。

3）实际测定法

实际测定法是指大规模生产之前,利用少量生产实际称量来确定该类物资消耗定额的方法。采用这种方法所制定的定额其准确程度,受到试生产时操作人员的技术水平、测定人员的工作熟练程度、量具准确程度等影响较大,但这种方法是通过实践测定的,只要组织周密,在一定程度上可靠性是较高的。

4）技术计算法

技术计算法是指依据技术文件所设计的额定消耗量并根据具体情况计算制定。例如,汽车配件制造依据设计的产品规格和加工的预留量以及正常损耗计算得出该类产品主要原材料的消耗定额;汽车运行燃料消耗依据出厂说明书规定的燃料消耗定额,并参照本地区道路情况计算得出。采用这种方法制定的定额准确程度较高,但是,当影响因素较多时,计算工作量较大。

上列四种物资消耗定额的制定方法应根据不同情况、不同要求来选用,但无论采用何种方法都必须尊重科学,依靠实践。定额试行后,必须密切观察试运行情况,听取实际操作人员的正确意见,适时地进行修订。

3. 汽车服务企业物资消耗定额的管理

物资消耗定额的管理包括制定、执行、考核、分析及修改等一系列工作。搞好物资消耗定额的管理,是做好物资控制工作的基础,是增产节约的有效途径和提高经济效益的重要措施。物资消耗定额管理工作主要有以下几方面。

(1) 定额的制定工作。不论选用什么方法制定定额,都应遵循实事求是、先进合理、综合效益等原则,才能搞好定额制定工作。定额制定后,应整理汇总,经过审批,分类成册,列表立卡,建立必要的定额文件,作为控制的依据。

(2) 定额的贯彻执行。在定额执行过程中,应严格按定额标准办事,坚持限额发料制度;建立健全计算物资消耗的原始记录和统计工作制度,及时、全面、准确、系统反馈物资消耗信息,探索物资消耗规律,为修改定额积累资料,不断提高定额工作水平。

(3) 定额管理责任制度的建立。每项物资消耗定额的管理必须层层落实到具体的单位和个人。开展节约材料消耗的竞赛活动,并把物资节约纳入经济责任制进行考核和奖罚。

(4) 物资消耗定额的及时修订。企业应根据生产技术组织条件的变化,对物资消耗定额作相应的修改,以保持其先进合理的水平。

二、汽车服务企业物资储备定额

企业要连续进行生产,就必须有足够的原材料、燃料等物资储备作保障。由于生产过程中各种物资的消耗在不断地产生,而各种物资的供应却是间断、分批地进行的,加上物资采购误期、运输交货误期或到库物资不合格需要退换等不正常情况,以及季节性因素等,企业必须要有一定的物资储备。

加强物资储备定额工作,制定合理的物资储备定额,使储备量做到科学合理,是实行严格库存控制,达到保证生产连续进行和库存费用最低的有效手段和可靠保证。

1. 汽车服务企业物资储备定额的概念和种类

1)汽车服务企业物资储备定额的概念

物资储备定额是指在一定的生产技术组织条件下,为保证生产经营活动顺利进行所必需的、经济合理的物资储备的数量标准。这是企业物资库存控制的重要基础工作,是企业编制物资供应计划的依据,是使物资库存经常保持经济合理水平的必要工具,是企业核定流动资产中存货资金定额的重要依据,是企业确定物资储存仓库面积和设施的依据。因此,物资储备定额必须经济合理,既要保证生产的需求,又要合理使用和节约资金。在生产过程中,生产与需求之间或供应与消费之间不可能完全做到同步,在时间和空间上必然会产生一定的误差。为了使物资储备量和资金占用量保持合理水平,做到既保证生产经营需要,又节约资金占用,就必须对物资库存进行控制。

2)汽车服务企业物资储备定额的种类

(1)经常储备定额。是指某种物资在前后两批进厂的供应间隔期内,为保证生产正常进行所必需的、经济合理的物资储备数量。

(2)保险储备定额。是指为预防物资到货误期或物资的品种、规格不符合要求,为了保证生产正常进行而储备的物资数量。

(3)季节性储备定额。是指物资的生产或运输受季节影响,为保证生产正常进行而储备的物资数量。

物资储备关系如图 6-1 所示。

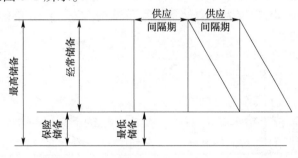

图 6-1 物资储备关系示意图

3)汽车服务企业物资储备定额的作用

(1)物资储备定额是编制物资供应计划和采购订货的主要依据。物资供应计划中的储备量是根据储备定额计算的,只有确定了储备量后,才能根据需要量确定采购量并组织采购。

(2)物资储备定额是掌握和监督库存动态,使库存经常保持在合理水平上的重要依据。

(3)物资储备定额是企业核定流动资金的重要依据。物资储备资金一般在企业的流动资金中占有一定的比重,确定先进合理的物资储备定额,就能节约有限的资金,加速资金的周转。

(4)物资储备定额是确定企业现代化仓库容积和储运设备数量的依据。

2. 汽车服务企业物资储备定额的制定

1）物资储备定额通用计算公式

经常储备定额、保险储备定额、季节性储备定额都可以用通用计算公式确定，即：

$$M = \rho\Delta$$

式中：M——物资储备定额；

ρ——该物资平均每天需用量；

Δ——该物资合理储备天数。

若 Δ 为经常储备天数或保险储备天数或季节性储备天数时，M 就是相应计算的经常储备定额或保险储备定额或季节性储备定额。

运用上述公式计算时，平均每天需用量都是用计划期内某物资需求量除以计划期工作天数求得的，而储备天数的确定就各不相同。经常储备天数是以供应间隔天数为主的，再考虑验收入库天数和物资使用前的准备天数。供应间隔天数是根据物资生产厂家的生产间隔期和运输周期来确定的，而验收入库天数和使用前准备天数是根据企业库存管理的统计资料确定的。保险储备天数是根据物资到货误期或差错率的统计资料加以分析确定的。

2）经济订购批量法

经济订购批量法是指订购费用和保管费用两者之和的总费用最小的批量。企业物资的订购次数和订购数量总是与订购费用和保管费用联系在一起的。在一定的条件下，订购批量大或订购次数少，其订购费用减少，而保管费用增加；反之，订购批量小或订购次数多，其保管费用减少，而订购费用增加。订购费用与保管费用两者是相互矛盾的，从订购费用角度看，要求订购批量越大越好；从保管费用角度看，要求订购批量越小越好。当两者的总费用之和为最小时，即为最优的经济订购批量。

在实际工作中，可以通过表格、图表和数学公式计算最优的经济订购批量。

例如，某厂某种物资每年需用量为8000kg，已知订购费用（每次订购费）为5元，保管费用一般根据经验统计估计，现定为物资储备平均价值的25%，物资单价2元，用图表计算得出的各种费用如图6-2所示。

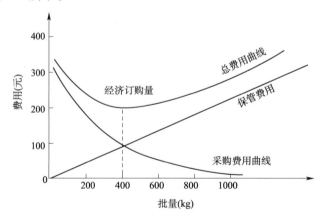

图6-2 最优经济订购批量图

从图6-2可以看出，保管费用随订购批量的增大而增大，订购费用随订购批量的增大而减少，即400kg为最优经济批量。用表格方式计算见表6-1。

最优经济批量表 表6-1

年需要量 (kg)	订购批量 (kg)	订购次数 (次)	库存平均值 (元)	保管费用 (元)	订购费用 (元)	年总费用 (元)
8000	100	80	100	25	400	425
8000	200	40	200	50	200	250
8000	320	25	320	80	125	205
8000	400	20	400	100	100	200
8000	500	16	500	125	80	205
8000	800	10	800	200	50	250
8000	2000	4	2000	500	20	520

从表中可以清楚地看到，订购批量400kg，总费用为200元，是该物资的经济定购批量。在实际工作中，由于用图表或表格计算工作量太大，因此，可以用数学公式直接计算，其公式是：

$$EOQ = \sqrt{\frac{2KD}{PL}}$$

式中：EOQ——经济订购；

K——每次订购费用；

D——每年需用量；

P——物资单位价格；

L——平均库存价值的百分比。

例如，当每次订购费用K为5元，每年需用量D为8000kg，物资产值价格P为2元，平均库存价值的百分比L为25%时，其经济订购量EOQ为：

$$EOQ = \sqrt{\frac{2 \times 5 \times 8000}{2 \times 25\%}} = 400(kg)$$

从上述分析计算可以看出，经济订购批量法的原理和方法很简单，关键是必须充分掌握订购费用和保管费用的详细资料。如果数据资料不全或者数据不正确，不仅计算没有意义，甚至会得出错误的结论。经济订购批量法主要考虑企业内部的年总费用最低时的订购批量，并未考虑外部条件的影响；如果供货企业不能按时交货或运输不正常，采用经济订购批量法有可能发生停工待料的损失。

三、汽车服务企业物资的采购

1. 汽车服务企业物资采购的内容及采购方法

物资采购是指企业为取得生产经营所需的物资而进行的购买行为。采购业务在企业经营中占有重要地位，它不仅关系着生产是否能正常进行和资金周转的快慢，还直接影响着产品质量的优劣、产品成本的高低和企业盈亏状况。因此，采购活动必须根据企业物资供应计划，以最适当的总成本、最适宜的时间、最高的效率，获得符合技术质量要求的物资。

1）物资采购的内容

（1）寻找物资供应来源，分析市场供应状况。

(2)调查研究市场趋势,搜集市场价格、运输费用等有关信息,进行购价与成本分析。
(3)决定购货点,并与供应厂家洽谈,签订供货合同,获得所需的物资。
(4)与供货厂家联系,获取供货厂家的资料。
(5)组织物资运输,验收入库及货款结算,办理验收和退货手续。

2)物资采购的方法

由于企业所需物资品种繁多,计划管理程度不一,市场供求状况不同等情况,物资采购的方法也是多种多样的,归结起来,主要有以下几种:

(1)按采购方式分,有直接采购、委托采购与调拨采购。直接采购指直接向物资供应商进行采购;委托采购指委托代理机构向物资供应商进行采购;调拨采购指国家或各级政府部门向企业直接调配物资。

(2)按采购性质分,有大量采购与零星采购,特殊采购与普通采购,计划性采购与市场性采购等。

(3)按采购时间分,有长期固定性采购与非固定性采购,计划性采购与紧急采购,预购与现购等。

(4)按采购的订购方式分,有订约采购、口头或电话采购、书信及电报采购,以及试探性订单采购等。这里需说明的是订约采购和试探性订单采购。订约采购指买卖双方根据订约方式进行的采购;试探性订单采购指买卖双方在进行采购事项时,因某种缘故不敢大量下订单,先以试探方式下少量订单,当试探性订单采购进行顺利时,才下大量订单。

(5)按决定采购价格方式分,有招标采购、询价现购、比价采购、议价采购、订价采购以及公开市场采购等。

2. 汽车服务企业物资采购的要素

由于技术因素和最佳采购量之间存在差别,也就是说在最希望的技术特性或适合给定用途的特点被确定之后,它也并不一定是你最理想的采购,所以,采购决策不仅仅取决于技术因素。技术因素涉及的是尺寸、设计、物理和化学特性及其他相关因素,而最佳采购量却是一个更广泛的概念。最佳采购假设产品已经具有某些必要的功能和属性,它隐含了某种最低程度的适用性,还考虑了顾客需求、价格、品牌、服务、包装等因素。所以,最佳采购是许多特性的组合,而不仅仅是指某种具体的组合结果。因此,在做采购决策时,分析商品采购质量、价格、品牌、包装、规格、服务等要素就成为必不可少的工作。

1)质量

质量对采购提出三个挑战:一是怎样把质量标准应用在采购部门自身的运作中;二是怎样与供应商合作,以不断改进质量;三是怎样使供应商及其他相关问题合理化。对于以上三个方面的挑战,企业要做到以下几点。

(1)实行全面质量管理(TQM)。采购企业不能仅依靠供应商提供高质量的产品,同样重要的是自身对质量的严格要求和改进。在企业的具体运作过程中,企业贯彻全面质量管理表现在以下几方面。

①采购过程中,要加强对不合格品的控制,杜绝不合格品流入生产过程,把不合格品控制在最低限度,保证采购供应质量不断提高。

②进行经常的质量教育,使广大职工明确,只要采购、供应不合格或不适用的物资,就是

经济损失和浪费,而不能认为是理所当然或难以避免的。

③在以上工作的基础上,将合格率指标修正为不合格率指标,除进厂材料不合格率单项指标外,增设投产材料不合格率指标、投产材料损失赔偿率指标,并将三项指标层层分解下达。进一步强化控制措施,把采购质量与采购部门及采购者的经济利益挂钩,对达不到三项指标要求的予以处罚。因过失造成质量损失的,按比例追究赔偿。

(2)促进与主要供应商的质量合作。从供应管理的角度来看,采购双方的质量合作关系能够促进企业全面展开质量管理,通过与供应商建立更为密切的关系会激发企业关注质量的积极性。如果通过减少材料成本和提高运行效率来衡量采购工作的绩效,而不考虑与供应商的质量合作关系,那么,极易导致采购者只考虑购买价格,而不考虑质量的错误。采购部门为改进与主要供应商的质量合作,应做到:

①与主要供应商保持经常联系,并开展经常性的采购审查和供应商审查工作。

②把质量条款写进订货合同。

③与公司的质量部门合作,并与供应商经常沟通改进质量的思路和建议。

④帮助供应商获得 ISO 认证。

(3)使供应商合理化。对于企业来说,找到高质量的供应商很困难,而找到不断改进质量的供应商就更加困难了。解决这一问题的方法之一是采购人员在大量搜集信息的基础上实现质量的不断改进。而在此过程中,对同种产品进行多方订货、经常询价,但频繁更换供应商是不现实的。方法之二是与供应商共享企业的关键信息,以便使供应商更好地计划、设计和服务,以此促进其进一步满足采购者的需要。而共享信息则是大多数企业难以接受的,因此,使供应商合理化的根本途径还是与其建立共赢的关系,减少供应商数目,增加单个供应商的收益。

2)价格

采购的核心是采购价格的决策,降低采购成本的关键也是控制采购价格。在控制采购价格、降低采购成本的工作中,要逐步开辟出质量最好、价格最低、服务最优、信誉最佳的供货渠道。确定合适的采购价格常见方法是报价单、公开招标和谈判。

(1)报价单和公开招标。当承诺金超过一定数量时,一般采用报价单定价。采购者通过征求报价单选择供应商,并就最终价格与选定的供应商谈判。

公开招标的结果是那些报价最低且最具责任感的投标人获得订单。当企业决定采用公开招标时,必须严格遵守招标程序。如对可靠、潜在的货源进行仔细的初选;有足够的供应商投标;一旦接受投标,应正确对待报价单;仔细分析报价单以决定中标者;要求投标者具备的条件,如有能力根据用户具体需要制造出产品,并能在预定日期前发货;投标者数量要足够多,以保证真正进行竞价,但不能超过必要的数量。

分析了所有供应商的投标书后,企业一般选择报价最低的供应商,但有些时候并非如此。当采购者从不同的货源处得到相同的投标价格时,一般选择:

①实力雄厚的供应商;

②本地区信誉最好的供应商;

③最有可能提供非价格优惠的供应商;

④过去表现一直是最好的供应商。

(2)谈判。采购通过公开招标,可以利用供应商之间的竞争获得较低的价格,但供应商在这种价格水平下只能获取少量利润,所以供应商承受着很大的压力,当只存在单一的供应商、卖方市场或供应商有串通的嫌疑时,企业一般采取谈判的方式确定价格。

谈判是价格确定过程中最复杂、成本最高的一种方法。只有当供应商做到以下几点,才能保证谈判的公平性,才能使供应商和采购商达成一个双方都接受的公平价格:

①以高效率的方式运作;
②保持价格与成本的相关性;
③不利用只有一家供应商的优势侵害采购商的利益;
④能够适当合理地调整客户的要求和愿意考虑供应商的特殊要求。

3)品牌

品牌是一种名称、术语、标记、符号或设计,或它们的组合运用,其目的是借以辨认某个销售者的产品或服务,并使之同竞争对手的产品和服务区别开。品牌的要点是销售者向购买者长期提供具有一系列特定特点的利益和服务。著名的品牌传达了质量的保证。商品的品牌权益为供应商提供了以下竞争优势。

①由于其高水平的品牌知名度和忠诚度,可减少营销成本。
②由于客户希望分销商与零售商经营这些品牌,加强了供应商对他们讨价能力。
③由于该品牌有较高的认知品质,供应商可以比竞争者卖更高的价格。
④由于该品牌有高信誉度,供应商可以容易地开展品牌拓展。
⑤在激烈的价格竞争中,品牌给供应商提供了某些保护作用。因为品牌带给供应商竞争优势,供应商会努力保持品牌的形象或商誉。而企业通过品牌或商标做出采购决策意味着对供应商诚实和声誉的信赖。

当通过品牌购买一种产品时,如果产品在最初预期的用途上令人满意甚至令人惊喜,那就有理由相信采购方会发生重复购买这一品牌产品的行为,因为他相信同样品牌的其他产品会令他满意。

在以下几种情况下,通过品牌做出采购决策是可行的:
①生产过程保密或者产品受专利保护时,难以获得产品的详细信息;
②供应商生产过程中往往要投入一些高质量、无形的人力资本,如技能或专长等,而这些无形的东西难以准确定义,所以采购者也无法详细描述这种产品;
③购买的数量很小,通过其他途径获取产品信息的成本太高;
④当使用者对某种品牌有真正或潜在的偏好时,采购者不可能纠正这种偏见,只能采用品牌决策。

但是使用品牌的结果是,企业会过分依赖品牌,不仅会减少潜在供应商的数量,缩小企业的选择空间,也会使采购者丧失机会,享受不到竞争带来的价格的降低或质量的改进。

4)包装

包装是指设计并生产容器或包扎物的一系列活动。包装一般包括三个层次:主要包装、次要包装和装运包装。目前,包装已成为强有力的促销手段。设计良好的包装能为消费者创造方便价值,为生产者创造促销价值。所以,作为营销手段的包装发挥着重要的作用。了解包装的价值或作用,有助于企业进行采购决策。

(1) 企业和品牌形象。良好的包装传递了关于商品的信息：质量上乘、用途广泛、款式新颖等，有助于企业迅速辨认出哪家企业或哪一品牌。例如，在一个超市中存储了 15000 种商品，典型的购买者每分钟经过 300 个品种，如果 50% 的顾客是即兴购买，有效的包装就像"5 秒钟商业广告"一样。所以，包装执行了许多推销任务。包装必须能引人注目，说明产品的特色，给消费者以信心，形成一个有力的总体形象。

(2) 包装创新。包装的创新既给消费者带来好处，也给生产者创造利润。包装的主要作用是为优质产品提供保护，引进一种新颖的使用方式，提示产品或企业的某种质量，或者其他某些作用。企业采购时应关注包装的实用、经济，同时也要关注它的新颖、独特之处，这样才能使采购的商品不仅受到保护，而且能赢得用户。

5) 规格

规格是指对某一产品的性能、质量等所做的专门描述，也可以说是对产品所要求的标准，一般可从物理或化学特性、物料和制造方式、性能三方面界定规格。企业了解了商品的规格以后，就可以以此作为采购的要素。

用描述规格的方式进行采购的传统优势包括以下几个方面：

(1) 在采购前已经详细研究和分析了消费者需求以及通过何种方式满足需求，这就使采购行为具有目的性和针对性。

(2) 检测物料时，由于已经制定了标准，所以可有效防止由于物料不合格造成的拖延和浪费，甚至由此引起的纠纷。

(3) 可以有机会从不同的供应商采购相同技术规格的商品，扩大了选择空间，为采购留下了更多余地。

(4) 在平等竞争的前提下，有利于采购到优质优价的商品。

(5) 采购方对性能提出要求后，若出现不符合要求的性能，供应商就应承担相应的责任。

采用规格描述方式进行采购有以下缺陷：

(1) 有很多产品，由于技术等原因无法对产品规格做出描述。对于这些产品显然不能采取规格作为主要标准进行采购。

(2) 从长期来看，采用规格作为采购标准可以节约开支，但是，因为必须检验、评估产品是否满足既定规格，所以与通过质量、品牌等因素作为标准进行购买相比会增加直接成本。

(3) 如果因为技术或人为因素导致制定的规格不准确而采购人员又过分依赖这种规格，将会对采购造成损失。

(4) 过分详尽的规格可能会使潜在的供应商由于丧失信心而不敢参加投标活动，减少了可供选择的机会。

(5) 采购方规定的最低规格可能是供应商能提供的最低水平。

3. 汽车服务企业采购过程中的服务

供应商提供的服务有时可能和产品本身的特性一样重要。采购过程中的服务包括设计、保存记录、运输、储存、处置、安装、培训、检查、维修、建议以及是否愿意对误解和错误做出令人满意的调整等。除此之外，有些采购者还可能把其他标准作为评价供应商服务的一部分。供应商为了满足这些服务，往往发出与自己商誉和可靠性密切相关的保修单，而采购者要想获得最佳采购，则应从一开始就把服务的可获得性作为一个重要因素来考虑。

从采购的角度考虑,服务应包括:价值、重复性、确定性、服务的提供、需求特性、服务规范程度等方面。出色的采购服务就是在质量、货物交付、数量、成本、连续性、柔性,以及其他相关因素间做出的合适选择。

(1)服务的价值。从经济观点看,采购人员应将精力主要放在高价值服务的采购方面。

(2)重复性程度。对于可重复性服务的采购,有必要在企业内部开发一套采购系统,并要求企业员工具有相应的专业知识。

(3)确定性程度。服务具有不确定性的一面,评价服务的一种简便方式就是以对提供服务的人或设备的评价代替对服务质量的评价。

(4)服务的提供。在采购阶段,可以根据潜在供应商的资产能力和技术状况对其进行评估。

(5)需求特性。某些特定服务的需求是定期的,有些则是分散的。对于前者,它的监控应有规律;对于后者,要加强对提供服务各阶段的监控能力。

(6)服务规范程度。采购者在考察供应商的服务时,一个不可忽视的因素就是看其提供服务的规范程度,如接受批评意见并迅速采取行动、迅速保修、低价服务及售后服务等。

第三节　汽车服务企业物资库存决策

一、汽车服务企业库存及库存合理化

1. 库存的含义

库存是指处于储存状态的物资,是储存的表现形态。库存是仓储的基本功能,除了进行商品储存保管外,它还具有整合需求和供给、维持物流系统中各项活动顺畅进行的功能。企业为了能及时满足客户订货需求,就必须经常保持一定数量的商品库存。

企业存货不足,会造成供货不及时、供应链断裂、丧失市场占有率或交易机会;社会整体存货不足,会造成物资贫乏、供不应求。而商品库存需要一定的维持费用,同时会存在由于商品积压和损坏而产生的库存风险。因此,在库存管理中既要保持合理的库存数量,防止缺货和库存不足,又要避免库存过量而发生不必要的库存费用。

2. 库存的功能

在现实经济生活中,商品的流通并不是始终处于运动状态的,作为储存的表现形态的库存是商品流通的暂时停滞,是商品运输的必需条件。库存在商品流通过程中有其内在的功能。

1)调节供需矛盾,消除生产与消费之间的时间差

不同的产品(商品),其生产和消费情况是各不相同的。有些产品的生产时间相对集中,而消费则是均衡的;有些产品生产是均衡的,而消费则是不均衡的。生产与消费之间、供给与需求两方面,在一定程度上存在时间上的差别。为了维护正常的生产秩序和消费秩序,尽可能地消除供求之间、生产与消费之间这种时间上的不协调性,库存起到了调节作用,它能够很好地平衡供求关系、生产与消费关系,起到缓冲供需矛盾的作用。

2)创造商品的"时间效用"

所谓"时间效用"就是同一种商品在不同的时间销售(消费)可以获得不同的经济效果,为了避免商品价格上涨造成损失或为了从商品价格上涨中获利而建立的投机库存恰恰满足了库存的"时间效用"功能。但也应该看到,在增加投机库存的同时,也占用了大量的资金和库存维持费用。但只要从经济核算角度评价其合理性,库存的"时间效用"功能就能显示出来。

3)降低物流成本

对于生产企业而言,保持合理的原材料和产品库存,可以消耗或避免因上游供应商原材料供应不及时需要进行紧急订货而增加的物流成本,也可以消除或避免下游销售商由于销售波动进行临时订货而增加的物流成本。

事实上,近年来在国外出现了一种新的库存管理方法——VMI,即供应商管理用户库存,这种库存管理策略打破了传统的各自为政的库存管理模式,体现了供应链的集成化管理思想,适应了市场变化的要求,是库存功能的新发展。

3. 库存合理化

库存合理化是以最经济的方法和手段从事库存活动,并发挥其作用的一种库存状态及其运行趋势。具体来说,库存合理化包含以下内容:

1)库存"硬件"配置合理化

库存"硬件"是指各种用于库存作业的基础设备。实践证明,物流基础设施和设备数量不足,技术水平落后,或者设备过剩、闲置,都会影响库存功能的有效发挥。如果设施和设备不足,或者技术落后,不但库存作业效率低下,而且也影响库存物资的有效维护;如果设施和设备重复配置,以至库存能力严重过剩,也会增加存储物资的成本而影响库存的整体效益。因此,库存"硬件"的配置应以能够有效实现库存职能,满足生产和消费需要为基准。

2)组织管理科学化

库存组织管理科学化有以下几种表现:

(1)库存货物数量保持在合理的限度之内,既不能缺少,也不能过多。

(2)货物存储的时间较短,货物周转速度较快。

(3)货物存储结构合理,能充分满足生产和消费的需要。

3)库存结构符合生产力发展的需要

从微观上说,合理的库存结构指的是在总量上和存储时间上,库存货物的品种和规格的比例关系基本上是协调的;从宏观上说,库存结构符合生产力发展的要求,意味着库存的整体布局、仓库的地理位置和库存方式等应有利于生产力发展。在社会化大生产条件下,为了发展规模经济和提高生产、流通的经济效益,库存适当集中是库存合理化的一个重要标志。因为,库存适当集中,除了有利于采用机械化、现代化方式进行各种操作外,更重要的是,它可以在降低存储费用和运输费用以及在提供保障供给能力等方面取得优势。事实证明,以集中化的库存来调节生产和流通,在一定时期内,库存货物的总量会远远低于同时期分散库存的货物总量。因此,相对来说,其资金占有量是比较少的。与此同时,由于库存比较集中,存储货物的种类和品种更加齐全,在这样的结构下,库存的保障供给能力自然更加强大。

二、汽车服务企业库存控制的方法

企业库存物资品种繁多,而每一种物资又有其不同的特点和要求。因此,对不同的物资应采取不同的库存控制方法。

物资库存控制涉及一系列因素,与库存量控制直接有关的因素是:
(1)订购点,又称订货点,即提出订货时的库存量。
(2)订购批量,即每次订购的物资数量。
(3)订购周期,即前后两次订购的时间间隔。
(4)进货周期,即前后两次进货的时间间隔。

当物资的耗用完全均衡时,可以均衡订购,即在相同的订购周期内订购相同数量的物资。当物资耗用不均衡时,订购批量与订购周期的长短不完全成正比关系,形成了库存控制的两种基本类型:一是固定订购批量的定量控制;二是固定订购周期的定期控制。在实际工作中,也有把两种类型结合起来运用的,因而物资库存控制的基本方法主要有三种:定量库存控制法、定期库存控制法和定期、定量混合控制法。

1. 定量库存控制法

定量库存控制法又称订购点法,是以固定订购点和订购批量为基础的一种库存控制方法。它采用永续盘点方法,对发生收发动态的物资随时进行盘点,当库存量降低到订购点时就提出订购,每次订购数量相同,而订购时间不固定,由物资需要量的变化来决定。因此,定量库存控制法的关键是正确确定订购点。订购点是提出订购的时间界限和订购时的库存量标准,由备运时间需要量和保险储备量两部分构成:

$$订货点量 = 备运时间需用量 + 保险储备量$$
$$= 平均每日需用量 \times 平均备用天数 + 保险储备量$$

定量库存控制法在实际运用中往往采用"双堆法"控制,即把该种物资分作两堆(两个容器)储存,第一堆是订货点量,其余的作为第二堆。在发料时,首先动用第二堆,一旦第二堆用完,就及时提出订购和采购。这种控制方式简便,减少了事务性工作,便于目视管理和计算机管理。

定量库存控制法的优点:能经常掌握物资库存动态,及时提出订购,不易出现缺货;保险储备量较少;每次订购量固定,能采用经济订购批量;盘点和订购手续比较简便,尤其便于应用计算机进行控制。缺点:订购时间不固定,难以做出周密的采购计划;不适用需用量变化大的物资,不能及时调整订购数量;不利于各种物资合并采购,因而会增加订购费用和订购工作量等。这种方法一般适用于价格较低、需用量较稳定、备运时间较短的物资。

2. 定期库存控制法

定期库存控制法是以固定检查和订购周期为基础的一种库存控制方法。它对库存物资进行定期盘点,按固定的时间检查库存量并随即提出订购,补充至一定数量。订购时间是预先固定的,每次订购批量则是可变的,根据提出订购时盘点的实际库存量来确定。订购批量的计算公式如下:

$$订购批量 = 订购周期需要量 + 备运时间需要量 + 保险储备量 - (现有库存量 + 已订未到量)$$
$$= (订购周期天数 + 平均备用天数) \times 平均每日需用量 + 保险储备量 -$$
$$(现有库存量 + 已订未到量)$$

式中,订购周期是指两次库存检查并提出订购的时间间隔,是影响订购批量和库存水平的主要因素。现有库存量是提出订购时的库存量。已订未到量是已经订购、能在下次订购前到货的数量。

定期库存控制法的优点:可以按规定的时间检查物资库存量,然后把各种物资汇集起来一起组织订购,有利于降低订购费用,减少订购工作量。但与定量库存控制法相比,其保险储备量要相应增加,而且盘点手续较繁。定期库存控制法一般适用于必须严格控制的重要物资,需要量大而且可以预测的物资,发料烦琐难以进行连续库存动态登记的物资。

3. 定期、定量混合控制法

定期、定量混合控制法也称最高最低库存控制法,它是以规定的最高库存量标准和最低库存量标准为基础的一种库存控制法,即:$\Sigma\sigma$ 控制法。Σ 是最高库存量,指订购时要求补充到的最高点;σ 是最低库存量,指订购点。这种方法是定期库存控制法和定量库存控制法的综合,是一种不严格的订购点法。它由三个参数组成,即检查周期、订购点和最高库存量。实行定期检查,当实际盘点库存量等于或低于订购点时就及时提出订购,而订购量是可变的。这是区别于定期库存控制法的最主要一点。

当采用这种方法时,订购点除了包括备运时间需要量和保险储备量外,还包括检查周期需要量。

$$订购点\ \sigma = 备运时间需要量 + 检查周期需要量 + 保险储备量$$
$$备运时间需要量 = 平均备运天数 \times 平均每日需用量$$
$$检查周期需要量 = 检查周期天数 \times 平均每日需用量$$
$$最高库存量\ \Sigma = 检查周期需要量 + 订购点库存量$$
$$订购批量 = 最高库存量 - 现有库存量$$

定期、定量混合控制法比定期库存控制法订购次数少,每次订购的规模较大,因而订购费用较低,但库存水平较高。保险储备量也相应地要多一些,以适应供需情况的变化。这种库存控制方法主要适用于需要量一般较少,但有时变动较大的物资。

三、ABC 分类控制法

ABC 分类控制法的基本原理就是对错综复杂、品种繁多的物资,抓住重点,照顾一般。企业所需要的生产资料,品种规格极为繁杂,有的企业所需的物资多达成千上万种,各种物资品种所用的资金数量差异很大。因此,企业应根据自己的生产经营特点及规模大小,采用 ABC 分类控制法,对繁杂的物资品种进行分类排队,实行资金的重点管理,这样既能简化管理工作,又能提高经济效益。

ABC 分类控制法主要是按品种和占用资金的多少进行分类的,即把企业全部物资划分为 ABC 三大类。A 类物资品种少,占用资金大;B 类物资品种比 A 类多,占用资金比 A 类少;C 类物资品种很多,但占用资金很少,见表 6-2。

用上述方法分出 ABC 三类物资之后,应在仓储管理中采取相应不同方法。

1. 对 A 类货物的管理

由于 A 类货物进出仓库比较频繁,如果供给脱节,将对生产经营活动造成重大影响。但

是,如果 A 类货物存储过多,占用资金和仓储费用就会很高。因此,对 A 类货物的管理要注意到以下几点:

(1)根据历史资料和市场供求的变化规律,认真预测未来货物的需求变化,并依此组织入库货源。

(2)多方了解货物供应市场的变化,尽可能缩短采购时间。

(3)控制货物的消耗规律,尽量减少出库量的波动,使仓库的安全储备量降低。

(4)合理增加采购次数,降低采购批量。

(5)加强货物安全、完整的管理,保证账实相符。

(6)提高货物的机动性,尽可能地把货物放在易于搬运的地方。

(7)货物包装尽可能标准化,以提高仓库利用率。

ABC 分类示意表　　　　　　　　　　　　　　表 6-2

类别	定义	对象	比重(%) 数量	比重(%) 价值	管理方式	库存方式
A	占库存金额比例大、数量少而影响大的品种	1.高价品种; 2.用量不大的品种; 3.研制周期长的品种; 4.逐年变化快的品种; 5.必须成批购买的品种	10	65	重点管理	采取按期订货方式。每月核对库存,按需要进货
B	相当 A 与 C 之间的品种	1.价格中等的品种; 2.用量中等的品种	30	20	普通管理	采用定量订货方式,储量减少时进货
C	占库存金额比例小、量大价廉的品种	1.低价品种; 2.大量使用的品种; 3.研制周期短的品种	60	15	一般管理	少量进货

2.对 B、C 类货物的管理

B、C 类货物相对来说进出库不是很频繁,因此,一般对货物组织和发送的影响较小。但是,由于这些货物要占用较大的仓库资源,使仓储费用增加,因此在管理上的重点应该是简化管理,可以参考以下原则管理:

(1)将那些很少使用的货物可以规定最少出库的数量,以减少处理次数。

(2)依据具体情况储备必要的数量。

(3)对于数量大、价值低的货物可以不作为日常管理的范围,减少这类货物的盘点次数。

第四节　汽车服务企业设备管理

一、汽车服务企业设备及设备管理概述

1.汽车服务企业设备及设备管理概念与分类

1)汽车服务企业设备及设备管理概念

汽车服务设备是指在汽车服务经营过程中,所需要的机械设备和仪器、量具等,是企业

的有形固定资产,可供企业长期使用,并在使用过程中能基本保持原有的实物形态,且价值在一定限额以上的劳动资料总称,是汽车服务企业生产经营中必不可少的物质基础。

汽车服务企业设备管理就是从设备选型、使用、维修、更新改造,直到报废全过程的决策、计划、组织、协调和控制等一系列活动进行的管理。

设备一方面以其功能参与产品(服务)的形成,而不是设备的实体转移到产品(服务)中;另一方面,设备具有一定的使用寿命,在使用过程中会发生一定的使用费用,其自身价值又会逐渐降低。因此设备管理是一项系统工程,应是全过程进行的全方位管理。

2)汽车服务企业设备的分类

汽车服务企业设备一般以维修设备为主,主要分为汽车维修通用设备和汽车维修专用设备两类。

(1)汽车维修通用设备。

汽车维修通用设备是指性能基本相同、行业通用的机械或机电设备。汽车维修技术服务需配置的通用设备主要有切削设备、钳工设备、锻压设备、电焊设备、空气压缩机、起重设备及各种通用的仪器、量具等。

(2)汽车维修专用设备。

汽车维修专用设备依据设备功能及作业部位可分为清洗设备、补给设备、拆装整形设备、举升搬运设备和专用加工、检测诊断设备等。

①汽车清洗设备。主要用于汽车车身、底盘外部、汽车零部件的清洗,依据用途可分为汽车外部清洗设备和汽车零部件清洗设备。

②汽车补给设备。主要分为加添作业设备、补给作业设备。如润滑油液、液压油液加添设备,充电设备和充气设备等。

③汽车拆装整形设备。主要用于汽车维修生产作业中,对总成和零部件的拆装和车身或承载车架(梁)变形后的恢复。主要设备有电动扳手、气动扳手、轮胎螺母拆装机、骑马螺栓拆装机、半轴套管拉压器、车身矫正仪、齿轮轴承拉器、专用零部件拆装工具和液压机等。

④汽车举升搬运设备。用于汽车维修生产中整车或零部件的垂直、水平位移,以便进行拆装、维修和存放。主要设备有:举升器、龙门吊、单臂液压吊、千斤顶、搬运小车、发动机翻转架、变速器拆装小车等。

⑤汽车维修专用加工设备。维修作业中,通过机械加工的方法对汽车零部件恢复其技术状况的专用设备。如搪磨缸机、曲轴及凸轮轴轴承座孔镗孔机、连杆校正仪等。

⑥汽车检测诊断设备。用于汽车维修前的故障诊断,维修过程中零部件的检验,修竣后性能检测和使用中定期技术状况检测。如发动机检测和故障诊断仪、底盘检测设备、四轮定位仪、整车检测设备等。

2.汽车服务设备管理的内容和任务

1)工作内容

设备管理工作具体内容主要体现在以下几个方面:

(1)建立设备管理机构。

根据企业的规模,建立设备管理机构,配备一定数量的专职或兼职设备管理人员,负责设备的规划、选购、日常管理、维护、更新及操作人员的技术培训。

(2)建立设备管理制度。

依据国家法律法规要求以及行业主管部门的具体规定,结合企业的特点,制定企业设备管理制度。制定设备安装、使用、维修等技术操作规程,明确设备配置、领用、更新、报废等活动的管理程序,明确设备使用与管理的岗位职责及奖惩规定等,使设备管理有章可循。

(3)做好设备管理基础工作。

主要包括设备的调入和调出登记,设备建档、立账、维护、报废及事故处理等,保证设备完好,提高设备利用率。

(4)进行设备规划、配置与选购工作。

根据企业规模和发展前景,合理规划企业设备配置,要在充分进行技术经济分析的基础上,制订设备配置计划,并按照配置计划组织设备选购,做到:技术上满足使用要求,并保持一定先进性;经济上合理合算,保证良好的投资效益。

(5)加强设备日常管理。

严格执行设备操作规程,确保设备安全使用,加强设备日常维护,要求操作人员上班前对设备进行检查、润滑,下班前对设备进行清洁、擦拭,定期对设备进行检查调整、润滑和检修作业,保证设备始终处于良好的技术状态。

(6)适时对设备进行更新改造。

为适应新型车辆的维修作业,必须对设备技术可行性、先进性和经济合理性进行全面考核、权衡利弊,适时对设备进行更新改造。

2)设备管理的任务

汽车服务企业设备管理的主要任务是为企业经营目标的实现、生产任务的顺利完成,提供良好的设备保障,并在此基础上进行创新活动,通过一定的组织措施,对设备实施全过程综合管理,以期达到设备寿命周期费用最经济、综合效益最高的要求。具体内容如下:

①按照技术先进、经济合理、服务优良的原则,正确选购设备。
②在经济节约原则下,加强设备管理和维护,保证设备始终处于良好技术状态。
③研究设备的寿命周期,使设备在整个寿命周期内费用最小、综合效益最高。
④进行设备更新改造,提高设备的现代化水平。

3)设备管理部门职能
①负责并做好企业设备管理基础工作,为企业制定设备管理决策提供依据。
②负责监督、检查、协调企业设备管理工作,对违法运行及技术状况不良的设备应责令停止使用。
③负责并参与制订设备维护和运行计划,下达技术经济指标并定期检查考核,做好设备使用、维护和检修操作规程及岗位责任制等制度的制定。
④负责组织企业的技术创新活动,编制设备改造和更新的年度及中长期计划,并组织实施。
⑤负责并参与设备管理的教育和技术培训工作。

二、汽车服务设备选择

设备选择也称设备选型,汽车服务企业如何正确选择维修设备,关乎企业效益的发挥。

汽车服务技术设备、工具、仪器等的选择应遵循的基本原则是：符合相关法规、生产领先、技术先进、经济合理。实际设备选型时应根据不同的服务目的、不同的服务车型有所取舍，因此，汽车服务设备选择适应综合考虑以下几个方面。

（1）应符合汽车服务企业开业条件中规定的有关设备、工具、仪器的配置要求。汽车服务企业开业条件中明确规定企业配置的设备型号、规格和数量应与生产纲领、生产工艺相适应。

（2）根据主要服务车型的技术特点和技术发展趋势，合理选择维修设备、工具和检测诊断仪器，以保证技术和质量上满足技术服务要求，应具有一定前瞻性。

（3）考虑设备的生产率。选购设备时，应根据生产流程和作业量，尽量选择工艺流程自动化程度和工作效率高的设备。当然还要考虑在车间的安装布局。

（4）重视设备的可靠性、耐用性。其直接影响汽车维修服务的生产率和企业效益。

（5）重视设备的安全性。设备在生产使用过程中由于技术、经济、质量和环境等原因，有可能会存在一些安全隐患，因此在选购设备时应考虑是否配置了安全保护装置，如自动断电装置、自动停车装置、自动锁止机构、自动报警装置等，以提高设备抵御安全事故的能力。

（6）注意设备的配套性。选购设备时，应根据车型特点、维修工艺要求，使相关设备的技术性能、维修能力相互协调，以达到每台设备能力都能充分发挥。

（7）考虑设备的维修性。选择那些能持续提供相关资料、技术支持和维修备件，有良好的服务能力的设备供货方。

（8）考虑设备的经济性。选购设备时，不仅要考虑设备的初期投资费用大小，还要考虑设备的投资回报期和投资后的维修费用。因此，选购设备之前应进行经济性评价，选择综合经济性较好的设备。

三、汽车服务企业设备使用与维护

1. 汽车服务企业设备的合理使用

设备使用寿命的长短、生产效率的高下，固然取决于设备本身结构设计特点、制造水平和各种参数的选配是否合理，但在很大程度上受制于设备使用是否正确、合理。正确使用设备，可以在节省费用的前提下，减轻设备磨损，保持良好的技术状况和精度，延长设备使用寿命，充分发挥设备的效能。

正确使用设备，应做好以下工作。

（1）做好设备安装、调试工作。

设备在正式投入使用前，应严格按照质量标准和技术说明要求安装、调试设备，经试验运转验收合格后，才能投入使用。该工作是使用好设备的前提条件。

（2）合理安排生产任务。

使用设备时，必须根据工作对象的特点和设备的结构、性能、特点合理安排生产任务，防止设备无效运转。使用时，既要严禁设备超负荷工作，也要避免设备和能源浪费。

（3）做好设备操作人员的技术培训工作。

设备操作人员在上机操作之前，须进行技术培训，要求操作人员必须认真学习有关设备的性能、结构和维护指示，掌握操作规程和安全技术规程。

（4）健全管理制度。

企业要针对设备的不同特点和要求,建立各项规章制度、责任制度和管理制度等。如持证上岗制度、安全操作规程、操作人员岗位责任制、定人定机制度、定期检查维护制度、交接班制度及设备建档制度。

（5）创造良好的设备使用工作条件和环境。

保持设备作业环境的整洁,安装必要的安全防护、防潮、防腐、防锈、防尘等装置。

2. 汽车服务企业设备的维护

设备在使用过程中,其技术状况会逐渐变坏,不可避免地会出现故障或故障隐患,如不及时处理,会导致设备早期损坏,甚至酿成严重事故。因此做好设备的维护工作,保证设备正常运转,延长其使用寿命。设备维护工作分为日常维护和定期维护。

（1）日常维护：日常维护的重点是清洁、润滑和紧固易松动部位,检查表面零部件技术状况,一般由操作人员执行。

（2）定期维护：定期对设备进行检查调整,特别是对内部易损零部件及控制系统须由专职检修人员定期进行解体检查调整,更换易损件,保证设备始终处于良好的技术状态。

3. 汽车服务企业设备的检修

设备检修是对设备的运行情况、技术状态和工作稳定性等进行的检查和校验,即对设备的精度、性能及磨损情况等进行检查,了解设备的技术状态,及时发现和排除设备故障及隐患,防止发生设备故障和安全事故。

1）日常检查

由操作人员利用感官、简单的工具或安装在设备上仪表或信号标志,在运行中或每天对设备进行的检查,发现问题,及时排除。

2）定期检修

由技术人员或专业检修人员陪同操作人员定期对设备进行全面的检查。目的在于发现设备异常、损坏或磨损情况,以便确定维修部位、更换的部件,制订维修计划,进行实时维修。

3）精度检查

对设备的加工精度有计划地进行定期检查和测定,以便确定设备的实际精度,对设备进行检修、调整,也为设备更新提供依据。

四、汽车服务企业设备的更新与改造

维修设备是汽车服务生产经营活动重要的物质基础和技术基础,设备从购置后投入使用直到报废,通常要经历一段较长的时间,期间设备会逐渐磨损、损坏,当设备因损坏或技术落后等原因不能或不宜继续使用时,就需要进行设备改造和更新。

1. 汽车服务企业设备的更新

设备更新是指用更加先进和经济的设备来取代物质上、技术上和经济上不宜继续使用的设备。一台设备随着使用时间的延长,由于磨损,其效率和效益会降低,运行和维修费用随之增加,服务质量下降,不能满足生产需要,需要更新。另外,随着科学技术的进步,多功能、高效率的设备不断出现,使得继续使用原有设备不够经济,这时也需要设备更新。

设备更新有两种,一种是原型更新,这种更新只考虑有形磨损,不考虑无形磨损,在设备整个使用期内没有更先进的设备出现,只能用原型设备更新;另一种是新型设备更新,由于技术进步、无形磨损,设备寿命尚未达到需采用原型设备替代之前,就出现了工作效率更高、更经济的设备,这时就要对继续使用原有设备还是购买新型设备进行比较分析。

1)设备更新分析的原则

(1)只考虑费用。一般用在生产能力不变、产生的收益相同的情况下,不管是购置新设备,还是改造旧设备,在设备更新评价时,在相同收益情况下只需对费用进行评价,属于费用型方案分析。可用的经济评价方法有年成本法、现值费用法和追加投资经济效果评价法。

(2)不考虑沉没成本。旧设备更新未达到折旧寿命期末时,账面价值与转售价值之间存在差额,故存在沉没成本,即未收回的设备价值。在购置新设备时,沉没成本是一种投资损失,但这一损失是过去决策造成的,不应计入新设备费用中,可以在企业盈利中扣除,在新设备购置中,不予考虑。

(3)旧设备应以目前可实现的价格与新设备的购置价格相比较。进行设备更新分析时,应将新旧设备放在同一位置上进行考虑。对于旧设备,应将其看作是一个目前可以实现的价格购买,以剩余使用寿命为计算期的设备,以便与以现在价格购买已使用寿命为计算周期的新设备相比,这样在更新分析时才不至于发生决策错误。

2)设备更新决策

(1)设备原型更新经济分析。

设备原型更新只需要考虑设备的有形磨损和使用期的维修费用、效率下降引起的收益减少。经济分析评价的原则是:使平均分摊到各个使用年限中的设备购置费用和年经营费用(设备的日常使用和维修费用)综合最小。主要有低劣化数值法和最小年度费用法。

①低劣化数值法。设备使用中,随着时间的增加,有形磨损会越来越大,维修费用越来越多,并且无形磨损的影响也越来越明显,这就是设备低劣化。用低劣化的数值来表征设备耗损的方法,称其为低劣化数值法。按照对资金的时间价值是否予以考虑可分为静态分析法和动态分析法。

②最小年度费用法。对于设备的低劣化数值每年不以等值增加而是变化增加时,应采用最小年度费用法来计算设备的最佳更新期。计算式为:

$$\overline{C_t} = \frac{\sum_{t=1}^{n} C_{p_t} + (K_0 - S)}{t}$$

式中:$\overline{C_t}$——t 年份的年平均费用;

C_{p_t}——t 年的维修费用;

K_0——设备原值;

S——设备残值;

t——某一确定年份。

决策原则:年平均费用最小的年份为最优更新期。

(2)设备更新的最佳时机。

用经济寿命决定设备更新时机,只考虑了设备的有形磨损,未考虑设备的无形磨损,这种情况多用于设备在使用期内不发生技术上的过时,没有更好的新型设备出现,只是由于有形磨损的影响,造成运行成本的提高,这时使用原型设备替换往往要比继续使用旧设备更为经济;在技术不断进步的今天,设备不仅受有形磨损的影响,还受到新型设备的挑战,即无形磨损的影响,很可能在设备尚未达到经济寿命年限,市场上就出现了性能更好、效率更高、运行费用更省、经济效果更佳的新设备,这时就需要在继续使用旧设备和购置新型设备之间做出分析决策。若选择新型设备,又在什么时候更新最经济呢? 当市场上出现同类功能新型设备时,选择旧设备的合理使用年限的原则是:当旧设备再继续使用一年的年费用超过新型设备的最小年费用,就应更新。

2. 汽车服务企业设备的改造

1) 设备改造的意义

设备改造就是运用现有的技术成果和使用经验,为适应生产需要,改变现有设备的结构和技术性能,即通过加装新部件、新装置等,改善现有设备的技术性能,使之达到或局部达到新型设备的技术水平。多数情况下技术改造,在投资少的情况下,可提高旧设备技术水平,比购置新型设备更划算。旧设备改造具有废物利用、节省资源、针对性强、投资少、见效快的特点,是企业技术升级的重要途径。

2) 设备改造的原则

(1) 针对性原则。从实际出发,按照生产工艺要求,针对生产薄弱环节,采取新技术,结合设备技术状况,决定是否进行设备的技术改造。

(2) 技术先进适用性原则。由于生产工艺和生产批量不同,设备技术状况不同,采用的技术标准应有所区别,要重视先进适用性,不要片面追求高指标。

(3) 经济性原则。制定改造方案时,要进行技术经济分析,力求以较少的投入获得较大的产出。

(4) 可能性原则。实施技术改造,应尽量由本单位技术人员完成,若技术难度大的,可找外方协作,但是本单位技术人员应掌握核心技术,以便设备管理和维修。

3) 设备改造目标

企业进行设备改造主要是为了提高设备技术水平,满足生产需求。设备改造时,既要注重经济效益,又要注重社会效益。因此设备改造的目标体现在以下四个方面。

(1) 提高加工效率和产品质量。原设备改造后,使其技术性能得到改善,提高精度、增加功能,使之达到或局部达到新型设备的水平,满足产品生产的需求。

(2) 提高设备运行安全性。对影响人身安全的设备系统,有针对性地进行改造,防止人身伤亡事故的发生,确保安全生产。

(3) 节约能源、保护环境。通过技术改造,提高能源利用率,大幅节能、节电、节水。提高能源利用率,减少排放污染,保护人类生存环境。

此外,对进口设备国产化改造和对闲置设备的技术改造,也有利于降低维修费用和提高企业资产的利用率。

第七章 汽车服务企业财务管理

第一节 汽车服务企业财务管理概述

财务管理是企业管理的重要组成部分,它以企业资金运动为重点,对企业资金的取得和有效使用进行管理。财务管理的核心是企业的资金。汽车服务企业财务管理具体表现为对企业资金供需的预测、组织、协调、分析、控制等方面。通过有效的理财活动,可以理顺企业资金流转程序和各项分配关系,以确保服务工作的顺利进行,使各方面的利益要求得到满足。

一、汽车服务企业财务管理的基本理念

汽车服务企业在进行财务管理中,最基本、最重要的理念包括四个方面:资金的时间价值、风险报酬、利率与通货膨胀、现金流转。

1. 资金的时间价值

财务管理中最基本的观念就是资金的时间价值。在一个理想化的完美资本市场中,资金在资本市场中会得到不断升值,也就是说现在的一元钱比未来的一元钱更值钱。资金会随着时间的延续而不断增值,这就是资金的时间价值。树立资金的时间价值观念,可以帮助企业更好地管理资金,提高资金的使用效率,减少资金的浪费。

2. 风险报酬

任何投资都会有风险,不同投资项目的风险与收益是互不相同的。风险越高,其预期收益也越高,反之亦然。在财务管理中,任何财务决策都是在风险与收益的博弈中做出的均衡决策。承担风险的同时,也可能会获得较高的报酬,即风险报酬。

3. 利率与通货膨胀

利率的波动会影响财务管理活动,对企业的融资成本、投资期望等产生作用。随着我国利率市场化进程的加快,利率的波动将会更加频繁.这将对企业财务管理带来巨大影响。

通货膨胀是经济发展不可避免的后果,对于企业财务工作也会产生巨大影响,对于企业采购成本、人工成本将会带来巨大压力。

4. 现金流转

企业资产的流动性越来越受到重视。其中现金流量及其流转是重要的一环。财务管理重视的是现金流量而不是会计学上的收入与成本。企业的现金流量必须足以偿还债务和购置为达到其经营目标所需要的资产。现金流量的充足与否将影响到公司的偿债能力。

二、汽车服务企业财务管理的目标

汽车服务企业财务管理的目标是财务管理所希望实现的结果,是评价财务管理的基本标准。汽车服务企业财务管理的目标如下。

1. 利润最大化

利润最大化是指通过财务管理,不断增加汽车服务企业的利润,使企业利润最大化。在经营决策和管理中坚持利润最大化,可提高汽车服务效率,降低汽车服务成本。

2. 股东财富最大化

股东财富是指股东持有企业的股份的市场价值,股东财富最大化是指股东持有企业股份的市场价值达到最大。尤其对于上市公司而言,公司经营状况会影响股票市场价格的表现。高收益、高成长性、低风险的公司股票价格会表现良好。因此,股东持有这类上市公司股票,其财富会随着公司盈利能力的提高而增长,这一增长,有利于汽车服务企业的资金筹集。

3. 企业价值最大化

企业价值最大化是指通过企业的合理经营,采用最优的财务决策,在考虑资金的时间价值和风险的情况下使企业的总价值达到最高,进而使股东价值和债权人价值达到最大。

在汽车服务企业财务管理的目标管理中,应考虑提高员工的收入,取得员工良好的支持,这有利于汽车服务企业实现利润最大化;应考虑依法缴纳国家税收,对社会做出贡献,形成良好的经营环境,这也有利于汽车服务企业实现利润最大化。因此,要实现财务管理的目标,不能仅考虑企业利润,还要考虑员工的利益和企业对国家、社会的贡献等。

三、汽车服务企业财务管理的任务及内容

1. 建立健全财务管理机构

汽车服务企业领导要分工负责财务管理,并要根据企业规模,建立财务管理机构,配备一定数量的专职财务管理人员,包括负责现金管理、总账等员工,负责收入、分配等财务及管理工作,保证企业资金良好运转。

2. 建立健全财务管理制度

汽车服务企业应当根据国家的法律法规要求,以及行业主管部门的具体规定,结合本企业的特点制定企业的财务管理制度,筹资、投资、营运资金、利润分配等,都要实施岗位责任制。

3. 成本、费用管理

汽车服务企业的成本、费用管理是指对汽车服务经营过程中汽车服务经营费用的发生和汽车服务成本的形成所进行的预测、计划、控制、分析和考核等一系列管理工作。加强成本、费用管理是增强汽车服务能力、增加利润和提高企业竞争能力的重要手段。

4. 筹资管理

筹资也称融资。筹资管理要解决的是如何取得企业所需资金,它主要回答四方面的问题。①筹集多少资金。筹资是为生产经营服务的,筹资数量的多少要考虑投资的需要。企

业应根据经营计划和投资计划预测出一定时期的资金缺口量,以确定筹资量;②向谁取得资金。目前企业的筹资渠道较广,企业可从企业内部筹资,也可从企业外部筹资。国家、法人、个人都可成为企业资金的提供者。针对不同的提供者采取不同的筹资方式;③什么时候取得资金。资金取得的时间应与资金的使用时间相匹配。资金到位不及时,会影响项目进度、交货期等,进而带来不能及时抓住市场机会的直接损失和失去信誉的间接损失;④获取资金的成本是多少。不同渠道、不同方式获取的资金,其付出的成本是不同的。企业在及时、足额地保证资金需求的前提下,应力求降低资金成本,尽可能使企业价值最大化。

5. 投资管理

投资是指以收回现金并取得收益为目的而发生的现金流出。汽车服务企业投资主要有两方面:一方面是进行长期投资,即对厂房、企业用地、维修设备、检测仪器等固定资产的投资管理,也称资本投资管理;另一方面是进行短期投资,即对短期经营的整车、配件等存货进行的投资管理。

6. 资产管理

汽车服务企业的资产管理包括流动资产管理、固定资产管理、无形资产管理、递延资产管理及其他资产的管理。资产管理的目标是合理配置各类资产、充分发挥资产的效能,最大限度地加速资产的周转。

7. 其他管理

除上述管理任务及内容外,财务管理还包括汽车服务收入和盈利管理、利润分配管理、企业内部经济核算管理和企业资产评估等。汽车服务企业设立、合并、分立、改组、解散、破产等事项的管理也是财务管理的内容。它们共同构成财务管理不可分割的统一体。

四、汽车服务企业的财务关系

汽车服务企业在资金运动中与有关方面发生的经济关系即为财务关系。汽车服务企业资金的筹集、使用、耗费、收入和分配,与企业各方面都有着广泛联系。做好汽车服务企业的财务管理工作,需要处理好企业的财务关系。财务关系概括起来有以下六方面。

(1) 企业与国家之间的财务关系,即汽车服务企业应按照国家税法规定缴纳各种税款,在应缴纳税款的计算和缴纳等方面体现国家与企业的分配关系。

(2) 企业与投资者和受资者之间的财务关系,即汽车服务企业投资与分享投资收益的关系。

(3) 企业与债权人、债务人及往来客户之间的财务关系,这主要是指汽车服务企业和债权人的资金借入和归还及利息支付等方面的财务关系、企业之间的资金结算关系和资金融通关系,包括债权关系和合同义务关系。

(4) 企业与其他企业之间的财务关系,即汽车服务企业与整车、配件等其他企业之间存在的资金结算等经济关系。

(5) 企业与员工之间的财务关系,这主要是指汽车服务企业与员工之间的工资、奖金发放等关系,体现员工个人与企业在劳动成果上的分配关系。

第二节　汽车服务企业投资与资产管理

资产是企业所拥有或控制,能用货币计量,并能为企业提供经济效益的经济资源。包括各种财产、债权和其他权利。资产的计价着重以货币作为计量单位,反映企业在生产经营的某一个时点上所实际控制资产存量的真实状况,以及在生产经营的某一个期间,企业资产流量的真实状况。企业是资产实际控制权的空间范围。在这个范围内的资产,企业对其具有实际经济管理权,能够自主地运用资产从事生产经营活动,同时享有并承担与资产所有权相关的经济利益和相应的风险。因此,对于企业来说,管好用好资产是关系到企业兴衰的大事,必须予以高度重视。

汽车服务企业资产按其流动性通常可以分为流动资产、固定资产、长期投资、无形资产、递延资产和其他资产。这里仅介绍流动资产和固定资产。

一、流动资产管理

流动资产是指可以在1年内或者超过1年的一个营业周期内变现或者运用的资产。按资产的占用形态,流动资产可分为现金、短期投资、应收账款及预付款和存货。这里仅介绍现金、应收账款及库存的管理。

1.现金管理

现金是指可以立即用来购买物品、支付各项费用或用来偿还债务的交换媒介或支付手段。主要包括库存现金和银行活期存款,有时也将即期或到期的票据看作现金。现金是流动性最强的资产,拥有足够的现金对降低企业财务风险、增强企业资金的流动性具有十分重要的意义。

现金管理的目的是在保证企业生产经营所需现金的同时,节约使用资金,并从暂时闲置的现金中获得最多的利息收入。企业库存现金没有收益,银行存款的利息率也远远低于企业的资金利润率。现金结余过多,会降低企业的收益,但现金太少,又可能会出现现金短缺,影响生产经营活动。现金管理应力求做到既保证企业日常所需资金,降低风险,又避免企业有过多的闲置现金,以增加收益。

汽车服务企业现金管理的内容主要包括:编制现金收支计划,以便合理地估算未来的现金需求;对日常的现金收支进行控制,力求加速收款,延缓付款;用特定方法确定理想的现金余额,即当企业实际的现金余额与最佳的现金余额不一致时,采用短期融资或归还借款和投资于有价证券等策略来达到比较理想的状况。

现金收支计划是在预定时期,企业现金的收支状况,并对现金进行平衡的一种打算。它是企业财务管理的一个重要内容。

企业可通过现金周转模式、存货模式及因素分析模式等方法确定最佳现金余额,作为企业实际应持有现金的标准,并进行现金的日常控制。其主要内容是:一要加速收款,尽可能地加快现金的收回。二要控制支出,尽量延缓现金支出的时间。三要进行现金收支的综合控制。因此,要实施现金流入与流出同步管理;实行内部牵制制度,即在现金管理中,要实行管钱的不管账,管账的不管钱,使出纳人员和会计人员相互牵制,相互监督;及时进行现金的清理，库存现金的收支做到日清月结，确保库存现金的账面额与银行对账单余额相互符合；现金、银行存款日记账款额分别与现金、银行存款总账款额相互符合，作好银行存款的管理，对超过库存限额的现金应存入银行统一管理，并按期进行清查，保证存款完全完整。当企业有较多闲置不用的现金时，可投资于国库券、企业股票等，以获得较多的利息收入；当企业现金短缺时，再出售各种有价证券获取现金。这样，既保证企业有较多的利息收入，又能增强企业的变现能力。

2. 应收账款管理

应收账款及预付款是一个企业对其他单位或个人有关支付货币、销售产品或提供劳务而引起的索款权。它主要包括应收账款、应收票据、其他应收款、预付货款等。汽车服务企业所涉及有关应收账款及预付款的业务主要是：企业提供汽车服务而发生的非商品交易的应收款项、企业向外地购买设备或材料配件等而发生的预付款项、其他业务往来及费用的发生涉及的其他应收款项。

汽车服务企业因销售产品、提供汽车维修劳务等发生的收入，在款项收到之前属于应收账款。应收账款是企业因销售产品、材料，提供劳务等业务，应向购货单位或接受劳务单位收取的款项。汽车服务企业因提供汽车配件及汽车服务等发生的收入，在款项尚未收到时属于应收账款。近年来，由于市场竞争的日益激烈，汽车服务企业应收账款数额明显增多，已成为流动资产管理中的一个日益重要的问题。应收账款的功能在于增加销售、减少存货。同时，也要付出管理成本，甚至发生坏账。为此，要加强对应收账款的日常控制，作好企业的信用调查和信用评价，以确定是否同意顾客赊欠款。当顾客违反信用条件时，还要作好账款催收工作，确定合理的收账程序和讨债方法，使应收账款政策在企业经营中发挥积极作用。

3. 库存管理

库存是指汽车服务企业在提供汽车服务过程中，为销售或耗用而储存的各种物资。对于汽车服务企业来说，库存主要是为耗用而储备的物资，一般是指汽车维修的材料、配件等。由于它们经常处于不断耗用与不断补充之中，具有鲜明的流动性，且通常是企业数额最大的流动资产项目。库存管理的主要目的是控制库存水平，在充分发挥库存功能的基础上，尽可能减少存货，降低库存成本。为此，企业要首先制定库存规划，即在确定企业存货占用资金数额的基础上，编制存货资金计划，以便合理确定存货资金的占用数量，节约使用资金，并且要在存货的日常控制方面进行严格管理，在企业日常生产经营过程中，按照库存计划的要求，对存货的使用和周转情况进行组织、调节和监督。常用存货控制的方法是分级分口控制，其主要包括三项内容：①在厂长经理的领导下，财务部门对存货资金实行统一管理，包括制定资金管理的各种制度，编制存货资金计划，并将计划指标分解落实到基层单位和个人，对各单位的资金运用情况进行检查和分析，统一考核资金的使用情况。②实行资金的归口管理，按照资金的使用与管理相结合、物资管理与资金管理相结合的原则，每项资金由哪个部门使用，就归哪个部门管理。③实行资金的分级管理，即企业内部各管理部门要根据具体情况将资金计划指标进行分解，分配给所属单位或个人，层层落实，实行分级管理。

二、固定资产管理

固定资产是使用年限在 1 年以上，单位价值在规定的标准以上，并且在使用过程中保持原来物质形态的资产。固定资产是汽车服务企业中资产的主要种类,是资产管理的重点。

1. 固定资产的种类及固定资产投资的特点

按经济用途将固定资产分为:生产用固定资产、销售用固定资产、科研开发用固定资产和生活福利用固定资产四种。汽车服务企业的固定资产主要是生产用固定资产,且多为专用设备。

按使用情况不同,将固定资产分为:使用中的固定资产、未使用的固定资产和不需用的固定资产三种。

按所属关系不同,将固定资产分为:自有固定资产和融资租入的固定资产。

固定资产投资一般具有如下特点:回收时间较长、变现能力较差、资金占用数量相对稳定、实物形态和价值形态可以分离。

2. 固定资产的日常控制

为了提高固定资产的使用效率,保护固定资产的安全完整,做好固定资产的日常管理工作至关重要。其主要内容包括以下几个方面。

1)实行固定资产的分级分口管理

企业固定资产种类和数量较多,其使用涉及企业内部各部门及各单位。为此,应在企业内部建立各职能部门,如各单位在固定资产管理方面的责任制。实行固定资产的分级分口管理,即在企业财务部门的统一协商下,按固定资产的类别由厂部各职能部门负责归口管理,按各类固定资产的使用地点,由各级使用单位负责具体管理,并进一步落实到班组和个人。这样,便可做到层层有人负责,物物有人管,使固定资产的安全保管和有效利用得到可靠保证。

2)建立固定资产卡片和固定资产登记簿制度

为了详细反映和监督企业各项固定资产的使用及增减变动情况,管好用好固定资产,需要设置固定资产卡片和固定资产登记簿,以进行固定资产的明细核算。

固定资产卡片由财务部门填制,一份留存作为固定资产明细核算之用,一份交管理部门保存作为管理的依据。固定资产在使用过程中,由于改建、扩建或技术改良等原因引起原值、折旧额的变动,应根据有关凭证及时登记入卡。固定资产在企业内部各使用部门之间转移时,应由固定资产管理部门填制必要的凭证,通知移交、接收的部门和财务部门,据此办理固定资产转移手续,并将固定资产卡片一并转移。

为了按使用部门分类反映固定资产的增减变动和存在情况,财务部门应设置固定资产登记簿,每一类固定资产开设账页,并按使用保管部门将固定资产的年初余额汇总入登记簿内。固定资产发生增减变动时,应根据经过核签的增减凭证,逐笔或汇总记入登记簿内,并结出月末金额。

通过建卡和登记办法,有利于促进使用单位加强对设备的维修,提高设备的完好程度,做到账实相符,为管好、用好固定资产打下良好基础。

3)按财务规定计提固定资产折旧

固定资产折旧是指固定资产因磨损而转移到产品中去的那部分价值。管好、用好固定资产折旧,认真计提固定资产折旧是固定资产日常管理的重要内容。

现行规定的固定资产折旧的计提范围为:房屋和建筑物,在用的机器设备、仪器仪表,运输车辆、工具器具,季节性停用和修理的设备,以经营租赁方式租出的固定资产及以融资租赁方式租入的固定资产。

不计提折旧的固定资产包括:房屋建筑物以外的未使用、不需用的固定资产,以经营租赁方式租人的固定资产及已提足折旧仍继续使用的固定资产等。

计提折旧的起止时间的计算。固定资产从投入使用开始,即发生价值损耗,应开始计提折旧,分摊资产的成本;固定资产报废或停止使用时应停止计提折旧,按现行制度规定:折旧按足月原价计提,月份内开始使用的从下月起计提折旧,月份内减少或停止使用的从下月起停止计提折旧。

折旧计算方法的选择。按现行制度规定,企业计提固定资产折旧时一般使用平均年限法。经审批同意,对机器设备也可采用双倍余额递减法或者年数总和计提折旧法。后两种方法属于加速折旧法,其有利于加速资金的回收和周转,改善企业财务状况。

4) 合理安排固定资产的修理

固定资产在使用过程中,由于受机械磨损、化学腐蚀等而发生损耗,但各个部件的磨损程度并不相同。为了保证其正常使用,并发挥应有的功能和维持良好的状态,必须经常对其进行维护和修理。在进行固定资产修理时所发生的修理费可直接计入有关费用,但若企业的修理费用发生不均衡且数额较大时,为了均衡企业的成本或费用负担,可采用待摊或者预提的办法。采用预提的办法,实际发生的修理支出费用冲减预提费用。当实际支出费用大于预提费用的差额,计入有关费用,小于预提费用的差额冲减有关费用。

5) 科学进行固定资产的更新

固定资产的更新是指对固定资产的整体补偿,即以新的固定资产来更换需要报废的固定资产。固定资产更新有两种形式:一种是完全按原样进行更新,即按原来的技术基础、原来的规模、原来的结构和原来的用途进行更新,以实现固定资产的实物再生产;另一种是在先进技术基础上的更新,即以先进的、效率和性能更好的、能产生更大经济效益的设备更新陈旧落后的设备,不断提高企业的技术水平,特别是近年来随着汽车工业的迅速发展,对汽车服务业的技术进步要求越来越高,更需要企业以这种内涵式扩大再生产的更新途径,加速企业上规模、上水平,有重点、有步骤地进行固定资产更新。

三、投资管理

投资是企业开展正常生产经营活动并获取利润的前提,也是企业扩大经营规模、降低经营风险的重要手段。投资按其回收时间的长短可分为短期投资和长期投资。短期投资又可称为流动资产投资,它是指能够并且准备在一年内收回的投资,主要指对现金、应收账款、存货、短期有价证券等的投资。长期投资是指在一年以上才能收回的投资,主要指对厂房、机器设备等固定资产的投资,也包括对无形资产和长期有价证券的投资。

企业在进行投资分析与决策时,需要认真考虑与投资相关的影响因素。一般来说,企业投资应重点考虑的因素有:投资收益的大小、投资风险的高低、投资的约束条件和投资的弹性分析等。

1. 现金流量的定义

现金流量也称现金流动量,它是指投资项目在其计算期内因资本循环而可能或应该发生的各项现金收支,其中现金收入称为现金流入量,现金支出称为现金流出量。现金流入量与现金流出量相抵后的差额称为现金净流量,现金净流量也称净现金流量(Net Cash Flow,NCF)。

在一般情况下,投资决策中的现金流量通常指现金净流量。现金流量是计算项目投资决策评价指标的主要依据和重要信息之一。必须注意的是,本章阐述的现金流量与财务会计中现金流量表中使用的现金流量,无论是具体构成内容还是计算口径方面两者都存在较大的差异。这里的现金既指库存现金、银行存款等货币性资产,也可以指投资方案需要投入或收回的相关的非货币性资产(如原材料、设备等)的重置成本或变现价值。

2. 项目投资决策评价指标

投资决策是对各个投资方案进行分析和评价,从中选择最优方案的过程。为了客观、科学地分析评价各种投资方案是否可行,应使用不同的决策指标,从不同的侧面或不同的角度反映投资方案的内涵。各项指标在大多数情况下对于方案的取舍是一致的,但有时也会出现不一致的情况。所以按某一指标来确定对投资方案的取舍,有时会造成偏差。在投资决策的分析评价中,应根据具体情况采用适当的方法来确定投资方案的各项评价指标,以供决策参考。比如在汽车租赁企业,投资决策就是对汽车租赁这一项目进行经济效益分析,得出项目经营的总利润,然后结合项目组织管理,确定投资方案是否可行。

项目投资决策评价指标可分为非贴现指标和贴现指标两大类。其区别在于:非贴现指标不考虑资金的时间价值,计算比较简单,又称静态指标。其评价指标有投资回收期(静态)、平均报酬率等。贴现指标考虑资金的时间价值,计算较为复杂,又称动态指标。其评价指标有净现值、现值指数、内部收益率等。

(1)非贴现指标。

①投资回收期。

投资回收期(Payback Period,PP)是指投资项目收回全部投资所需要的时间。为了避免发生意外情况,投资者总是希望尽快收回投资,即投资回收期越短越好。投资回收期越短,说明该项投资所冒的风险越小,方案越佳。

回收期 n 可以利用下式确定:

$$\sum_{k=0}^{n} I_k = \sum_{k=0}^{n} O_k$$

式中:n——投资年限;

I_k——第 k 年现金流入量;

O_k——第 k 年现金流出量。

将计算的投资回收期与期望投资回收期相比,若方案回收期短于期望回收期,则方案可行;否则,方案不可行,应放弃投资。如果几个方案都达到既定的回收期,且只能选择一个方案时,则应选择回收期最短的方案。

投资回收期计算简单,易于理解,有利于促进企业加快投入资本的回收速度,尽早收回投资。但它存在两个缺点:一是忽视现金流量的发生时间,未考虑货币的时间价值;二是忽略了投资回收期后的现金流量,注重短期行为,忽视长期效益。因此,运用投资回收期对备选方案只能进行初步的评价,必须与其他决策指标结合使用,才能做出较正确的决策。

②平均报酬率。

平均报酬率(Average Rate of Return,ARR)是指投资项目寿命周期内平均的年投资报酬率。平均报酬率也称平均投资报酬率,它有多种计算方法,最常用的计算公式为:

$$ARR = \frac{NCF_m}{V} \times 100\%$$

式中:NCF_m——年平均现金净流量;

V——原始投资额。

采用平均报酬率进行决策时,将投资项目的平均报酬率与决策人的期望平均报酬率相比,如果平均报酬率大于期望的平均报酬率,则可接受该项投资方案;否则,拒绝该项投资方案。若有多个可接受的投资方案选择,则应选择平均报酬率最高的方案。

平均报酬率指标的优点是计算简单、明了,易于掌握,克服了投资回收期没有考虑回收期后现金流量的缺点,即考虑了整个方案在其寿命周期内的全部现金流量。平均报酬率指标的缺点是忽视现金流量的发生时间,未考虑货币的时间价值,所以不能较为客观、准确地对投资方案的经济效益做出判断。

(2)贴现指标。

①净现值。

净现值(Net Present Value,NPV)是投资项目投入使用后的净现金流量按资金成本率或企业要求达到的报酬率折合为现值,减去原始投资额现值以后的余额,即从投资开始至项目寿命终结时所有的现金流量(包括现金流出量和现金流入量)的现值之和。其计算公式为:

$$NPV = \sum_{k=0}^{n} \frac{I_k}{(1+i)^k} - \sum_{k=0}^{n} \frac{O_k}{(1+i)^k}$$

式中:n——投资年限;

I_k——第 k 年现金流入量;

O_k——第 k 年现金流出量;

i——预定贴现率。

净现值指标的优点有两方面:一是考虑了货币的时间价值,能反映投资方案的净收益额;二是净现值考虑了投资的风险性,因为贴现率由公司根据一定风险确定的预期报酬率或资金成本率制定。

净现值指标的缺点有两方面:一是不能动态地反映投资项目的实际收益水平,且各项目投资额不相等时,仅用净现值无法确定投资方案的优劣,必须与其他动态评价指标结合使用,才能做出正确的评价;二是贴现率的确定比较困难,而贴现率的高低对净现值的计算结果有重要影响。

②现值指数。

现值指数(Present Value Index,PVI)也称获利指数,是投资方案的未来现金流入现值与现金流出现值的比率。其计算公式为:

$$PVI = \frac{\sum_{k=0}^{n} \frac{I_k}{(1+i)^k}}{\sum_{k=0}^{n} \frac{O_k}{(1+i)^k}}$$

从计算公式可见,现值指数大于1,说明方案实施后的投资报酬率高于预期的投资报酬率,投资方案可行;现值指数小于1,说明方案实施后的投资报酬率低于预期的投资报酬率,投资方案不可行。现值指数越大,方案越好。

现值指数指标的优点是考虑了货币的时间价值,能够真实地反映投资项目的盈亏程度。由于现值指数是未来现金净流量现值与原始投资现值之比,是一个相对数,所以现值指数克服了净现值指标在项目投资额不相等时,无法判断方案好坏的缺点。现值指数指标的缺点与净现值指标的缺点一样,不能动态地反映投资项目的实际收益水平。

③内部报酬率。

内部报酬率(Internal Rate of Return, IRR)也称内含报酬率,它是指能够使未来现金流入量的现值等于未来现金流出量现值的贴现率,或者说使投资方案净现值为零的贴现率。内部报酬率的计算公式为:

$$NPV = \sum_{k=0}^{n} \frac{NCF_k}{(1+IRR)^k} = 0$$

式中:NCF_k——投资项目在第 k 年产生的净现金流量;

n——项目预计经济使用年限。

净现值法和现值指数法虽然考虑了时间价值,可以说明投资方案高于或低于某一特定的投资报酬率,但没有揭示方案本身的报酬率是多少。

3.项目投资决策风险分析

在前面的决策中,对各种项目的现金流量都是假定到期肯定能够实现的。事实上,由于固定资产投资决策涉及的时间长,不确定因素较多,项目的成本、收益很难做到准确预测,所以项目投资决策在不同程度上存在着风险。如在汽车租赁企业,投资周期长,不确定因素多,所以很难预测其成本和收益,因此就需要进行投资决策风险分析。投资项目决策风险分析的方法较多,常用的方法是风险调整贴现率法和风险调整现金流量法。

(1)风险调整贴现率法。

风险调整贴现率法是将与特定投资项目有关的风险报酬,加入到资金成本或企业要求达到的报酬率中,构成按风险调整的贴现率,并以此进行投资决策分析的方法。风险高的投资项目,采用较高的贴现率;风险较低的投资项目,采用较低的贴现率。风险调整贴现率的具体确定方法有以下几种。

①资本资产定价模型。

我们知道,总资产风险分为可分散风险和不可分散风险。可分散风险可通过多元化投资消除。进行投资分析时,值得注意的是不可分散风险。不可分散风险可通过资本资产定价模型调整。此时,特定投资项目按风险调整的贴现率可按下式计算:

$$K_j = R_F + b_j(R_m - R_F)$$

式中:K_j——项目 j 按风险调整的贴现率或项目 j 必要的投资报酬率;

R_F——无风险报酬率;

b_j——项目 j 不可分散风险的 β 系数;

R_m——所有项目平均贴现率或必要的报酬率。

②风险报酬率模型。

一项投资的总报酬可分为无风险报酬率和风险报酬率,用公式表示为:

$$K = R_F + bV$$

所以,特定项目按风险调整的贴现率可按下式计算:

$$K_i = R_F + b_i V_i$$

式中:K_i——项目 i 按风险调整的贴现率;

b_i——项目 i 的风险报酬系数;

R_F——无风险报酬率;

V_i——项目 i 预期基准离差率。

③按投资项目风险等级调整贴现率。

按投资项目风险等级调整贴现率是在分析影响投资项目风险的各因素基础上,根据评分来确定风险等级,并根据风险等级调整贴现率。按风险调整贴现率调整后的评价方法与无风险的评价方法基本相同。

(2) 风险调整现金流量法。

风险调整现金流量法是按风险情况对各年的现金流量进行调整,然后再进行长期投资决策的评价方法。具体调整方法很多,这里介绍肯定当量法。

所谓肯定当量法,就是把不确定的各年现金流量,按一定的系数(通常称为肯定当量系数)折算为大约相当于确定的现金流量的数量,然后再用无风险贴现率来评价投资项目的决策方法。肯定当量系数是肯定的现金流量与相应的不肯定的现金流量的比值,通常用 d 表示,一般可根据各年现金流量风险的大小或标准离差率选取不同的肯定当量系数。当现金流量确定时,可取 $d=1$;当风险较小,可取 $0.8<d<1$;当风险一般时,可取 $0.4<d<0.8$;当风险较大时,可取 $0<d<0.4$。肯定当量系数大小的设定,受分析者风险偏好的影响:冒险型的分析者会采取较高的肯定当量系数;保守型的分析者可能会选取较低的肯定当量系数。

第三节 汽车服务企业成本费用管理

一、汽车服务企业的成本费用及其分类

1. 成本费用的概念

汽车服务企业的成本费用是指汽车服务企业为了车辆维修、配件销售等汽车服务经营活动的开展所支出的各项费用,以货币额表现。它包括三个部分:物化劳动的转移价值、汽车服务中所消耗的材料及辅料的转移价值、员工的劳动报酬及剩余劳动所创造的价值。

实现利润最大化是汽车服务企业经营的目标,在汽车服务价格既定,汽车服务量一定的情况下,成本的高低是实现利润大小的决定因素。因而,汽车服务企业应想方设法增强成本管理,降低成本。

2. 成本费用的分类

按照成本费用的经济用途划分,成本可分为直接材料费用、直接人工费用、其他直接费用和期间费用,见图7-1。

(1)直接材料费用是指汽车服务企业在服务经营过程中实际消耗的汽车配件、美容产品、各种辅助材料等的支出。

(2)直接人工费用是指汽车服务企业直接从事服务经营活动人员的工资、福利费、奖金、津贴和补贴等人工费用。

(3)其他直接费用是指在汽车服务中发生的那些不能归入直接材料费用、直接人工费用的各种费用,如固定资产折旧费、修理费、动力费等。以上三类费用是计入汽车服务企业服务成本的费用。

(4)期间费用。期间费用是指汽车服务企业行政管理部门为组织和管理汽车服务经营活动而发生的管理费用等,以及为车辆和配件销售、维修等发生的进货运输费用和销售、维修费用。

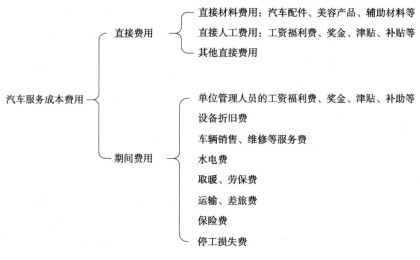

图 7-1 汽车服务成本费用

二、汽车服务企业的成本费用管理任务和要求

1. 企业成本费用管理的任务

汽车服务企业成本费用管理的基本任务,就是通过预测、计划、控制、核算、分析、考核与奖惩,来反映汽车服务企业服务经营的经济成果,挖掘降低成本和费用的潜力,努力降低成本,减少费用支出。

2. 企业成本费用管理的要求

(1)努力降低汽车服务消耗和原材料采购成本。汽车服务企业利润最大化目标的实现,首先取决于企业的汽车服务经营规模,即汽车服务经营业务量的大小。但是,汽车服务经营耗费的高低,同样处于决定性的地位。降低成本与扩大业务量均可增加企业额(降低成本增加的利润比扩大业务量增加的利润要更快、更有效)。因此,在成本费用管理中,必须努力降低汽车服务消耗、降低配件等原材料采购成本,才能显著提高汽车服务企业的经营效益。

(2)努力降低人工成本。人工成本在汽车服务成本中所占比例很大,而且呈上升趋势,因此,降低人工成本对降低汽车服务总成本具有十分重要的意义。可通过合理用工、优化汽车服务项目中员工的配比、增加高性能汽车服务设备、提高员工汽车服务技能和效率,实现降低人工成本的目的。

(3)实行全员成本管理。汽车服务企业成本费用的形成,与企业的全体职工有关。要将成本降低的指标要求落实到企业内部各职能部门,实行全员成本管理,充分发挥各个部门和全体员工在加强成本管理中的积极作用;要把成本费用计划,按照全员成本管理的要求,按部门分别落实责任指标,定期考核执行情况,分析成本费用升降的原因,采用奖励等措施,做到分工明确、职责清楚、奖惩合理。

(4)正确完整计算成本。汽车服务企业的成本核算资料必须正确完整,如实反映汽车服务经营过程中的各种消耗。对汽车服务经营过程中所发生的各项费用必须设置必要的生产费用账簿,以审核无误、手续齐全的原始凭证为依据,按照成本核算对象,把成本项目、费用项目按部门进行核算,做到真实准确、完整、及时。

(5)加强成本考核工作。汽车服务企业的成本核算:汽车服务企业对内部各成员责任中心定期考查,审核成本计划指标的完成情况,并评价成本管理工作的成绩。成本考核以成本计划指标作为考核的标准,以成本核算资料作为考核的依据,以成本分析结果作为评价的基础。通过成本考核,企业领导者可以监督各成本责任中心按时完成成本计划,也能全面、正确地了解企业成本管理工作的质量和效果。

三、汽车服务企业的成本计划

1. 成本计划及要求

汽车服务企业的成本计划是汽车服务企业按照成本费用决策要求,进行汽车服务经营所需的成本费用计划,是汽车服务企业服务经营计划的重要组成部分,是进行成本控制、成本分析以及编制财务计划的重要依据。

为了发挥成本计划的作用,在编制成本计划时,应特别体现下列要求:

(1)重视有关人员提供的成本预测资料。
(2)符合实现目标利润对成本降低指标的要求。
(3)遵守国家规定的成本开支范围。
(4)协调好成本计划指标与其他汽车服务业务技术经济指标之间的平衡与衔接。
(5)成本计划指标的确定要实事求是,既要先进又可行,并有必要的组织措施予以保证。

2. 成本计划的编制程序

(1)收集和整理基础资料。在编制汽车服务企业的成本计划之前,相关人员要广泛收集和整理所必需的各项基础资料,并加以分析研究。所需资料包括汽车服务企业制定的成本降低任务、指标或承包经营的承包指标,企业计划采取的经营决策和经营计划等有关指标,各种技术经济定额,历史成本资料,同类企业的成本资料,企业内部各部门费用计划和劳务价格等其他有关资料等。

(2)分析报告期成本计划的预计执行情况。正确的汽车服务企业的成本计划,应是在总结过去经验的基础上制定出来的。因此,应对报道年度计划执行情况进行预计和分析,计算出上年实际单位成本,为成本计划提供编制依据。

(3)编制成本计划。编制汽车服务企业的成本计划有两种方法:

①企业统一编制。以企业财会部门为主,在其他部门配合下,根据经营计划要求,编制企业的成本计划。

②分级编制。把企业确定的目标成本、成本降低率以及各种关键性的物质消耗指标与

费用开支标准下达到各汽车服务部门;各汽车服务部门根据下达的指标,结合本单位的具体情况,编制出各自的成本计划;企业财会部门根据各生产部门上报的成本计划,进行会中平衡,编制整个企业的成本计划。经过批准,再把成本计划指标分解,层层下达到各汽车服务部门,据以编制出各部门的经营成本计划。

四、汽车服务企业的成本预测

1. 成本预测的概念

汽车服务企业的成本预测就是根据企业成本特性及有关数据资料,结合汽车服务企业的发展前景和趋势,采用科学的分析方法,对一定时期某些业务成本水平、成本进行预计和测算。成本预测可以让企业更好地控制成本,做到心中有数,避免盲目性,减少不确定性,为更好地进行汽车服务决策提供依据。

2. 成本预测的内容

汽车服务企业成本预测的内容主要有:全面进行汽车服务市场调查,掌握汽车服务市场的需求情况,预测汽车服务市场的需求数量及其变化规律,掌握汽车及配件等价格变动情况;进行企业内部调查,预测汽车服务技术、汽车服务能力和经营管理的水平和可能发生的变化,掌握汽车服务费用的增减和成本升降的有关资料,及其影响因素和影响程度;根据企业内外部各种资料和汽车服务市场发展趋势,预测成本。

3. 成本预测的方法

汽车服务企业成本预测常用目标利润法。目标利润法又称"倒扣计算法"或"余额计算法",其特点是"保利润、挤成本"。它是先制定目标利润,随后考虑税金、期间费用等项目,推算出目标成本的大小。其测算公式为:

$$目标成本 = 预测经营收 - 应纳税金 - 目标利润 - 期间费用$$

五、汽车服务企业的成本控制

1. 成本控制的途径

汽车服务企业要全员、全方位控制成本,可以通过以下途径实现:

①提高全员的劳动生产率,劳动生产率的提高,意味着在相同的时间和相等的固定费用下,可以从事更多的汽车服务工作,取得更多的收入。

②节约汽车服务过程中各种材料的消耗。

③提高汽车维修等设备的利用效率。

④提高汽车服务的质量,减少返工和不必要的消耗。

⑤创建品牌汽车服务,通过较高的品牌汽车服务价格,降低成本所占比例。

⑥加速车辆、配建、机油等占用资金的周转,减少资金的占用。

⑦节约其他开支,严格执行国家的财经纪律和企业的财经制度。

2. 成本开支的基本程序

(1)制订成本的控制标准:应根据汽车服务企业成本预测与成本计划,制订出控制的标准,确定标准的上下限。

(2)建立成本费用控制的组织体系和责任体系:即要由财务部门负责,在各个成本费用发生点建立成本费用控制责任制,定岗、定人、定责,并定期检查,对成本费用的形成过程严格按照成本费用标准进行控制和监督。

(3)反馈成本信息,及时纠正偏差:为及时反馈信息,应建立信息反馈的凭证和表格,确定信息反馈时间和程序,并对反馈的信息进行分析,要将实际消耗和标准进行比较,计算成本差异,分析、揭示产生差异的原因,并及时加以纠正,应明确纠正的措施、执行的人员及时间,以达到成本控制的目的。

3. 成本控制的方法

(1)绝对成本控制。汽车服务企业的绝对成本控制是把成本支出控制在一个绝对的金额中的一种成本控制方法。标准成本和预算控制是绝对成本控制的主要方法。

(2)相对成本控制。汽车服务企业的相对成本控制是指汽车服务企业为了增加利润,从汽车服务量、成本和收入三者的关系出发来控制成本的方法。实行这种成本控制方法,可以知道当汽车服务企业的汽车服务量达到何值时,企业的利润最高。

(3)全面成本控制。汽车服务企业的全面成本控制是指对汽车服务企业生产经营所有过程中发生的全部成本、成本形成中的全过程、企业内所有员工参与的成本控制。

(4)定额法。定额法是以事先制定的汽车服务定额成本为标准,在汽车服务费用发生时,及时提供实际发生的费用脱离定额耗费的差异额,让管理者及时采取措施,控制汽车服务费用的发生额,并且根据定额和差异额计算产品实际成本的一种成本计算和控制的方法。

(5)成本控制即时化。成本控制即时化就是通过现场服务管理人员每天下班前记录当天发生的人工、汽车材料、汽车维修设备等使用数量与汽车服务项目完成数量,经过部门经理或者交接班人员的抽检,及计算机软件的比较分析得出成本指标是否实现及其原因的成本管理方法。

(6)标准成本法。标准成本法是指以预先制定的标准成本为基础,用标准成本与实际成本进行比较,核算和分析成本差异的一种汽车服务成本计算方法,也是加强成本控制、评价经济业绩的一种成本控制制度。

(7)经济采购批量。经济采购批量是指在一定时期内进货总量不变的条件下,使采购费用和存储费用总和最小的采购批量。

(8)本量利分析法。本量利分析法是在成本性态分析和变动成本法的基础上发展起来的,主要研究成本、汽车销售数量、汽车维修项目数量、价格和利润之间数量关系的方法。它是汽车服务企业进行预测、决策、计划和控制等经营活动的重要工具,也是管理跨级的一项基础内容。

(9)线性规划法。线性规划法是运筹学的一个重要分支,线性规划法是以汽车服务成本为控制目标,在汽车服务企业资源的约束条件下,用运筹学中线性规划的数学方法,对企业资源进行最佳分配,获取最佳的经济效益,控制汽车服务成本。

(10)价值工程法。价值工程法指的是通过集体智慧和有组织的活动对汽车服务项目进行功能分析,使目标以最低的总成本,可靠实现汽车服务的必要功能,从而提高汽车服务的价值。

(11)成本企划。成本企划是汽车服务企业成本前馈控制的方法,它不同于传统的成本反馈控制,即先确定一定的方法和步骤,根据实际结果偏离目标值的情况和外部环境变化采取相应的对策,调整先前的方法和步骤,针对未来的必达目标,对目前方法与步骤进行弹性调整,因而是一种先导性和预防性的控制方式。

(12)目标成本法。目标成本法是一种以市场为导向,以目标成本为依据,用目标成本计算的方法计算目标成本,通过目标成本的分解、落实、控制和考核等手段,对汽车服务企业经营活动的全过程实行全面、综合性管理,以期达到全面提升企业效益的一种综合科学管理方法。它是首先确定客户会为汽车服务付多少钱,然后再回过头来设计能够达到的期望利润水平的汽车服务经营流程。

以上成本控制方法,要坚持经济性原则,根据企业、部门、岗位和成本项目的实际情况加以选用。

六、汽车服务企业的目标成本管理

1. 目标成本的制定与核算

目标成本管理体现的管理思想是:成本是管理决策的结果,对于汽车服务企业来说,成本控制不是始于汽车服务,而是始于汽车服务策划阶段。在汽车服务策划阶段,就要制定与核算汽车服务的目标成本。要考虑目标利润,可用逆向工程的方法考虑目标成本。为保证目标成本的先进性与可行性,制定之前应掌握大量的信息资料,如本企业的历史性资料、国内同行近期资料及国外同行的近期资料等,经反复比较、分析、测算才能最后确定。然后将目标成本按产品零部件,层层分解为若干个小指标,落实到各部门、分厂、车间、工段、小组及个人,理顺管理系统。

在新车销售策划中确定目标售价,并将其作为新车型销售开发提案中的主要内容之一。目标售价不仅要考虑新车销售的所有成本,包括购车支出、广告等宣传费、车辆运输费、人员的工资和奖金、场地费用、税收,还要考虑利润等。此外,还要参考当时的汽车价格水平和竞争对手同类产品的价格,预测新产品投放市场时市场上产品的价格变化和竞争对手在价格上可能发生的变化。

在车辆维修服务策划中,要确定目标汽车维修成本,其包括汽车配件和汽油等维修辅材的消耗、人员的工资和奖金、场地费、设备折旧费、新设备购置费、检测费、税收、利润等。此外,还要考虑当地同类汽车维修企业成本的水平,企业可持续发展的汽车维修成本,顾客逐年可接受的车辆维修成本。

2. 目标成本的控制

汽车服务企业的各部门按目标成本分解形成的责任指标,控制各责任单位的汽车服务经营活动,而目标成本的日常控制由责任单位自理,汽车服务企业与责任单位存在指导与督促关系。用会计核算方法进行目标成本核算,用电算化手段对目标成本的实施进行记录、计算、汇总,可系统地反映目标成本的执行情况,这对发现执行中的问题极为方便。

3. 目标成本的考评与奖惩

目标成本的考核与奖惩即将责任部门和个人所承担的目标成本的责任指标,与目标成本实际完成情况进行对比,做层层考核与合理评价,对在降低成本上做出努力和贡献的部门和员工给予肯定,并根据贡献的大小,给予相应的奖励,以稳定和提升员工进一步努力的积极性。同时对于缺少成本意识,成本控制不到位,造成浪费的部门和个人,给予处罚,以促其改进、完善。

对责任单位和个人所承担的技术经济责任指标,做层层考核与合理评价,是开展目标成本管理的关键。它关系到激励机制的建立和完善,并促使职工尽可能去节约原材料和能源,以及减少废品损失和降低产品成本;使职工既注重完成的数量,又注重完成汽车服务项目的质量和节约开支。

七、汽车服务企业的成本否决制度

1. 成本否决

成本否决就是即使其他指标完成的再好,只要突破了分配给部门、团队或个人的目标成本,员工的工资和奖金等就要受到影响。分配给部门、团队或个人的目标成本由汽车服务企业的目标成本决定。

2. 成本否决制度

成本否决制度是要树立起"成本权威",将成本作为影响、诱导和矫正员工行为的杠杆,实现成本一票否决。成本否决制度的建立需要确立成本分析、成本核算、成本保证和成本考核四个体系。

实行成本否决的两个基本点:一是不讲客观,不搞分析,严格考核;二是实行彻底的成本否决权,即如果成本指标完不成,其他指标完成的再好,所有的奖金将被否决。同时与员工升级挂钩。

在汽车服务企业管理中,成本否决制度规定,所有汽车服务成本加各项费用与汽车服务市场价格比起码要相等,决不能亏损,使广大职工与企业真正形成责、权、利相统一的利益共同体。成本管理纵向到底,横向到边,上至公司管理层,下至公司每名员工,人人分担成本指标和费用指标,使汽车服务经营过程中的每个环节都要算市场账、成本账,从而建立起一整套比较完整的目标成本责任网络体系。

第八章　汽车服务企业信息管理

第一节　汽车服务企业信息管理系统

随着全球信息化浪潮的兴起,信息革命蓬勃发展,"信息"已成为现代社会中使用最多、最广泛、频率最高的一个词语。不仅吸引着科学研究人员、工程技术人员、管理及咨询人员,而且在人类社会生活的各个方面和各个领域被广泛采用。现在,人们对"信息"这个概念已经不陌生了,因为"信息化""信息经济""信息社会""信息资源"等新名词已经给这个迅速发展的世界增添了色彩。

传统企业管理是对人力、财力、物力等基本资源的管理,但在现代企业中,信息已与人、财、物等资源一样,成为企业的一种基本资源。忽视了对信息的管理,就不能提高效率,就难以保证企业的竞争力,难以提供良好的服务,也就谈不上现代化管理。管理离不开信息,信息在管理的全过程中起着基础性作用。

一、汽车服务企业管理信息与信息管理系统

1. 汽车服务企业信息

汽车服务企业的信息是指经过加工,能对企业的汽车服务经营、财务、物资与设备管理、人事管理、文化与形象管理等产生影响的数据、资料、信息、情报和知识等。

汽车服务企业的信息既包括汽车服务企业内部信息,也包括汽车服务企业外部信息。汽车服务企业的内部信息包括整车或配件等物资的库存信息,汽车维修的成本、利润、技术设备的信息,企业的人力资源情况,企业的服务技术资料、各种规章制度信息;汽车服务企业外部信息包括国家经济政策信息,汽车服务市场需求信息,整车与配件销售供应、价格的信息,客户的姓名、电话、地址等个人信息。这些信息都是汽车服务企业所需的信息,是企业宝贵的资源。为保证汽车企业正常开展服务经营,必须做好信息管理工作。

2. 汽车服务企业的信息管理系统

汽车服务企业信息管理系统是一个以人为主导,利用计算机软件、硬件、网络通信设备以及其他办公设备(手机、电话、传真机、打印机等),进行汽车服务企业管理、业务信息的收集、传输、加工、储存等集成化的人机系统。

3. 汽车服务企业信息管理系统的作用

(1)为汽车服务企业管理服务。汽车服务企业信息管理系统为汽车服务企业管理服务,可实现对汽车服务企业所需信息的收集、储存、处理、传递分析等的管理,能对汽车消费者提供信息服务、发布汽车广告消息,实现汽车产品网上交易电子化、与整车制造商信息传递与共享网络化、汽车服务企业内部管理以及汽车物流控制信息化等。此外,通过网络,可检索

到汽车服务的管理方法、先进的经营方法、管理制度、汽车技术、人事信息等,这些可有力支持汽车服务企业的管理及发展,如将文献检索技术、汽车专业技术、计算机技术等应用于网络检索,可获得更多对汽车服务企业的管理及发展有用的信息。

(2)开展汽车服务企业电子商务。电子商务是信息管理系统在商务方面的应用,可实现企业对企业、企业对消费者、企业对政府、个人对政府的汽车服务经营,包括整车、汽车配件及汽车美容产品等网上订购、购物、销售、网上支付,可开展汽车服务企业网络广告活动,开设汽车服务企业的网上电子账户,进行汽车服务企业员工招聘等。

二、汽车服务企业信息管理系统的主要特点与基本功能

1. 信息管理系统的主要特点

1)在管理中全面使用计算机

汽车服务企业的主要管理工作(如汽车服务计划、汽车服务市场预测、合同管理、设备管理、财务成本管理、物资管理、劳动人事管理等)都用计算机辅助,企业、公司最高层的决策也借助于计算机提供信息。

2)应用数据库技术和计算机网络

应用数据库技术和计算机网络。全面收集、组织与企业管理有关数据,由数据管理系统进行管理和控制,实现系统数据实时处理和资源共享。在信息系统中广泛应用计算机局域网络和远程网络(广域网),提高了信息系统处理信息和传递信息的能力,克服了地域的限制,甚至可以跨越国界,为设在各地的汽车服务连锁企业提供信息服务。

3)采用决策模型解决结构化的决策问题

在信息管理系统中普遍使用了决策模型来解决结构化的决策问题,即可以利用一定的规则和公式来解决例行的和反复进行的决策,如用线性规划求解生产资源最优配置等问题。这种决策主要面向企业中、下层管理人员。同时,在信息管理系统中这些决策模型通常只是作为程序的一部分,而没有成为管理信息系统中的一个独立的组成部分。

总之,信息管理系统的三要素是:系统的观点、数学的方法和计算机的应用。

2. 信息管理系统的基本功能

信息管理系统的功能是多种多样的,各种不同的信息管理系统除了它特有的一些功能之外,都具有信息的收集、组织和存储、处理、传递、提供等基本功能。

1)信息的收集

任何信息管理系统,如果没有实际的信息,其理论上的功能再强,也是没有任何实际用处的。根据信息的来源不同,信息可分为原始信息和二次信息。原始信息指在信息发生的当时当地在信息描述的实体上直接取得的信息。二次信息是指已经被别人加工处理后记录在某种介质上,与所描述的实体在时间、空间上分离了的信息。这两种不同来源的信息,收集时在许多方面有不同的要求。原始信息收集的关键是全面完整、及时准确、科学地把所有需要的信息收集起来。二次信息收集的关键是有目的地选取所需要的信息,并正确地解释所取得的信息在不同信息系统之间的指标含义等。

2)信息的组织和存储

信息管理系统必须具有信息组织和存储的功能,否则它就无法突破时间与空间的限制,

发挥提供信息、支持决策的作用。信息的组织和存储的目的是处理信息,便于检索。同时为了更有效地利用存储及处理设备,凡涉及信息存储问题时,都需要考虑存储量、信息格式、存取方式、存储时间、安全保密等问题,以保证信息不丢失、不走样、整理及时、使用方便。

3)信息的处理

信息经过加工处理,将更加集中,更加精炼,更能反映本质。为了满足对信息的各种需求,系统总需要对已经收集到的信息进行某些加工处理。加工本身可分为数值运算和非数值数据处理两大类。数值运算包括各种算术代数运算,如数理统计中各种统计量的计算及各种检验;运筹学中的各种最优化算法以及模拟预测方法等。非数值数据处理包括排序、归并、分类及字处理等。

4)信息的传递

信息传递是现代化管理的基本要求。信息传递的广义含义是信息在媒介体之间的转移。严格地说,所有信息处理都是信息在组织内部的传递,也就是信息在物理位置上的移动。信息传递是通过文字、语言、电码、图像、色彩、光、气味等传播渠道进行的。信息传送方式有单向传送、双向传送、半双向传送、多通道传送等。

随着信息管理系统规模的扩大和发展,信息传递任务越来越重要,信息管理系统的管理者与计划者必须充分考虑需要传递的信息的种类、数量、频率、可靠性要求、传送方式等一系列问题。

5)信息的提供

信息处理的目的是为了进一步解释其性质和含义,最终向管理者、决策者提供服务。一般以报表、查询和对话等方式提供状态信息、行动信息和决策支持信息等。提供信息的手段是人和计算机之间的接口,人机之间的信息转换由其接口来完成。人机接口将人以各种手段和形式将计算机提供的信息转换为计算机能识别的信息,计算机输出的信息转换为用户容易识别的文字、图像、图形、声音等形式。

组织内有不同的需求、阶层及专门领域,需要有不同的系统。没有任何单一的信息系统可以完全满足组织内所有的需求。在纵向层级维度,组织可以划分为战略层、管理层、执行层;在横向功能维度,组织可以划分为采购、生产、销售、财务以及人力资源等部门,如图8-1所示。系统要分别满足这些不同的组织。

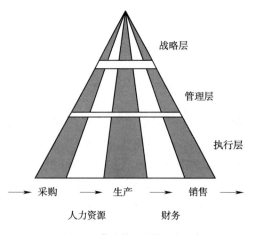

图8-1 信息管理系统服务对象

三、信息管理系统的开发特点

信息管理系统的开发是一个复杂的系统工程,不仅涉及计算机技术、网络通信技术、系统理论、管理科学等方面的问题,还受到多方面条件的制约。历史上,国内外许多企业在开发和运用信息管理系统中遭到失败,失败的原因很多,如对开发任务的艰巨性认识不足,领导不重视,组织管理混乱,开发方法选择不当,需求界定不准确,开发人员与用户之间的沟通不畅等。在信息管理系统建设的长期实践中,人们清醒地认识到,开发一个复杂的系统工程,必须遵循科学的开发策略,采用正式的、科学的开发方法,否则,就会使开发信息管理系统工作遭到失败。正确的指导思想、必要的开发条件、科学的组织管理和选择合理的开发方法与开发方式是成功开发信息管理系统的前提和基础性条件。

充分认识信息管理系统开发的特点,可以使系统的开发少走弯路。信息管理系统开发具有如下特点。

1. 复杂性

系统开发本身是一项综合性技术,涉及计算机科学、通信技术、网络技术、管理科学等多种学科,具有知识密集的特点。企业的管理本身是非常复杂的问题,政治、经济环境的变化,技术的进步,都会给企业的发展带来影响,增加管理的难度和复杂性。要开发一个适合企业的信息管理系统,在开发的各阶段,必须有大量的人员参与,工作量巨大。随着信息技术的进步,信息管理系统的开发工具有了飞速的发展,但还无法达到自动化程度,许多工作还需要由人来完成。信息管理系统的开发要耗费大量的人力、物力和时间,是个复杂的过程。

2. 基于原系统,高于原系统

信息管理系统的开发以原系统为基础,但又要高于原系统,是一项创造性的活动。信息管理系统的开发不是简单地将原系统映射到计算机中,而是对原系统组织结构、管理功能、业务流程、管理方法、规章制度等各方面进行分析,对原系统的不足提出优化和改进的措施,建立一个优于原系统的新的信息系统。企业开发管理信息系统的过程,也是企业管理模式的改革过程。

3. "一把手工程"

信息管理系统的开发是企业的"一把手工程"已被广泛接受。企业高层领导是否重视,对信息管理系统开发的成败起着决定性的作用,信息管理系统的开发涉及整个企业的管理体制、人员安排等诸多因素,系统的开发和应用是一个新旧交替的变革过程,需要打破旧的格局,建立新的秩序,变革中会遇到许多阻力,各种关系需要重新调整,单靠系统开发人员是无法协调和解决的。另外,系统开发的过程中,需要投入大量的人力、物力和财力,没有高层领导的重视,很难保证顺利、按时到位。因此,企业领导,尤其是一把手,必须亲自参与系统建设过程,确保系统开发所需的物质条件,协调各方面的关系,系统的开发才能顺利进行。

4. 产品的无形性

信息管理系统是一个软件产品,软件产品是系统开发人员的智力成果,是装在计算机里的程序,不能像有形产品那样可以由观察、度量等方法来检测质量,其价值很难用货币的标准来准确表示,信息管理系统在使用过程中所获得的效益(如提高企业的管理水平、为管理者提供决策支持等方面)往往是间接的,不容易用货币价值来衡量。

四、汽车服务企业信息管理的基本任务和内容

1. 建立健全信息管理机构

建立信息管理机构,企业领导要分工负责信息管理,并要根据企业规模配备一定数量的专职信息管理人员。专职信息管理人员负责信息管理系统的建设、维护、更新、软件升级、员工使用信息管理系统培训等,保证信息管理系统的良好运转。

2. 建立健全信息管理制度

汽车服务企业应当根据国家的法律法规要求,以及行业主管部门的具体规定,建立健全信息管理制度,并监督执行,保证信息系统安全。

3. 建立健全信息系统

汽车服务企业要根据企业规模、业务量建立健全信息管理系统,包括计算机硬件和软件,并及时升级软件,更换必要的硬件,保证信息管理系统的一定运行速度,有效收集、整理、传播、存储、共享信息,进行必要的系统日常运行维护及监督。

4. 指导使用信息系统

指导使用信息系统主要是指信息管理人员指导、培训员工使用信息系统,解决信息系统使用过程中的问题,帮助员工利用信息管理系统开拓汽车服务业务。如发布新车信息、车辆网络销售。汽车服务企业的员工使用信息管理系统首先要接受技术培训和考核,考核合格后才允许使用系统,做到先培训,后使用。

第二节　基于电子商务的汽车服务

电子商务是世界性的经济活动,就其实质来说是信息系统在商务方面的应用。电子商务是电子计算机及网络技术等现代科学手段进行的商务活动,它离不开对信息资源的利用和管理,运用了信息技术和系统思想。电子商务能高效利用有限的资源,加快商业周期循环、节省时间、降低成本、提高利润和增强企业的竞争力。从业务流程角度来看,电子商务是指信息技术的商业事务和工作流程的自动化应用。

如今电子商务已发展成为一个独立的学科,企业的信息化是它发展的基础。电子商务正在改变工业化时代企业客户管理、计划、采购、定价及衡量内部运作的模式。消费者开始要求能在任何时候、任何地点,以最低的价格及最快的速度获得产品。企业不得不为满足这样的需求而调整客户服务驱动的物流运作流程和实施与业务合作伙伴(供应商、客户等)协同商务的供应链管理。ERP 为企业实现现代供应链管理提供了坚实的信息平台,是企业进行电子商务的基础。

一、电子商务的分类

按照不同的方式可对电子商务有不同的分类,如今主要的分类方式是按交易对象对电子商务进行分类,主要有:

1) 企业对企业(Business to Business,B to B,又可简化为 B2B)

即企业与企业之间,通过 Internet 或专用网方式进行电子商务活动。推动这种模式发展的主要力量是传统产业大规模进入电子商务领域,通过电子商务改善市场营销和企业内部管理方式,从而创造出全新的企业经营模式。企业间电子商务可分为两种类型,即非特定企业间的电子商务和特定企业间的电子商务,前者是指在开放的网络当中对每笔交易寻找最佳伙伴,并与伙伴进行全部交易行为。特定企业间的电子商务是指在过去一直有交易关系或者在进行一定交易后要继续进行交易的企业之间,为了相同的经济利益,而利用信息网络来进行设计,开发市场及库存管理。企业间可以使用网络向供应商订货、接收发票和付款。

2）企业对消费者（Business to Customer，B2C）

即企业通过 Internet 为消费者提供一个新型的购物环境——网上商店，实现网上购物、网上支付。这种模式着重以网上直销取代传统零售业的中间环节，创造商品零售新的经营模式。

3）企业对政府（Business to Government，B2G）

这种商务活动覆盖企业与政府间的各项事务。例如，政府采购清单可以通过 Internet 发布，通过网上竞价方式进行招标，公司可以以电子交换方式来完成。除此之外，政府还可以通过这类电子商务实施对企业的行政事务管理，如政府用电子商务方式发放进出口许可证、开展统计工作，企业可以通过网上办理交税和退税等。

4）个人与政府间电子商务（Government to Customer，G2C）

即政府通过网络实现对个人相关方面的事务性处理，如通过网络实现个人身份的核实、报税、收税等政府对个人的事务性处理。

5）消费者对消费者（Customer to customer，C2C）

消费者对消费者方式是大家比较熟悉的方式，如网上拍卖等。在这些交易类型中，B2B 是主要形式，占总交易额的 70%～80%。这是由于企业组织的信息化程度和技术水平比个体消费者明显要高。

企业级电子商务是电子商务体系的基础。在科技高速发展、经济形势快速变化的今天，人们不再是先生产而后去寻找市场，而是先获取市场信息再组织生产。随着知识经济时代的来临，信息已成为主导全球经济的基础。企业内部信息网络（Intranet）是一种新的企业内部信息管理和交换的基础设施，在网络、事务处理以及数据库上继承了以往的 MIS（管理信息系统）成果，而在软件上则引入互联网的通信标准和 WWW 内容的标准。Intranet 的兴起，将封闭的、单项系统的 MIS 改造为一个开放、易用、高效及内容和形式丰富多彩的企业信息网络，实现企业的全面信息化。企业信息网络应包含生产、产品开发、销售和市场、决策支持、客户服务和支持及办公事务管理等方面。对于大型企业，同时要注意建设企业内部科技信息数据库，如对技术革新、新产品开发、科技档案、能源消耗、原辅材料等各种数据库的建设。当然还要选择一些专业网络和地方网络入网。

二、电子商务系统构成

电子商务是商业的新模式，各行业的企业都将通过网络链接在一起，使得各种现实与虚拟的合作都成为可能。电子商务是一种以信息为基础的商业构想的实现，用来提高贸易过程中的效率。其主要内容有信息管理、电子数据交换、电子资金转账。

1）电子商务处理方式与范围

电子商务处理方式和范围主要包括以下三方面：

（1）企业内部之间的信息共享和交换。通过企业内部的虚拟网络，分布各地的各分支结构以及企业内部的各级人员可以获取所需的企业信息，避免了纸张贸易和内部流通的形式，从而提高了效率，降低经营成本。

（2）企业与企业之间的信息共享和交流。EDI 是企业之间进行电子贸易的重要方式，可避免人为的错误和低效率。EDI 主要应用在企业与企业之间、企业与批发商之间、批发商与零售商之间。

(3)企业与消费者之间。企业在互联网上设立网上商店,消费者通过网络在网上购物,在网上支付,为消费者提供一种新型的购物环境。

在传统实物市场进行商务活动是依赖于商务环境的(如银行提供支付服务、媒体提供宣传服务等),电子商务在电子虚拟市场进行商务活动同样离不开这些商务环境,并且提出了新的要求。电子商务系统就是指在电子虚拟市场进行商务活动的物质基础和商务环境的总称。最基本的电子商务交易系统包括企业的电子商务站点、电子支付系统、实物配送系统三部分,以实现交易中的信息流、货币流和物流的畅通。电子商务站点为顾客提供网上信息交换服务,电子支付系统实现网上交易的支付功能,而实物配送系统是在信息系统的支撑下为完成网上交易的关键环节,但对某些数字化产品则无须进行实物配送而依靠网上配送即可,如计算机软件产品的网上销售。

2)电子商务子系统的组成

(1)客户关系管理系统。

客户关系管理系统使企业能够对与客户(现有的或潜在的)有关的各种要素(客户需求、市场背景、市场机会、交易成本及风险)做出分析与评估,从而最大限度地使企业能够获得客户,进而扩大市场。无论企业的客户通过何种方式与企业取得联系,都可以通过 CRM 来实现企业与客户的交流与互动。

(2)在线订购系统。

在线订购系统适用于中小贸易公司或生产性企业,在线订购系统通过互联网,将所有业务有关的单位联系在一起,使企业的客户或企业的分销商、分/子公司、代理等市场渠道可以通过该系统实现随时随地进行网上交易,降低了传统的采购或订货的成本和时间,从而可以更有效地利用资源,提高工作效率。公司通过在线订购系统可以加强对商品的管理,可以在网上全方位展示商品并配以文字说明,可以随时调整商品价格;对市场销售渠道的订货业务进行管理,可随时查询订单的执行情况,对客户资料进行统计分析,评估市场销售渠道的稳定性;对订单进行汇总处理,建立统一的订单数据库,对订单信息进行自动化处理并打印报表,自动转交后台相关业务部门处理。

(3)网上购物系统。

网上购物系统又称为网上商城、在线商城等,可在网上挑选并购买商品,付款方式多样(例如可选用招商银行一卡通等),安全性方面有保障手段(例如,美国 RSA 公司的 SsL 加密技术作保障)。

(4)DRP 资源分销管理系统。

其是为解决企业用户利用互联网管理企业信息流,特别研发的应用系统,可以依据企业的业态管理需求,量身定制属于企业特有的管理软件,极大提高企业的业务处理效率,降低运行成本。

(5)商品信息交换网站。

商品信息交换网站。这种类型的网站主要是提供了一个网上交易平台,类似于一个自由市场,网站的经营者类似于自由市场的管理者,一般并不直接介入到具体的交易中,而主要由买方和卖方自由进行交易,网站的经营者收取相应的会员费等。这样的网站包括常见的商品信息网、招聘网站等。

三、基于电子商务的汽车维修与管理

1)基于电子商务的汽车维修与管理模式

当前汽车市场的需求结构、消费环境、消费内容、消费方式等都已发生质的变化,私人消费的额度已经超过整个汽车市场的一半。为了顺应网络时代的变迁,传统的商务活动也正在进行着重生性的革新,形成了全新的商务模式与商务结构。在此环境下,逐步形成新型的交易渠道和交易方式,改善了交易活动与时间之间的冲突,铲除了交易活动与空间之间的阻碍,萌生了更加完善的交易市场环境。可以将汽车维修行业与电子商务高度结合,形成新型的在电子商务基础上的汽车维修系统,进而形成销售、汽配零件、汽车维修、信息反馈与智能反馈完美结合的五位一体的维修服务模式,如图8-2所示为某汽车维修服务广告。

图8-2 某汽车维修服务广告

(1)外部连接中心与电子商务技术的融合。首先,建立维修中心的官网,顾客在进入维修之前就能够了解该维修中心的维修技术、维修信誉、维修费用等信息,形成维修信息的高度透明化;其次,将进入维修中心的顾客信息、车辆信息、维修意愿等信息输入中心系统,进行统一保存与保密,形成完整的电子报告,传输给维修部供其使用;最后,在休息服务中心,为客户提供自主的点餐环境,不需要服务人员的专职服务。例如,将服务休息室设计成环形,将所准备的餐品分类别放置在各分区内,供客户自己选择食用。

(2)配建厂房与电子商务技术的融合。通过对大量数据的挖掘和收集,利用互联网新型的软件技术,为维修中心设计具有高度实用性的仓库,包括厂房的面积、格局、仓库的零件数量和种类等详细的信息。根据专业的仓库设计图,合理安排零件的摆放位置。这样,不仅可以使库存的容量达到最优,也可以为其节省管理的经费,降低整体的经营成本,实现利润的最大化。

(3)汽车维修技术与电子商务技术的融合。主要是指通过网络的传输,建立汽车维修的网上论坛。每一位汽车维修工人都可以将独创的维修技巧上传至网络,供其他人观摩学习,同一维修站可以分享不同的技术,不同的维修站也可以共享他人的技术,实现高度共享,全面学习,培养全方位的维修工人。

2)基于电子商务的汽车维修与管理的优势

网络技术的全球化,使企业或个人的交易活动更加灵活多变。时间、空间都不再是交易活动的限制因素,任何时间、任何地点,只要有网络都可以进行交易活动,使其在无限的空间

和有限的时间范围内与更多的商家客户进行无阻碍的沟通与交流,这种跨越空间和时间的全球化网络,将汽车维修与电子商务紧密地结合起来,形成基于电子商务的汽车维修与管理模式。

(1)产业与售后服务业的超链接。它可以为人们提供从购买到维护、维修、美容等一系列的不具有垄断作用的服务,建立一定数量高等专业的维修地点,设置统一规定的维修系统,将维修系统与汽车销售企业进行联通,实现资源共享,减少空间资源的占用。每一位顾客在购买车辆时输入车主信息和车辆信息,销售企业将车辆信息和车主信息传递到各个维修系统中,无论车主去哪家维修都会直接进行维修工作,减少了输入车主和车辆信息的工作,使工作的时效性和准确性得到显著提高。

(2)汽配零件厂商与产业的贯通。目前,汽配厂商与产业的零距离贯通已经基本实现。目前的汽车生产厂商普遍采用外包模式,各种零件都来自不同的零件生产厂商,而汽车生产商只负责将这些零件进行准确的组装形成成品车辆,发往汽车销售企业进行销售。通过与信赖的零件生产厂商形成长期的合作伙伴关系,将需要的零件信息传销输给各零件生产厂商,零件生产厂商收到信息就会立即行动,在有限的时间内生产出保质保量的零件,并在规定的时间内送到需要零件的目的地。各厂商间通过网络信息传递,实现信息共享,将需求的零件类型、数量等信息公布,实现有需求必有供应的模式。

(3)维修企业、汽配零件厂商与运输企业的配合。交通运输业发展迅速,运输方式多样,运输工具种类繁多,运输速度快。维修企业、汽配零件厂商、运输企业三者之间形成了产业间有序连接,维修企业将需要的零件信息传销输给各个零件生产厂商,汽配零件厂商收到信息就会立即行动,在有限的时间内生产出保质保量的零件,并与运输企业取得联络送往需要零件的目的地,与此同时运输企业与维修中心进行实时的沟通,维修中心可以实时掌握零件的运输状况。三方通过网络信息传递,实现信息共享,将需求的零件类型、数量等信息传输到系统中,维修中心、汽配零件厂商与交通运输公司共享这些信息,并在最短的时间内做出合理的方案进行生产、运输等工作,真正实现实时操作。

(4)前台与库存厂房的连接。每一位顾客在购买车辆时都需要输入车主信息和车辆信息,销售企业将车辆信息和车主信息传送到各个维修系统中,这样维修系统中就会存有车辆的各种信息。但是,只这样是不够的,需要将前台与库存厂房进行直接连接,实现资源共享,不需要通过中间的维修部门,就能够直接得到库存的存货信息。这样就可以直接告诉顾客可不可以直接进行维修活动,如果条件不允许,需要等待大概多长时间可以进行维修工作,能够让顾客清晰明了地得知情况,建立更加信任的关系。

与此同时,休息服务中心也与其他各部门进行紧密连接,其中也包括维修中心的真实进展状况。这一点主要通过在休息区内设置LED屏幕来展现,在休息的同时可以时刻关注维修的进展状况,及时了解维修的进展,同时也为维修工作连续且有节奏地进行提供保障,不仅加快了维修的速度,也节省更多的时间,形成了相对于最传统的维修模式较为完善的维修方式。

(5)实现基于电子商务的汽车维修与管理。实现维修行业的电子商务化就是将所有的相关行业和工作都整合起来,形成综合的管理模式,各模块之间进行紧密的网络连接,通过信息的发送上传,实现信息资源的高度共享,无论是哪一方出现问题,都可以及时发现错误,并以最快速度找到错误的根源地,实时采取措施解决问题,将失误率降低到最低,这样能够挽回不必要的损失,使维修行业更加稳固、快速地发展进步。

第三节　汽车服务企业资源计划

一、企业资源计划(ERP)的产生与发展

20世纪90年代初,世界经济格局发生了重大变化,市场变为顾客驱动,企业的竞争变为TQCS(时间、质量、成本、服务)等全方位的竞争。随着全球市场的形成,一些实施MRP Ⅱ (Manufacturing Resource Planning,制造资源计划)的企业感到,仅仅面向企业内部集成信息已经不能满足实时了解信息、响应全球市场需求的要求。

MRP Ⅱ 的局限性主要表现在:经济全球化使得企业竞争范围扩大,这就要求企业在各个方面加强管理,并要求企业有更高的信息化集成,要求对企业的整体资源进行集成管理,而不仅仅对制造资源进行集成管理;企业规模不断扩大,多集、多工厂要求协同作战,统一部署,这已超出MRP Ⅱ 的管理范围;信息全球化趋势的发展要求企业之间加强信息交流和信息共享,信息管理要求扩大到整个供应链的管理。

在这种背景下,美国加特纳咨询公司(Gartner Group Inc.)根据市场的新要求在1993年首先提出企业资源计划(Enterprise Resource Planning,ERP)概念,随着科学技术的进步及其不断向生产与库存控制方面的渗透,解决合理库存与生产控制问题所需要处理的大量信息和企业资源管理的复杂化,要求信息处理的效率更高。传统的人工管理方式难以适应以上系统,只有依靠计算机系统来实现。而且信息的集成度要求扩大到企业的整个资源的利用和管理。

ERP是建立在信息技术基础上,利用现代企业的先进管理思想,全面集成了企业的所有资源信息,是为企业提供决策、计划、控制与经营业绩评估的全方位和系统化的管理平台。

随着人们认识的不断深入,ERP覆盖了整个供需链的信息集成,并且不断被赋予了更多的内涵,已经能够体现精益生产、敏捷制造、同步工程、全面质量管理、准时生产、约束理论等诸多内容。近年来,ERP研究和应用发展更为迅猛,各大媒体广泛报道,各种研讨会大量召开,出现各具特色的应用软件产品,ERP的概念和应用也以企业信息化领域为核心,逐渐深入到政府、商贸等其他相关行业。

从最初的定义来讲,ERP只是一个为企业服务的管理软件,在这之后,全球最大的企业管理软件公司SAP在20多年为企业服务的基础上,对ERP的定义提出革命性的"管理+IT"的概念,那就是:

(1) ERP不仅是一个软件系统,而且是一个集组织模型、企业规范和信息技术、实施方法为一体的综合管理应用体系。

(2) ERP使企业的管理核心从"在正确的时间制造和销售正确的产品",转移到了"在最佳的时间和地点,获得企业的最大利润"。这种管理方法和手段的应用范围也从制造企业扩展到了其他行业。

(3) ERP从满足动态监控,发展到商务智能的引入,使得以往简单的事物处理系统,变

成了真正具有智能化的管理控制系统。

（4）从软件结构而言，现在的ERP必须能够适应互联网，可以支持跨平台、多组织的应用，并和电子商务的应用具有广泛的数据、业务逻辑接口。

因此，我们今天说的ERP，通常是基于SAP公司在1990年以后的定义来说的。ERP是整合了现代企业管理理念、业务流程、信息与数据、人力物力、计算机硬件和软件等于一体的企业资源管理系统。ERP为企业提供全面解决方案，除了制造资源计划MRP II原来包含的物料管理、生产管理、财务管理以外，还提供如质量、供应链、运输、分销、客户关系、售后服务、人力资源、项目管理、实验室管理、配方管理等管理功能。ERP涉及企业的人、财、物、产、供、销等方面，实现了企业内外部的物流、信息流、价值流的集成。

二、ERP的管理思想

ERP管理思想的核心是实现对整个供应链和企业内部业务流程的有效管理，主要体现在以下三个方面。

1）体现在对整个供应链进行管理的思想

在知识经济时代，市场竞争的加剧，传统的企业组织和生产模式已不能适应发展的需要，与传统的竞争模式不同的是，企业不能单独依靠自身的力量来参与市场竞争。企业的整个经营过程与整个供应链中的各个参与者都有紧密的联系。企业要在竞争中处于优势，必须将供应商、制造厂商、分销商、客户等纳入一个衔接紧密的供应链中，这样才能合理有效地安排企业的产供销活动，才能满足企业利用全社会一切市场资源进行高效的生产经营的需求，以期进一步提高效率并在市场上赢得竞争优势。简而言之，现代企业的竞争不是单个企业间的竞争，而是一个企业供应链与另一个企业供应链的竞争。ERP实现了企业对整个供应链的管理，这正符合了企业竞争的要求。

2）体现精益生产、同步工程和敏捷制造的思想

与MRPII相比，ERP支持混合型生产系统，在ERP中体现了先进的现代管理思想和方法。其管理思想重要体现在两方面：一方面表现在"精益生产（Lean Production，LP）"，即企业按大批量生产方式组织生产时，纳入生产体系的客户、销售代理商、供应商，以及协作单位与企业的关系已不是简单的业务往来，而是一种利益共享的合作关系。基于这种合作关系，组成了企业的供应链。这就是精益生产的核心。如客户订100辆汽车，就生产100辆汽车，并按合同如期交车，企业按大批量生产方式组织生产时，纳入体系的客户、销售代理商、供应商及协作单位与企业的关系已不是简单的业务来往，而是一种按客户要求、利益共享的合作关系，基于这种合作关系，组成企业的供应链，这就是精益生产的核心，对于汽车服务企业来说，精益生产就是与汽车制造商精益生产相匹配的车辆生产后的销售与维修等精益汽车服务，它们共同形成统一的精益生产系统。另一个方面，表现在"敏捷制造（Agile Manufacturing，AM）"，即企业面临特定的市场和产品需求，在原有的合作伙伴不一定能够满足新产品开发生产的情况下，企业通过组织一个由特定供应商和销售渠道组成的短期或一次性的供应链，形成"虚拟工厂"，把供应和协作单位看成企业组织的一部分，运用"同步工程（Simultaneous Engineering，SE）"组织生产，用最短的时间将产品打入市场，同时保持产品的高质量、多样化和灵活性，这就是"敏捷制造"的核心。计算机网络的迅速发展为"敏捷制造"的实现

提供了条件。对于汽车服务企业来说,敏捷制造就是敏捷销售和敏捷维修等敏捷服务。例如,客户订车,以最快的速度则能提车,并有多种车型满足客户需求;客户车辆出现故障,及时安排维修,并迅速排除故障,是对新型车、新技术的快速、敏捷响应和适应。此外汽车服务过程中,针对客户服务的需求,也要敏捷响应和适应,走在汽车服务行业的前列。

3)体现事先计划和事中控制的思想

在企业的管理过程中,控制往往是企业的薄弱环节,很多企业在控制方面由于信息的滞后,使得信息流、资金流、物料流的不同步,企业控制更多的是事后控制。ERP的应用改变了这种状况,ERP系统体现了事前控制和事中控制的思想。ERP的计划体系主要包括:主生产计划、物料需求计划、能力计划、采购计划、销售执行计划、利润计划、财务预算和人力资源计划等,并且这些计划功能和价值控制功能已经完全集成到整个供应链中。ERP事先定义了事务处理的相关会计核算科目与核算方式,以便在事务处理发生的同时自动生成会计核算分录,保证资金流与物料流的同步记录和数据的一致性,从而可以根据财务资金的状况追溯资金的流向,也可追溯相关的业务活动,这样改变了以往资金流信息滞后于物料流信息的状况,便于实施事务处理进程中的控制与决策。此外,计划、事务处理、控制与决策功能,都要在整个供应链中实现。ERP要求每个流程业务过程最大限度地发挥人的工作积极性和责任心。因为流程与流程之间的衔接要求人与人之间的合作,这样才能使组织管理机构从金字塔式结构转向扁平化结构,这种组织机构提高了企业对外部环境变化的响应速度。

将事先计划和事中控制的思想引入到汽车服务企业,即进行汽车服务计划和汽车服务过程控制,包括汽车服务前的汽车配件、车辆维修工位和维修人员的设备,汽车服务企业中的维修工艺过程有序、汽车服务质量及时等。

三、ERP的功能模块

ERP系统包括以下主要功能:供应链管理、销售与市场、分销、客户服务、财务管理、制造管理、库存管理、工厂与设备维护、人力资源、报表、制造执行系统、工作流服务和企业信息系统等。此外,还包括金融投资管理、质量管理、运输管理、项目管理、法规与标准和过程控制等补充功能。ERP将企业所有资源进行整合管理,简单地说是将企业的三大流(物流、资金流、信息流)进行全面一体化管理的管理信息系统。它的功能模块已不同于以往的MRP或公益MRPⅡ的模块,不仅可用于企业的管理,而且在许多其他类型的企业,如一些非生产、公益事业的企业也可导入ERP系统进行资源计划和管理。在企业中,一般的管理主要包括三方面的内容:生产控制(计划、制造)、物流管理(分销、采购、库存管理)和财务管理(会计核算、财务管理)。这三大系统本身就是集成体,它们相互之间有相应的接口,能够很好地整合在一起来对企业进行管理。另外,要特别提出的是,随着企业对人力资源管理重视程度的加强,已经有越来越多的ERP厂商将人力资源管理纳入ERP系统。下面介绍ERP中常用的几个功能模块(图8-3)。

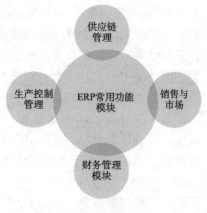

图8-3 ERP常用功能模块

1）供应链管理

供应链管理是指对企业供应链进行管理，即对市场、需求、订单、原材料采购、生产、库存、供应、分销发货等进行管理，包括生产到发货、从供应商到顾客的每一个环节。供应链是企业赖以生存的商业循环系统，是企业电子商务管理中最重要的课题。数据表明，企业供应链可以耗费企业高达25%的运营成本。

随着互联网的飞速发展，利用互联网将企业的上下游企业进行整合，以中心制造厂商为核心将产业上游的原材料和零配件供应商、产业下游的经销商、物流运输商、产品服务商及往来银行结合为一体，构成一个面向终端客户的完整电子商务供应链。目的是为了降低采购成本和物流成本，提高企业对商场和终端顾客需求的响应速度，从而提高企业产品的市场竞争力。

2）销售与市场

市场是商品经济的产物，是随着商品经济的发展而发展起来的。只要有商品生产和商品交换，就必然存在市场，因此商品销售与市场存在着一种客观的必然联系。为此，个体、私营企业必须树立正确的市场观念，特别要注重市场研究，这是搞好商品生产、销售的前提条件，是企业在激烈的市场竞争中立于不败之地的保证。

市场观念是企业的全部生产经营活动立足于满足用户需要的经营指导思想，现在市场观念的具体内容主要包括：

（1）用户是企业活动的中心，企业根据用户需要确定自己的生产经营方向。

（2）企业的营销活动要形成整体、协调一致，围绕满足用户需要进行活动。

（3）在满足用户需要的同时，实现本企业的利润。在取得利润的策略上，并不着眼于每次交易利润的大小，而是考虑企业的长远发展，把争取客户、树立良好的企业形象、开拓市场、提高市场占有率作为企业的目标，从而取得利润。

3）财务管理模块

企业中清晰分明的财务管理是极其重要的。所以，在ERP整个方案中财务管理模块是不可或缺的一部分。ERP中的财务模块与一般的财务软件不同，作为ERP系统中的一部分，它和系统的其他模块有相应的接口，能够相互集成。比如，财务管理模块可将由生产活动、采购活动输入的信息自动计入财务管理模块生产总账、会计报表，取消了输入凭证烦琐的过程，几乎完全替代以往传统的手工操作。一般的ERP软件的财务部分分为会计核算与财务管理两大块。会计核算主要是记录、核算、反映和分析资金在企业经济活动中的变动过程及其结果。会计核算由总账、应收账、应付账、现金、固定资产、多币制等部分构成。财务管理的功能主要是基于会计核算的数据，加以分析，从而进行相应的预测、管理和控制。财务管理侧重于财务计划、控制、分析和预测。

这一部分是ERP系统的核心所在，将企业的整个生产过程有机地结合在一起，使企业能够有效低库存，提高效率。同时各个原本分散的生产流程的自动连接，也使得生产流程能够前后连贯进行，而不会出现生产脱节，耽误生产交换时间。

4）生产控制管理

生产控制管理是一个以计划为导向的先进的生产、管理方法。首先，企业确定一个总生产计划，再经过系统层层细分后，下达到各个部门去执行，即生产部门以此生产，采购部门按此采购等。

主生产计划。是指根据生产计划、预测和客户订单的输入来安排将来的各周期中提供的产品种类和数量,将生产计划转化为产品计划,在平衡物料和能力的需要后,精确到时间、数量的详细进度计划。主生产计划是企业在一段时期内的总活动的安排,是一个稳定的计划,是以生产计划、实际订单和对历史销售分析得来的预测产生的计划。

物料需求计划。在主生产计划决定生产多少最终产品后,再根据物料清单,把整个企业要生产的产品数量转变为所需生产的零部件数量,并对照现有的库存量,可得到还需加工多少、采购多少的最终数量,这才是整个部门真正依照的计划。

能力需求计划。是指在得到初步的物料需求计划后,将所有工作中心的总工作负荷,在与工作中心的能力平衡后产生的详细工作计划。用以确定生成的物料需求计划是否是企业生产能力上可行的需求计划。能力需求计划是一种短期的、当前实际应用的计划。

车间控制。是指随时间变化的动态作业计划。其将作业分配到具体各个车间,再进行作业排序、作业管理、作业控制。

制造标准。在编制计划中需要许多生产基本信息,这些基本信息就是制造标准,包括零件、产品结构、工序和工作中心,都有唯一代码在计算机中识别。

企业资源计划系统是一个软件系统,也是企业信息系统的一种,是作用于企业各方面职能的信息系统。企业资源计划系统将企业的业务流程看作一个紧密连接的供应链,其中包括供应商、制造工厂、分销网络、维修服务网络和客户等企业的业务流程,并将这些业务流程视为整体。通过计算机和网络、软件集成,将企业资源计划系统用于汽车服务企业,考虑汽车服务特点,形成汽车服务企业资源计划系统。

四、ERP系统的结构

企业ERP系统可以整合主要的企业流程成为一个单一的软件系统,允许信息在组织内平顺流动。系统主要是针对企业内的流程,但也可能包含与客户和供应商的交易。

ERP系统从各个不同的主要企业流程间搜集数据,并将数据储存于单一广泛的数据库中,让公司各部门均可使用。管理者可获得更正确、更及时的信息来协调企业每天的运作,并从整体上考察企业流程及信息流。

利用ERP系统帮助管理其内部制造、财务与人力资源流程已成为主流。在其设计之初并不支持和主要流程有关的企业外部实体,然而企业软件供应商已经开始加强自身的产品,让企业可以将企业系统与经销商、供货商、制造商、批发商及零售商的系统连接,或是将企业系统与供应链系统及客户关系管理系统连接。

五、典型4S店综合服务与营销系统的主要功能

1. 客户关系管理

综合服务与营销系统全面集中管理客户资源,包括潜在的客户与成交的客户,记录了客户的基本资料与详细资料,包括与客户接触的完整记录。通过对客户资源和关系的有效管理,从而到达以下目标。

(1)防止客源流失。业务员只能看到自己或允许查看的有限的客户资料与业务数据,即

使业务员流动,也无法带走其他业务员的客户数据。同时,原来的客户数据也完好地保存在数据库内,继续为公司所用,便于业绩考核。

(2) 有效监督指导业务员工作。业务员对客户的所有联系活动都有记录,一方面可有效监督业务员工作情况,另一方面根据业务员联系客户的进展情况予以工作指导。

(3) 全面提高服务质量。通过对车辆档案、特殊日期等资料为客户提供体贴的维护、保险、年检提醒,以及温馨的节日、生日关怀,从而提高服务质量,提高客户的满意度和忠诚度。

(4) 为营销策划提供准确数据。通过记录分析客户特征、购车意向、意见反馈等数据,为营销策划提供准确的决策数据,如根据客户来源、客户区域、年龄段、意向价位、关注内容等分布情况制定广告策略、促销政策等。

2. 车辆管理

车辆采购:记录车辆采购渠道、所购车型、配置、颜色、数量、价格、选配内容等信息,并可随时查看采购合同的履行情况,并根据实际情况更改采购合同数据。

(1) 车辆入库。包括车辆采购入库、销售退货入库、车辆移入车库。详细记录入库车辆基本信息,包括车型、配置、颜色、底盘号、发动机号、保修卡号、合格证号等信息,并可打印输出车辆入库单。

(2) 车辆出库。包括销售出库、采购退货出库、车辆移出车库等的出库确认,打印输出出库单,减少车辆库存数量。

(3) 车辆库存。查询在库车辆及车辆基本信息。

(4) 车辆附加。在出厂配置基础上增加或更换某些汽车部件,增加汽车价值。

3. 车辆销售管理

(1) 车辆订购。没有现货提供客户时,系统提供车辆订购功能,主要记录需要的车型、配置、颜色等基本信息,记录车辆价格、付款方式、交货时间等基本约定,有代办的要记录代办项目及收费情况,有赠品的还可进行相关数据的录入。系统还提供订购单、订购合同等打印输出功能。

(2) 车辆销售。记录客户及所购车辆详细信息,以及定价、优惠、合同价与实际价、付款方式、车辆流向、车辆用途、业务员等基本信息。有代办的要记录代办项目及收费情况,有赠品的还可以进行相关数据的录入。系统还提供销售单、销售合同等打印输出功能。

(3) 销售代办。根据合同约定,替客户代办相关项目,登记对方单位、代办成本的数据,便于财务付款及单车收益核算。

(4) 合同查询。查询订购合同及销售合同的履行情况,包括是否选车、钱是否付清、销售代办是否完成、发票是否已开、车辆是否入库等。

(5) 财务管理。根据采购、销售等业务,完成定金、车款、代办款等收款工作,以及车辆采购、车辆附加、销售代办产生的付款工作,对销售车辆开具销售发票及时进行收益核算。

4. 业务管理

(1) 资料文档。管理公司及业务上的相关资料及文档,如管理公司合同、规章制度、车辆信息等资料和文档。

(2) 商家档案。记录关注商家的基本信息,包括名称、地址、经营车型、联系人、联系电话等信息。

(3)销售询价。记录市场调查的基本信息,包括车辆售价、有无货源、货源基本情况等信息,并可按日期、车型等条件进行查询。

5. 统计查询

系统提供涵盖车辆采购、订购、销售、车辆入\出库、车辆库存、财务收付、客户管理等相关数据的报表,包括采购合同台账、车辆销售台账、车辆入\出库明细表、车辆库存报表、客户档案表、车辆库存周期、车辆销售收益、财务收付款明细表、销售业绩统计表等。

[案例]凌云APP建站平台助力建发汽车部署4S店O2O模式

移动互联网技术日趋成熟,汽车营销体系正面临着一场颠覆性的革命,汽车行业APP应用崛起,4S店O2O时代正式开启。在这关口上,建发汽车以一贯的市场敏锐性迅速整合产品布局,确立O2O营销服务模式,于2013年10月与凌云APP建站平台合作,推出建发汽车APP。凌云移动4S店功能覆盖汽车销售售前、售中、售后全流程,助力汽车经销商提升业绩、提升服务品质(图8-4)。

图8-4 建发汽车APP

1. 最大化聚集客源,拓宽消费群体

凌云移动4S店集APP营销、微信营销、微博营销、二维码营销四大营销平台于一体,多渠道、全入口覆盖手机用户,吸引更多潜在客户。消费者下载APP后,通过推荐车型、购车指南、优惠促销等功能板块,可迅速了解车型、价格、参数、购车方案、优惠活动等具体销售信息,并获取关联的实体店的联系方式,以进一步咨询、洽谈。

2. 在线促成交易,节省营销和时间成本

凌云移动4S店帮助汽车经销商有效利用碎片化时间争取客户。汽车APP涵盖车友关注的各种信息,将新车资讯、车友活动、新车到店、选购实用工具等一网打尽,消费者不用到店便能随时随地通过手机APP掌握权威信息,实现在线预定、在线支付等,避免因排队等待消耗大量时间。而4S店也可以更合理地安排工作,避免传统销售模式中遇到的服务不到位、客户抱怨的问题。

3.优化售后服务体系,提高客户满意度

汽车4S店O2O模式下,优质的售后服务更是核心竞争力的关键所在。凌云云平台将行车贴士、汽车救援、维护提醒、车主问卷等功能融于APP之中,为车主提供温馨的线上线下服务,并保证4S店与车主双方的顺畅沟通。车主可以通过APP及时了解到4S店的动态,及时反馈意见。同时,4S店能够在了解车主需求和动向的前提下,更为精准地调节可控的服务项目,为车主提供高品质的售后服务,提高其品牌忠诚度。

建发汽车与凌云APP建站平台的合作,正是汽车4S店向O2O模式转型的体现,是大势所趋。一方面,诸如凌云APP建站平台一样的专业APP服务商,是移动互联全网整合营销的有效工具,拥有过硬的技术实力和产品服务体系,能够满足汽车4S店的一系列功能需求,全面覆盖移动互联网网民,实现汽车4S店O2O模式;另一方面,建发汽车4S店在良好口碑的基础上,借助凌云APP建站平台轻松实现移动营销,不仅节约了大量的营销和时间成本,还可以通过消费用户数据预测市场并准确决策,进行更为精准的深度推广。

汽车APP的广泛应用意味着中国汽车行业服务体系实现移动化,汽车服务行业移动O2O模式逐渐成主流。O2O模式的运作是基于移动互联网这样的大背景来实现的。

第九章　汽车服务企业文化与形象

　　管理是一种社会职能并植根于一种文化、一种价值传统、习惯和信念之中,企业是社会经济活动的基本单位,企业在经营管理活动中必然产生一系列文化现象。

　　现代企业文化是在20世纪80年代初期对管理科学、行为科学、文化学等当代管理理论的研究和探索中逐渐形成的。它是民族文化与现代意识在企业内部的综合反映和表现,其核心内容是吸取传统文化的精华,应用先进的管理思想,为企业提出明确的价值观、科学发展观和行为规范。21世纪是文化管理的时代,也是文化致富时代,企业的竞争将在一定程度上取决于文化的较量。因此,现代企业不仅要重视企业文化建设,同时还要塑造良好的企业形象,这对促进企业生产经营,提高管理水平,增强竞争能力都有着极为重要的作用。

第一节　企业文化与形象概述

一、企业文化的内容与特征

1. 企业文化的含义

　　企业文化研究的兴起源于日本经济对美国经济的挑战。日本资源贫乏,作为第二次世界大战的战败国,经济遭受重创。但从20世纪50年代开始日本引进了美国的现代管理方法,20世纪60年代实现了经济腾飞。美国企业界人士、管理学界的学者纷纷涌向日本,学习、考察和探索日本经济腾飞的奥秘。尽管美国学者对日本经济迅猛发展的看法存在分歧,但他们都认为日本的成功得益于自己独特的管理模式。日本在向美国学习现代管理思想和技术时,巧妙地把西方管理经验加工改造成适合日本国情、具有日本特色的管理模式,并使之获得了日本民族文化的认同和支持,从而转变为推动企业和经济发展的原动力。就是在这一背景下,美国学者于20世纪70年代末至80年代初提出"企业文化"这一概念。

　　企业文化是企业在生产经营实践中逐步形成的,并为全体员工所认同遵守的、带有本组织特点的使命、愿景、宗旨、精神、价值观和经营理念,以及这些理念在生产经营实践、管理制度、员工行为方式与企业对外形象方面的体现总和。由于每个企业都有自己特殊的环境条件和历史传统,也就形成了自己独特的哲学信仰、意识形态、价值取向和行为方式,最终构成了自己特定的企业文化。企业文化有广义和狭义两种理解,广义的企业文化是指企业所创造的具有自身特点的物质文化和精神文化;狭义的企业文化是指企业所形成的具有自身个性的经营宗旨、价值观念、行为规范、道德伦理、习俗习惯、规章制度、精神风貌等。

2. 企业文化的结构

　　企业文化的结构可分为物质文化层、行为文化层、制度文化层和精神文化层四个层次,如图9-1所示。

图9-1　企业文化的结构

（1）物质文化层。物质文化是企业文化的第一层次，由企业标识（企业名称、企业标志物）、企业容貌、企业服饰及员工仪表、企业服务环境、企业产品和各种物质设施等器物性文化构成，它是企业文化的表层。

（2）行为文化层。行为文化是企业文化的第二层次，由企业领导的行为、企业模范人物的行为和企业员工的行为与态度等构成，表现在汽车服务经营、人际交往关系中，它是企业文化的幔层。

（3）制度文化层。制度文化是企业文化的第三层次，主要由企业的领导体制、组织机构、企业管理制度、企业民主和文化活动等方面构成，它是企业文化的中介层。

（4）精神文化层。精神文化是企业文化的第四层次，由企业在生产经营过程中形成的企业精神、企业经营哲学、企业道德、企业价值观念、企业精神风貌、团体意识等精神成果和文化观念构成，它是企业文化的核心层，是企业文化的源泉。

企业的物质文化、行为文化、制度文化和精神文化是密不可分的，它们相互影响，相互作用，共同构成企业文化的完整体系。

3．企业文化的内容

根据企业文化的定义，其内容是十分广泛的，但其中最主要的应包括如下几点：

1）经营哲学

经营哲学也称企业哲学，是一个企业所特有的从事生产经营和管理活动的方法论原则。它是指导企业行为的基础。一个企业在激烈的市场竞争环境中，面临着各种矛盾和多种选择，要求企业有一个科学的方法论来指导，有一套逻辑思维的程序来决定自己的行为，这就是经营哲学。例如，日本松下公司"讲求经济效益，重视生存的意志，事事谋求生存和发展"，这就是它的战略决策哲学。

2）价值观念

企业的价值观是指企业员工对企业存在的意义、经营目的、经营宗旨的价值评价和为之追求的整体化、个异化的群体意识，是企业全体职工共同的价值准则。只有在共同的价值准则基础上才能产生企业正确的价值目标。有了正确的价值目标才会有奋力追求价值目标的行为。因此，企业价值观决定着职工行为的取向，关系着企业的生死存亡。只顾企业自身经济效益的价值观，就会偏离社会主义方向，不仅会损害国家和人民的利益，还会影响企业形象；只顾眼前利益的价值观，就会急功近利，搞短期行为，使企业失去后劲，导致灭亡。

3）企业精神

企业精神是指企业基于自身特定的性质、任务、宗旨、时代要求和发展方向，并经过精心培养而形成的企业成员群体的精神风貌。企业精神要通过企业全体员工有意识的实践活动体现出来，因此，它又是企业职工观念意识和进取心理的外化。企业精神是企业文化的核心，在整个企业文化中起支配地位。企业精神以价值观念为基础，以价值目标为动力，对企业经营哲学、管理制度、道德风尚、团体意识和企业形象起着决定性的作用。可以说，企业精神是企业的灵魂。

企业精神通常用一些既富于哲理，又简洁明快的语言予以表达，便于员工铭记在心，时刻用于激励自己,也便于对外宣传,容易在人们脑海里形成印象,从而在社会上形成个性鲜明的企业形象。

4)企业道德

企业道德是指调整本企业与其他企业之间、企业与顾客之间、企业内部员工之间关系的行为规范的总和。它是从伦理关系的角度,以善与恶、公与私、荣与辱、诚实与虚伪等道德范畴为标准来评价和规范企业。

企业道德与法律规范和制度规范不同,不具有那样的强制性和约束力,但具有积极的示范效应和强烈的感染力,当被人们认可和接受后具有自我约束的力量。因此,它具有更广泛的适应性,是约束企业和职工行为的重要手段。

5)团体意识

团体意识是企业内部凝聚力形成的重要心理因素。企业团体意识的形成使企业员工把自己的工作和行为都看成是实现企业目标的一个组成部分,使企业员工对自己作为企业的成员而感到自豪,对企业的成就产生荣誉感,从而把企业看成是自己利益的共同体和归属。因此,企业员工就会为实现企业的目标而努力奋斗,自觉地避免与实现企业目标不一致的行为。

6)企业形象

企业形象是企业通过外部特征和经营实力表现出来、被消费者和公众所认同的企业总体印象。由外部特征表现出来的企业形象称表层形象,如招牌、门面、徽标、广告、商标、服饰、营业环境等,这些都给人以直观的感觉,容易形成印象。通过经营实力表现出来的形象称为深层形象,它是企业内部要素的集中体现,如人员素质、生产经营能力、管理水平、资本实力、产品质量等。表层形象是以深层形象为基础,没有深层形象这个基础,表层形象就是虚假的,也不能长久地保持。服务企业由于主要是经营商品和提供服务,与顾客接触较多,所以表层形象显得格外重要,但这绝不是说深层形象可以放在次要的位置。

7)企业制度

企业制度是指在生产经营实践活动中所形成的,对人的行为带有强制性,并能保障一定权利的各种规定。从企业文化的层次结构看,企业制度属中间层次,它是精神文化的表现形式,是物质文化实现的保证。企业制度作为职工行为规范的模式,使个人的活动得以合理进行,内外人际关系得以协调,员工的共同利益受到保护,从而使企业有序地组织起来为实现企业目标而努力。

4. 企业文化特征

企业文化特征是由其结构和功能决定的。其一方面是作为构成企业文化基本元素的企业文化特质所具有的特征,另一方面是作为综合的企业文化具有的特征。不同企业的企业文化千差万别,但经过科学的抽象概括,我们不难在这千差万别中找出共同的普遍性特点。经过对企业文化进行抽象概括,可以发现企业文化具有以下普遍性特征:

1)人文性

企业文化是一种以人为本的文化,企业内外的一切活动都应是以人为中心,其最本质的内容就是强调人的理想、道德、价值观、行为规范在企业管理中的核心作用,用愿景鼓舞人、用精神凝聚人、用机制激励人、用环境培育人。从企业内部来看,企业不应是单纯地制造产品、追求利润的机器,员工不应是这部机器上的部件,企业应该是使员工能够发挥聪明才智、实现事业追求、和睦相处、舒畅生活的大家庭。从企业外部来看,企业与社会不应单纯是商品交换关系,企业生产经营的最终目的是为了满足广大人民的需要,是为了促进人类社会的发展。

2）社会性

企业存在于社会中,社会文化时刻影响着企业文化,并渗透到企业文化之中。企业文化是企业这个经济社会群体的共同价值取向、行为准则和生活信息等,是一种社会群体心理文化、物理文化和行为文化,属于社会文化的一部分。

3）集体性

企业的价值观念、道德标准、经营理念、行为规范和规章制度等都必须是由企业内部的全体成员共同认可和遵守的,企业文化是依靠企业全体成员的共同努力才建立和完善起来的,所以企业文化具有集体性,并产生团体意识。

4）个体差异性

企业文化强调把握企业的个性特征,强调按照企业自身的特点进行有效的管理。任何企业都有自己的特殊品质,从生产设备到经营品种,从生产工艺到经营规模,从规章制度到企业价值观,都各自有着自己的特点。例如,汽车服务企业就具有鲜明的汽车服务个性和特色,具有相对独立性。即使是生产同类产品的企业,也会有不同的文化设施、不同的行为规范和技术工艺流程。所以每个企业的企业文化都具有鲜明的个体性、殊异性特色。

5）综合性

企业文化不但具有个异性,而且也具有综合性。不同的企业文化之间会相互吸取、融合、调和个异文化中有营养的部分,从而使企业文化表现出综合性。企业文化的综合性大体上可划分为三个层次：一是对不同民族、不同地区、不同城市的宏观文化的综合,这里还包括有选择的成分。二是对不同企业的微观文化的综合,把其他企业文化中适合于本企业文化的部分汇合进本企业的文化。三是对企业各基层单位、广大员工萌生出的文化胚芽进行概括、加工性地综合。

6）规范性

企业文化是由企业内部全体成员所创造出来的,企业文化具有整合功能。这就要求企业内个人的思想行为至少是与企业利益密切相关的思想和行为,应当符合企业的共同价值观,与企业文化认同一致。当企业员工的思想行为与企业文化发生矛盾时,应当服从企业整体文化的规范要求,在这一规范下,企业力图使个人利益与集体利益、个人目标与企业目标统一起来。

7）时代性

企业的时空环境是影响企业生存与发展的重要因素,企业文化的生成与发展、内容与形式都要受到一定时代的经济体制、政治体制、社会结构、文化风尚等的制约,从而使企业文化反映时代特征。一方面,不同时代具有不同的企业文化；另一方面,同一个企业在不同时代,其文化也有不同特点。每一时代的企业文化都深刻反映了那个时代的特点、风貌、政治和经济条件。可见,时代特点感染着企业文化,企业文化则反映着时代风貌。

8)民族性

从一定意义上来说,任何企业文化是某一民族文化的微观表现形式。因此,民族性成为企业文化必然具备的一个重要特征。例如,欧洲的企业崇尚个人价值观,强调个人高层次的需求,还注重理性与科学,强调逻辑推理和理性分析;美国的企业注重社会的契约化、法律化和理性化;日本的企业主张"和"的观念,推行终身雇佣制,强调员工把生命和事业融为一体;韩国的企业则重视精忠职守,主张对家庭、对社会、对部下、对自己负责。

5. 企业文化的功能

企业文化的功能是指企业文化在企业生产、经营、管理中的作用。企业文化能促进企业形象的树立和员工潜力的发挥,使员工同心协力,开拓进取,为提高企业经济效益和推动社会进步起主动、积极的作用。企业文化主要有以下功能:

(1)导向功能。企业文化的导向功能是指企业通过制度文化、伦理道德规范约束企业全体员工的言行,使企业领导和员工在一定的规范内活动,企业通过广大员工认可的价值观获得的一种控制功能来达到企业文化的自我控制。企业的控制行为可分为外部控制和内部控制两类:外部控制是通过行政、经济、法律、规章制度等手段来进行控制,如利用上下级关系、奖惩规则、签订合同、明确责、权、利关系等确定企业的行为规范,外部控制对多数人来说带有强制性、支配性;内部控制是通过目标凝聚、价值凝聚、理想凝聚来实现企业的价值取向、明确企业的行动目标、确立企业的规章制度和行为方式,把员工引导到企业既定的目标上去,并转化为他们的自觉行动。

(2)约束功能。企业文化的约束功能主要通过完善管理制度和道德规范来实现。一方面,有效的规章制度作为企业内部的法规,企业领导者和职工都必须遵守和执行,从而形成约束力。另一方面,道德规范虽然不是明文规定的影响要求,但会以潜移默化的方式从伦理关系的角度形成一种群体行为准则,人们一旦违背了道德规范的要求,就会受到群体舆论和感情压力的无形约束,使自身产生自控意识,达到内在的自我约束。

(3)激励功能。激励功能是指最大限度地激发员工的积极性和首创精神,以实现企业宗旨和共同目标。企业除了运用奖金、分红等经济手段来调动员工的积极性之外,还必须运用精神激励形式,具体包括信任激励、关心激励和宣泄激励,培养员工的共存亡意识、集体观念和忠诚、奋斗、创新等精神。

(4)调适功能。调适功能是指为员工创造一种良好环境和氛围,给员工以心理调适、人际关系调适、环境调适、氛围调适。企业的员工队伍来自各方面,由具有不同技能和不同知识的人所组成,员工们从事许多不同种类的工作,带有各种各样的个人动机和需求。企业文化能在员工之间起到沟通协调的作用,在融洽的企业文化氛围中通过各种正式的、非正式的交往,使管理人员和员工加强联系,传递信息,沟通感情,这样,不仅能改变员工头脑中的等级观念,而且能使员工和谐地融合于集体之中。

(5)凝聚功能。企业文化以人为本,尊重人的感情,从而在企业中营造出一种团结友爱、互相信任的和谐气氛,强化了团体意识,使员工之间形成强大的凝聚力和向心力。员工把企业看成是一个命运共同体,把本职工作看作实现共同目标的重要组成部分,使企业步调一致,形成统一的整体。这时,"企业兴我兴"成为员工发自内心的真挚感情,"爱公司如家"就会变成他们的实际行动。

(6)辐射功能。企业文化不但在本企业中发挥作用,而且还会通过各种渠道对社会产生影响。企业通过宣传、产品、服务、员工行为等向社会和其他企业发散和辐射其企业精神、企业价值观和企业伦理道德规范等,使企业文化得到传播。企业良好的精神面貌会起到示范作用,它将带动其他企业竞相仿效,甚至可以提高宏观管理水平和改进企业的微观管理。

[案例]典型车企的企业文化

1. 雷诺汽车公司的企业文化

2015年11月,东风雷诺汽车有限公司发布了自己的企业文化纲要,这家车企在首款国产化车型即将亮相之前,率先在企业文化"软实力"方面迈出了重要一步。

东风雷诺企业文化体系的核心理念是"三个一",即"一个团队、一种声音、一致行动";企业使命是"生活·创新·更精彩";企业愿景是"活力·多元·创造";企业的价值观是"行胜于言"。

东风雷诺将"三个一"作为企业上下的行动准则,并在企业文化行动宪章中进一步明确了其内涵。其中,"一个团队"指的是东风雷诺人,"一种声音"指的是合资公司利益最大化,"一致行动"则包括透明、信任、合作与进取。

此外,东风雷诺秉承"以客户为本"的宗旨,推出"诺相随"政策,承诺对客户提供三年保修、五年维护、免费救援等十余项优质售后服务,从而为中国消费者提供"安心、贴心、放心、关心"的全面保障。

2. 本田汽车公司的企业文化

1)充分尊重个人,公平合理授权

本田汽车公司(以下简称本田)既无官僚色彩,也不存在派系和宗派主义,职工可以轻松愉快地工作。高级干部到50岁就为后来的年轻人让位,最大限度地尊重年轻职员。力戒害怕失败的谨小慎微作风,按照本田的说法是不工作才不失误。在对本田职工进行的一项关于"本田精神的核心是什么?"的问卷调查中,回答顺序分别是:独创性、要为自己工作、人尽其才、不要怕失败。

2)一人一事,自由竞争

"一人一事"就是废除公司强迫一个人干一项他不能胜任的工作的做法,保证每个人都有自由选择一个自己主攻方向的权利。"自由竞争"就是主张进行不同性质的自由竞争。为了达到共同的目标,每个人、每个小集体都要有自己的设想,并通过它来找到开发领域,进而把竞争机制引进公司内部。

3)造就独创型人才

要制造出风格独特的产品,企业职工就必须具备独创性的头脑。横向型组织、项目攻关制度只是一种保证,归根到底,关键还取决于人。企业中能拥有多少独创性人才是本田创业以来一直给自己设置的课题。

4)顾客满意第一的原则

顾客满意的表现就是对企业产品的信赖。一般人写日记都要用橡皮擦,如果对写在日记本上的字觉得不合适,便用橡皮擦把这段话擦掉。可是,信赖是一天一天造就生活的日记,无法用橡皮擦擦掉。换句话说,信赖是一个人的履历,用听、用看来判断这个人能不能信赖,所以经营者只能用身教,不能用言教,更不能把过去的所作所为用橡皮擦擦掉。

二、企业形象的内容与特征

1. 企业形象的含义

企业形象一词来源于英文 Corporate Identity，又称 Corporate Image（缩写为 CI），翻译成中文为"企业识别"或"企业形象"。企业形象是指企业的产品、服务、人员素质、经营作风和公共关系等在社会公众中留下的总体印象，它是企业素质的综合体现，是企业文化的显在反映，是社会公众对企业的总体评价。

树立良好的企业形象，对创建品牌，增强企业核心能力、竞争能力，提高企业经营管理水平和经济效益等方面都具有极其重要的作用。良好的企业形象对企业员工而言，可增强企业员工的向心力、凝聚力，从而为企业吸引更多高素质的人才。同时，形象好的企业更容易赢得消费者的信任和支持。

2. 企业形象的内容

企业形象一般以知名度、信誉和声望等形式存在于社会大众的观念之中，这些观念都是人们在对企业客观实在形象的接触中形成的。企业的物质形象、品质形象、制度形象、精神形象和习俗形象在经营中的表现，构成了客观实在的企业形象。

1）物质形象

物质形象可以喻为企业形象的骨架，其直观性最强，衡量尺度最硬，是构成企业形象的基础。物质形象包括企业向社会提供的产品和服务，企业的厂房、厂区环境及设备技术水平，企业的经济效益和物质福利待遇以及企业排放废物对生态环境的影响情况等。无论哪个企业，在上述各方面做扎扎实实的改进，都会有益于企业形象的提高。

2）品质形象

品质形象可比喻为企业形象的血肉，这是由企业全体员工的因素而展现的企业形象。企业领导人的素质、作风和领导才能对企业形象所起的作用最大。在一定条件下，企业领导的形象代表着企业形象；企业各岗位上的职工，特别是与公众直接交往的销售、服务、公关人员，他们的工作精神、态度和作风，随时都在影响企业形象的形成；企业英雄、模范人物的形象越高大，事迹越感人，就越为企业形象添光彩。

3）制度形象

制度形象可以被喻为企业形象的内脏。一个企业如果具有合理的组织机构，科学、健全的规章和制度，而且这些规章制度都能得到严格的遵守，那么这个企业就会具备灵活的、应变性很强的运行机制。有了这种内部机制，企业就能主动地自我更新，不断使企业形象更完美。

4）精神形象

精神形象即企业的价值观、精神状态、理想追求等，可以将它比喻为企业形象的灵魂，这些是无形的东西但却体现在有形东西之中。没有它们，企业形象就没有生气，没有活力，就会像服装店中身着华丽服装摆出各种姿势的模特人型一样。模特人型与演员模特尽管穿着同一套服装，但给人留下的印象却完全不同。原因就在于演员的精神、气质、态度与服饰融为一体，大大提高了整体形象的优美程度。

5) 习俗形象

习俗形象是以物质性、活动性为特征的风俗习惯,其直观性很鲜明,因此可以像服饰一样修饰企业形象。如企业的礼仪和公关礼节、传统作风、商标、品牌、厂徽、厂服、荣誉称号的展示等都是构成企业独具个性的形象的一部分。

以上五种形象有的有形,有的无形,有的是静态的,有的是动态的,它们互相联系、彼此渗透、和谐统一,共同构成企业完整的形象。

3. 企业形象的分类

企业形象是一个多维度、多层次的概念,可以从不同角度对企业形象进行分类。

1) 特殊形象与总体形象

按企业形象的内容,可分为特殊形象和总体形象。

(1) 特殊形象是企业针对某一类公众所设计、形成的形象。如某股份有限公司在经营管理中,对职工、股东、管理者、用户、政府、传播媒介、社区等公众树立的不同形象,就是特殊形象。针对企业形象的某一个方面,企业所留给公众的印象,也是特殊形象,如某企业良好的厂区环境、优质的产品、完善的服务等都属此类。企业的特殊形象是企业改善自我形象的突破口,是构成企业整体形象的基础。

(2) 总体形象是各个特殊形象的综合和抽象,是社会公众对企业的整体印象。形成总体形象的具体因素除了产品、服务、环境等具体形象外,还有企业的许多综合因素和指标。比如企业的发展史、市场占有率、经济效益及社会贡献等。总体形象可以是对不同公众所建树的特殊形象的总和,也可以是各种形象因素所构成的特殊形象的总和,一般用知名度与美誉度来表示一个企业的总体形象。

2) 内部形象与外部形象

按评价主体和认定尺度的不同,可以将企业形象分为内部企业形象和外部企业形象。

(1) 内部企业形象又称主体企业形象,是指企业职工通过对本企业综合考察、认识后形成的总体印象,它是企业形象在职工头脑中的反映和评价。内部企业形象完美,能使全体员工增强对企业的满意感、自豪感和荣誉感,从而增强企业的凝聚力,强化职工与企业"命运共同体"的群体意识。反之,则会减弱和淡化这种荣辱与共的意识。

(2) 外部企业形象又可称作社会企业形象,是一个企业在社会公众(消费者、社区居民、机关公务员等)心目中留下的印象,或者说是企业形象在社会公众头脑中的反映。一般来说,社会公众对企业的评价和印象,并不需要对企业进行长期了解和全面考察,只是就他们和企业发生关系的那个方面去评价企业并形成对该企业的印象。

3) 有形形象与无形形象

按企业形象的可见性的不同,可以分为有形形象和无形形象。

(1) 有形形象也可称为企业的硬件形象,指的是社会公众能通过自身感觉器官直接感受到的企业实体形象。有形形象主要包括企业的产品形象、员工形象、环境设施形象等。可以说,产品形象是工业企业最主要的实体形象,企业只有创造出优质、适用、新颖、美观、价格合理的产品(商品)形象,才能满足广大消费者日益增长的物质文化需要。如果企业是服务性企业,那么,其所提供的服务质量则是该企业重要的形象。员工形象是塑造企业形象的根本和保证,全体员工在劳动热情、业务技能、劳动效率、服务态度、服饰仪表、言谈举止等方面给社会公众留下的印象也至关重要。环境设施形象是塑造企业整体形象的基础,一个装备优良、设施先进、环境优美的企业自然给人以现代企业的感受,而那种设施简陋、装备陈旧、环境脏乱的企业,给社会大众的第一印象就是一个低劣的企业形象。

(2)无形形象指的是潜伏隐藏在企业内部的企业精神、管理风格、企业信誉、经营战略等无形因素在社会公众中形成的观念印象。其中,企业信誉是无形形象中的主体内容,它体现在企业的经营管理活动中,看不见摸不着。企业信誉的好坏,在一定程度上会左右公众对该企业所采取的行动。信誉是无形的,但对企业来说却是一笔极有价值的财富。在现实中,人们总是先感受到有形的东西,才能在头脑中进一步抽象综合成一个无形形象。由于无形形象是建立在有形形象基础之上的,因此,对于企业来说,改变自身形象,首先能做的就是改变自己的有形形象,这种改变较之无形象的改变,比较迅速也比较容易,如产品质量的提高会迅速改变企业在公众心目中的有形形象。但无形形象的改变,更深刻、作用更大。企业要树立良好的信誉和卓越的企业文化,需要企业各部门、各方面长期的努力,它对公众产生的影响,远远大于有形形象。

4)现实形象与理想形象

按企业形象的塑造过程,可以分为现实形象和理想形象。

(1)现实形象是企业塑造形象之前现实的、为社会公众所认同的形象。一般可以通过形象调查,用一定的方法测得企业的现实形象。现实形象可能是良好的、受公众欢迎的,也可能是平庸的,甚至是低劣、不符合公众意愿的形象。这种现实形象不仅是塑造企业新形象的起点,而且是影响企业生存和发展的最现实的因素。企业只有正确地认识和评价自身的形象,找到缺陷和不足,才能塑造出期望的理想形象。

(2)理想形象也称期望形象或目标形象,是企业期望在公众心目中达到的最佳形象,它是企业改善自身形象的努力方向。任何一个企业,要改善自身的形象,首先就需要设计自己的理想形象。理想形象的设计,要经过认真的调查研究,了解社会公众的意见和要求,发挥自身的优势,弥补现实形象中的不足,充分体现时代风貌和要求。理想形象往往在企业新创立或有重大改变,如转产、扩产时进行评定,作为企业以后塑造形象的奋斗目标。

5)正面形象与负面形象

按社会公众的评价态度不同,企业形象可以分为正面形象和负面形象。社会公众对企业形象认同或肯定的部分就是正面形象,抵触或否定的部分就是负面形象。

6)直接形象与间接形象

按公众获取企业信息的媒介渠道不同,企业形象可以分为直接形象和间接形象。公众通过直接接触企业的产品和服务,通过亲身体验形成的企业形象是直接形象;而通过大众传播媒介或借助他人的亲身体验得到的企业形象是间接形象。

7)主导形象与辅助形象

根据公众对企业形象因素的关注程度不同,可以分为主导形象和辅助形象。公众最为关注的企业形象因素构成主导形象,而其他一般因素则构成辅助形象。例如,公众最关心汽车的质量和价格,这构成汽车厂家的主导形象;而汽车厂家的企业理念、员工素质、企业规模、厂区环境等则属于企业的辅助形象。

4. 企业形象的特征

企业形象形成以后，就在一段时间内保持不变，具有相对稳定性。这一形象通过各种传播渠道，如大众传播媒介和个体传播媒介，逐渐影响社会公众对这一企业的态度。而公众的态度将会支配着公众对这一企业的情感倾向、所做的判断、思考、舆论和行为。最后，公众对这一企业的情感倾向、判断、舆论和行为通过传播又反过来构成有关这一企业的信息的一部分，从而影响其他人对企业的印象，形成一个循环过程。公众正是在这种不断的循环中修正他们心目中有关这一企业的形象，这就是企业形象发生作用的机制。

因此，企业形象作为某一特定范围内人们对企业印象的综合，它既不等同于企业所发生的所有客观事实，也不等同于某个个体的印象，而具有其自身的一些特征：

1）整体性

企业形象是企业在长期的生产经营活动中给社会公众留下的整体印象。企业形象由多种要素构成，主要表现在以下五个方面：

（1）综合因素。包括企业的发展历史、社会知名度、美誉度，以及市场占有率、经济效益、社会贡献等。

（2）企业人员素质及服务水平。包括人员知识结构、文化素养、服务态度、服务方式、服务功能、服务质量等。

（3）生产与经营管理水平。如产品品种、产品结构、质量、经营方式、经营特色、基础管理、专业管理、综合管理水平等。

（4）物质设施。包括厂址、设备、营业场所陈列和布局等。

（5）公共关系。如公关手段、信息沟通形式、广告宣传形式及置信度等。

2）社会性

企业形象是由很多人的印象汇总而成，因此，离开了社会，没有社会交往和商品交换，人们就不可能对企业产生印象，更不可能产生企业形象。企业形象的社会性主要表现在两个方面：一是，企业形象是社会的产物，是不以人的意志为转移的社会现象。虽然企业形象的具体产生过程是人们的主观意识对企业这一客观事物的反映，是主观性的东西，但是，企业形象本身不是人们想它有就有、不想它有就没有，而是由企业的社会存在决定。尽管人们不能左右它的存在，但可以认识它，主动去塑造它，为企业的经营管理服务。二是，企业形象受一定的社会环境影响制约，它不可能脱离一定的社会、文化、政治、经济条件而独立存在。在某一社会环境中好的企业形象，在另一社会环境中就不一定是好的企业形象，社会环境的变化也会影响企业形象的变化。

3）多层次性

企业形象在不同的群体对象中有不同的理解和认识。可以根据公众的背景、职业、层次划分为不同的社会群体，如各级政府部门、企业领导、职工、消费者、新闻界，等等。据此，可以将一个企业的形象划分为在各级政府部门行政人员心目中的形象、在本企业领导者心目中的形象、在消费者心目中的形象，等等。这些不同的社会群体对企业形象的认识途径、认识方法均有所不同，印象也不尽一样。

4）相对稳定性

当社会公众产生对企业的总体印象之后，这一印象一般不会很快或轻易地改变，因此，企业形象具有相对稳定性。其结果有两种,一是相对稳定的良好企业形象,也就是说,企业美誉度高,企业信誉强,它可以产生巨大的物质力量,产生强大的"名厂""名店""名牌"效应。另一种形象则是相对稳定的低劣形象。企业如果忽视了企业形象建设,把假、冒、伪、劣产品打入市场,就会一失足而成千古憾事,长时间难以摆脱社会公众对自身的不良印象,这就需要企业经过较长时间的艰苦努力,才能挽回影响,重塑企业形象。

5) 传播性

企业形象的塑造有其客观性,但其感受者是公众。企业为了能够主动地在广大公众心目中建筑良好的企业形象,必须借助传播这一主要渠道和手段。企业形象塑造过程离不开传播的事实,使得企业形象的塑造具有了传播性的特点。不同层次的公众对企业的形象的看法通过个体传播媒介如聊天、交谈的方式产生相互影响,也可以通过大众传播媒介如报刊、广播和电视产生相互影响。体现企业形象传播性的明显例子是,新闻工作者心目中的企业形象通常会在一般公众中产生很大的影响力,能影响一般公众对企业形象的评价倾向。

5. 企业形象的功能

企业形象对企业日常运作和企业经营发展上有极为重要的功能和作用。在市场经济条件下,企业作为经济细胞在市场中拼搏,通过竞争取胜才能获得发展。企业只有靠自身的经营实力去赢得消费者,去占有市场。可以把企业形象的功能概括为以下四个方面:

1) 创造消费信心

企业形象优劣,首先反映在消费者的消费心理上。市场上只要出现名家、名牌商品,顾客便立即争购,即使是新产品,也会很快得到消费者认可。这是因为消费者对企业的好感,使他们相信企业产品的品质和周到的服务,因此放心购买。而对于曾经名声不佳的企业一时间生产的高质量新产品,人们也会保持极为审慎的选购态度。在选购犹豫的心态下,往往最终还会做出买名牌用着放心的选择。

2) 创造合作信心

企业形象的优劣还会反映在与企业合作者的合作心理上。市场经济条件下的企业,既要独立经营,又离不开各方面的支持与合作。首先,良好的企业形象为吸引社会资金创造条件。社会投资者的投资目的是为了使资金增值,而最有希望予以实现这一目标和期望的,当然是那些经营有方、效益好、信誉高的企业。因此,企业形象成为投资者选择合作伙伴的重要条件。其次,每个企业的生产经营活动,在供货与销售环节上也需要与外界建立稳定可靠的合作关系,对于那些形象不佳、信誉不高,被认为不太靠得住的企业,别人往往不愿意也不敢与之建立长期、稳定的供货或销货关系。

3) 创造吸引人才的条件

随着人才市场的发展,企业员工有了择业自主权,现代人寻找就业环境,不仅是为了获得高工资,还希望通过就业获得一种成就感和创造欲的满足。出于这种人生价值追求,人们当然愿意去声望高、名声好而且经济效益好的企业工作。企业的强凝聚力也是留住人才最重要的条件。当然吸引人才的条件是多方面的,不可否认,企业形象是其中极为重要的条件之一。

4) 实现资产增值

企业形象是企业的无形资产,良好的企业形象不但有助于扩大企业的销售量,还可使企业在与竞争对手在相同的条件下获得超额利润,从而形成直接的实益性价值,企业形象自身因此也就具有了价值。

第二节　汽车服务企业文化建设

企业文化建设涉及的内容较多,不同的国家制度、不同的民族特点、不同的经济政治环境、不同的行业、不同的地域等都会影响到企业文化的建设。企业文化的建设过程,是一个将原有的企业文化去莠存良的过程,通过对企业各种元素的深层次挖掘,使文化由隐性向显性转变,然后将阻碍企业发展的部分剥离,而将有利于企业、促进企业发展的部分进行系统整合,形成文化,发挥效应。完善的企业文化建设可以使企业适应自身和市场的需求,从而得到健康有序的发展。

一、企业文化建设的基本原则

1. 以人为中心

企业是以人为主体的经济(社会)实体,人才是企业取之不尽、用之不竭的最大资源,是企业发展的最大动力。企业活动的目的是营利,但又不能单纯以追求利润为企业的最高目标或宗旨,而应把企业人员的自由、幸福(这里当然也包括企业盈利、个人收入等方面)作为企业发展的最高目标。企业文化必须以人为中心,充分反映人的思想文化意识,通过企业全体人员的积极参与,发挥创新精神,企业才能有生命力,企业文化才能健康发展。

2. 自我塑造

由于企业文化所具有的主体性、客观性、弥散性和社会性,企业文化只能通过塑造来构建。企业是企业文化塑造的主体,没有其他力量能取代企业自身的这种地位与功能,因此,企业文化模式只能靠自身来塑造。

首先,企业文化是在企业这个特定的社会组织内形成的,其形成和发展过程体现为企业的自我完善过程,即企业在运行过程中不断发现并克服自身文化因素中不适应时代要求的东西,保持和发扬适应时代要求的优良文化传统。其次,企业文化各具特色,没有统一的模式可以照搬,只能根据本企业的实际状况和文化传统,来确定切实可行的发展目标,提出相应的奋斗口号,形成自身的价值观念和激励原则,从而塑造出具有本企业特色的企业文化。

3. 重在领导

企业领导既是企业文化的倡导者,又是企业的组织者和缔造者。由于企业领导在企业文化塑造中具有决定性作用,从而决定了构建企业文化重在领导的基本原则。

企业领导在企业中所处的地位,使其有可能熟悉和了解企业需要构建什么样的企业文化才能保证企业经营成功。企业领导的个人理想、信念、性格、气质、言谈、举止都会对企业员工产生模仿效应。因此,企业领导可以运用所掌握的权力,使其有可能集思广益,把个人意见变成企业领导层的集体意见,成为企业的集体意志和群众意识,倡导并推动企业文化的开展。同时,企业领导可以运用自己的威望和员工的信任,扮演企业文化宣传员和鼓动家的角色,促进企业文化的构建。

4. 突出特色

企业文化对于不同企业,既具有共性,又具有个性,但在塑造企业文化模式时,除了共性以外,还应坚持本企业的个性特征原则,即要抓住本企业的特点和具体情况,塑造具有本企业特色的企业文化。

企业文化构建要突出企业性质特色,要突出企业的创业特点、规模大小和技术先进程度,充分显示企业的优势,在企业文化中打上属于本企业独有的烙印,突出企业的产品特色。

5. 科学求实

企业文化的构建虽然是一项主观活动,但必须立足于企业的客观实际,符合企业定位,以科学的态度,实事求是地进行企业文化的构建。

在企业文化构建过程中要面对企业的客观实际,不能脱离企业现实,人为拔高塑造企业文化,也不能想当然地提"口号"。要追求"确凿事实",深入调查研究,掌握第一手资料,保证构建企业文化模式的准确性,使构建的企业文化建立在正确的基础之上。要积极探讨企业文化的发展规律,研究强化构建企业文化的方法,正确对待和解决构建企业文化中遇到的问题,并在实践中逐步积累经验。要根据企业实际确定与之相适应的企业文化,正确决策。尤其要注意做到尊重群众的实践,尊重群众的意见,尊重群众的经验。

6. 追求卓越

追求卓越是一种高品位的劳动品质。构建企业文化就要表现出21世纪的一流水平,使企业员工都欣赏所构建的企业文化,并在体现卓越的企业文化中与企业产生共鸣。

企业文化发展到一定程度,往往容易满足现状,失去新的追求,变得保守,使企业文化的"文化力"减弱,也使企业丧失对卓越的追求。因此,构建企业文化必须坚持卓越原则,使企业和员工始终感到总有一股追求卓越的激情在激励着他们,激动人心的目标一个接一个地出现,再一个接一个地去实现。崇尚革新,容忍失败,不懈地追求完美和第一,从而促进企业文化的健康发展。

7. 面向时代

构建企业文化应面向时代,面向未来,21世纪的企业文化起点要高,要有超前意识,体现出一种时代感。尽管我国当前的生产力水平还落后于美国、日本等一些发达国家,但没有必要在构建企业文化上妄自菲薄,相反,要树立起构建高于美国、日本企业文化的自信。21世纪企业之间的竞争将是企业文化的竞争。企业的成败直接受到企业人员的素质和企业文化力量的影响。科学技术的发展使企业在"硬件"上日益接近,"软件"上的差距是未来企业的战略重点。中国有几千年文明史,中华民族是世界上最伟大的民族之一。中国人勤劳、勇敢、富有智慧和创造力。在改革开放的新形势下,我国企业在面向全国的同时,必须面向世界,适应时代的要求,以高起点、高品位的企业文化作支撑,确保在未来的竞争中立于不败之地。

8. 努力创新

构建企业文化是一个漫长的实践过程,关键是在实际工作中不断创新,这是企业文化建设具有生命力的源泉。一是将中国传统文化中的精华融会到现代市场经济条件下的经营活动中去,使企业的经营理念富有中华民族的特色和风格,使企业文化的内容不断丰富。二是学习借鉴国外先进经验,在企业文化实践中消化吸收,为我所用,成我所长。三是继承优秀文化传统,借鉴国外先进经验。古代的孔孟之道,西文的行为学、心理学、CI设计,都是在不同社会背景和不同生产力水平基础上产生的,要运用它们并进行创新,而且必须对其有全面的认识,做出新的解释。总之,要考虑国情、时代、群众等有关因素。

二、企业文化建设的基本程序

企业文化建设是一项复杂而艰巨的系统工程,优秀企业文化的构建不像制定一项制度、提出一个宣传口号那样简单,它需要企业有意识、有目的、有组织地进行长期的总结、提炼、倡导和强化。企业文化建设的基本程序如下:

1. 提出问题,统一思想

主要由企业领导和决策层根据企业内外的实际情况和主客观因素,先提出构建企业文化的意向,明确构建企业文化的目的意义,通过各种形式教育和发动企业员工,特别是企业各级管理人员和基层骨干,使他们充分认识到构建企业文化的重要性和紧迫性,把思想和行为统一到构建企业文化的总体部署上。

2. 组织力量,调查研究

企业要组织有关人员以相应的组织形式对企业文化进行调查研究,使企业能够准确了解现有文化基础,了解企业人员的舆论和心态,为构建企业文化提供科学依据,提高构建企业文化的成功率。调查研究要遵循客观事实,不能主观臆想;要全面综合,不能以偏概全;要讲时效,不能延误;要有计划,不能漫无边际。调查分析的重点应放在企业文化发展史、企业文化发展的内在机制、企业人员的素质、企业文化发展环境、企业价值观等方面。

3. 设计规划,论证试验

设计规划是根据企业文化现实和未来文化发展设想,在调查分析的基础上制定的构建企业文化的方案,确立未来的企业价值观,并围绕所确立的价值观建立相应的企业目标、企业制度、企业道德、企业文化礼仪等,从而将企业文化的整个体系构建出来。设计规划要做到全面与重点相结合,主观与客观相结合,独创性与连续性相结合,计划性与灵活性相结合。做到对本企业文化定位准确,指标明确,内容科学简练,措施切实可行,对企业原有文化评价公正。规划制定之后,要进行论证,并在经过选择的区域内加以推行,从经验和实践两方面充分论证规划的可行性,通过论证与试验寻找创立企业文化的突破口,以较小的代价获得理想的收获。论证要走群众路线,对反对意见要大度宽容,民主与集中相结合,方法要科学。

4. 严密组织,传播执行

在设计规划经过论证试验被企业大多数员工认可以后,将文化计划变成文化现实,这一阶段最复杂,最多变,最漫长,也是最为关键的一个阶段。在此阶段,一定要严密组织,防止信息误差,防止可能出现的短暂的无序状态,防止纸上谈兵,必须直接、实际、具体地加以实施。在传播执行中要注意随着情况的变化及时调整和修正设计规划,发挥企业员工的积极性、主动性和创造性。要利用企业全部的传播媒介,筹划宣传攻势,强化员工的企业文化意识,力求使企业新文化、新观念家喻户晓,深入人心;及时收集反馈信息,进行整理;要用各种方式统一企业员工对文化规划的认识;保证领导者与员工之间的信息畅通;解决好实施过程中可能产生的冲突和矛盾;扶正祛邪,坚决反对否定企业文化的舆论和行为。

5. 注重实效,评估调整

根据设计规划要求,对规划的实施效果要进行衡量、检查、评价和估计,以判断其优劣,调整目标偏差,使构建的企业文化向健康、稳定、正确的方向发展。评估调整要注重实效,设立评估目标,建立理想化的参照系;广泛收集信息,按照确定的标准进行判断;如果对评估存在意见分歧,应通过沟通达成一致意见。对评估结果要正确分析,避免调整的盲目性。为保证调整的顺利进行,需要制定出详细规定,明确调整对策,自上而下地进行,并建立激励机制,保证调整的顺利进行。

6. 确立模式,巩固发展

经过前面五个阶段,企业文化已初步确立,至此,大规模的文化改造已经完成,即使还存在一些旧文化的影响,但已经不是主要的文化力量。企业文化确立后,企业文化建设将要由浅入深、由横向变纵向开始新的发展,至此,企业文化模式的功能已经显示出来,企业和员工开始从企业文化中获益,人们对企业文化的态度由强制性向自觉性转变。但是,文化发展是循序渐进的,企业文化也不是一成不变的,需要通过不断否定来进行完善。

三、企业文化建设的基本方法

建设企业文化的方式与方法是多种多样的,它与企业的经营管理活动相伴随,互相渗透、互相推动。企业文化建设的基本方法有以下几种:

1. 领导牵引法

企业领导是企业文化的倡导者和最具权力的指挥者。一个企业构建什么样的企业文化往往是由企业领导首先提出并做出最后决定的。所谓领导牵引法,就是指企业领导在企业文化构建中开阔视野,拓宽思路;用心谋划,提出建议;积极协调,严密组织;舍得投入,科学运作;追求一流,以身作则。

2. 更新观念法

要构建良好的企业文化,首先要做的就是更新观念。所谓更新观念法,就是指在构建企业文化之前,首先要确立正确的企业文化理念与方针,针对企业的不同人员,运用各种传媒手段、各种形式和丰富多彩的活动,分层次、有系统地进行宣传引导,统一思想认识,从而实现企业文化观念上的"汰旧更新"。

3. 突出中心法

人是企业文化建设的中心,构建企业文化必须突出以人为中心。所谓突出中心法,就是指真正把企业员工作为人来加以重视和尊重,围绕人来做文章,使一切工作服从于人,服务于人,极大地激发企业员工的热情,关心和满足企业员工在物质和精神上的需求,重视并调动企业员工搞好企业文化的积极性、主动性和创造性,最终使企业员工成为一个有益于企业和社会的人。

4. 优化载体法

企业文化载体是企业文化赖以存在和发挥作用的物质结构和手段,是企业文化的物化形态。所谓优化载体法,就是指在构建企业文化的同时,优化主体载体、组织载体、制度载体、物质载体。即提高人的素质,健全组织,完善制度,搞好物质建设和保障,使各种载体充分作用于企业文化,成为企业文化的良好物质实体。

5. 稳定结构法

企业文化的结构由物质文化层、行为文化层、制度文化层和精神文化层组成。所谓稳定结构法,是指正确把握企业文化各结构部分之间的关系,有效控制和促进各结构相互之间的影响和作用,紧紧抓住精神文化层,强化制度文化层和行为文化层,不断改善物质文化层,使其成为一个完整稳定的系统体系,确保企业文化的正常运作。

6. 训练培养法

良好的企业文化离不开对企业员工的训练和培养,所谓训练培养法,就是指企业根据企业文化的要求,运用技术培训、技术表演、操作实习、集体活动等形式,对企业员工进行教育和训练,使其了解企业的历史、立场、方针和未来;掌握工作条件和规则,知道应遵循或遵守的制度规范;具有正确的工作态度、精神面貌、礼节礼仪,以及应具备的形象;树立正确的人生观、价值观,有协调精神,责任感强,积极性高,真正成为一个有"文化"的企业员工。

7. 民主驱动法

企业民主既是企业文化的目的,也是搞好企业文化的手段。所谓民主驱动法,就是指企业依据一定的企业文化,把每个员工都看成是企业共同体中不可缺少的一员,真正确立员工的主人翁地位,从制度上保障员工的合法权益,密切领导与员工的关系,让员工在企业的经营管理等一系列重大问题上真正具有发言权、参与权和监督权,畅通民主渠道,健全民主机制,注意发挥职代会、工会等群众组织的作用,充分调动起员工的积极性,有力促进企业文化的发展。

8. 目标管理法

企业目标具有对企业文化的导向作用。所谓目标管理法,就是指企业根据本企业文化所要达到的目的,制定相应的目标,包括战略性目标、策略性目标以及方案和任务,把企业文化的内容用目标加以量化和细化,要求、鼓励和吸引企业全体人员为实现目标努力工作并承担责任,把计划、实施、考核、评价等都纳入目标管理体系之中,确保企业文化模式内在要素功能的充分发挥。

9. 职责挂钩法

各司其职,各负其责,确定企业文化的责任内容,对于企业文化建设具有独特的作用。所谓职责挂钩法,就是指在企业文化运作中,将内容寓于每个人的职务之中,将责任落实到每个人,调动和激发每个人的积极性,充分发挥责任感和主动性,打破企业文化中的"大锅饭"现象,解决"大家负责、无人负责"的问题。

10. 轻重缓急法

构建企业文化应采取哪些步骤,没有一定之规,需要企业根据自身的实际情况而定。所谓轻重缓急法,就是指企业将影响企业文化形成的各种因素分类排队,分清轻重缓急和难易,按照先"重"后"轻"、先"急"后"缓"、先"易"后"难"的次序来安排建设企业文化的步骤。当然,有些问题虽难,但对全局来说属"重"和"急"的问题,也应优先解决。

11. 机构作用法

构建企业文化固然离不开员工的作用,但专业人员和专门机构的作用也同样不可忽视。

所谓机构作用法,就是指企业为了保证企业文化构建工作的顺利进行,建立专门的组织机构,制定规划,培训骨干,组织实施规划,对员工进行企业文化方面的教育,向领导提出建议,组织企业文化试点等。

12. 优势发挥法

塑造企业文化模式,离不开党的领导,这是我们特有的优势。所谓优势发挥法,就是指在塑造企业文化过程中,充分发挥企业党组织的政治核心作用,在政治上保证企业文化沿着正确的方向健康发展;在组织上发挥企业党组织对工会、共青团的组织领导作用,与企业行政领导协调一致地开展工作,保证构建企业文化各项活动顺利有效地开展。

四、企业文化面临的挑战与创新

我国企业文化相对于世界先进文化来讲,还存在较大的差距。当面临知识经济和世界经济一体化的挑战时,创新的问题已变得刻不容缓,企业文化创新将成为未来企业的第一竞争力,从而决定企业的生命力。企业文化创新的实施,必须处理好中国特色与符合"国际惯例"的关系,必须借助于现代企业制度的建立,必须重塑敢于冒险、勇于创新的企业家精神。

1. 企业文化面临的挑战

企业文化在我国的实践,使一部分企业逐步形成能够参与国际竞争的核心竞争力,但大部分企业尚处在探索和完善之中。然而竞争在一天天加剧,机遇和挑战也一天天向我们逼近,纵观世界形势,企业文化创新面临的挑战主要有以下几点:

1) 知识经济的兴起对企业文化的挑战

知识经济问题是中国乃至世界经济发展面临的新课题。21世纪的科技进步将比20世纪更为显著,信息技术的革命性变革将会给人类经济和社会的发展带来巨大的挑战。随着全球性的产业结构重组,数以万计的职业将会消亡,同时又有大量的新职业会应运而生,这种态势将会给企业文化带来十分严峻的挑战。

2) 世界经济一体化对企业文化的挑战

近年来,世界各国经济的相互依存、相互渗透不断加深,经济区域化和全球化成为一股不可阻挡的潮流,这股潮流也使得企业风险更趋于国际化。随着外商投资规模的扩大、投资领域的拓宽,以及投资方式的多样化,使得中国企业在"家门口"就将面临极其残酷的国际市场竞争,文化的冲撞也在所难免。如果没有强有力的文化支撑,必然会被外来文化的潮水吞没。

3) 经济市场化的加速推进对企业文化的挑战

随着我国改革开放的深入,社会主义市场经济建立进程的明显加快,国有企业市场化、政府行为市场化的力度将加大,难度也将加大。改革将更加注重综合配套性,既包括经济领域,也会触及政治体制,尤其是与传统体制密切相连的既得利益集团的阻力和数以万计的职工下岗造成的阻力会使改革的风险增大。企业如何克服这种阻力和风险,如何形成强有力的企业文化去应对这种挑战已成为一个迫在眉睫的新课题。

上述的各种挑战将改变工业社会企业文化的基础,从而给企业文化带来以下四个方面的调整:

(1) 企业文化将成为知识经济条件下企业管理重要的甚至是主要的手段。

(2）企业文化将是人们自觉创造的结果，而不是企业生产经营中的一种副产品。

(3）作为人们自觉行为结果的企业文化在市场环境急剧变化的背景下要不断创新，而不能仅依赖企业过去的成功经验。

(4）企业文化将变得更为包容，在强调主导价值观与行为准则的同时，允许异质价值观和行为准则的存在。

2. 企业文化的创新

1）企业制度创新

企业的制度文化和价值文化分别构成了企业的刚性和柔性激励与约束机制，企业制度文化创新包括企业制度创新和制度体系创新。诺贝尔经济学奖获得者道格拉斯·C.诺思教授指出："有效率的经济企业是增长的关键，西方世界兴起的原因就在于发展了一种有效率的经济企业"。这说明企业创新和制度创新是推动企业发展的重要因素。

在制度文化创新过程中，既要符合法律逻辑，也要符合道德情感逻辑。因为制度规范与人性之间存在内在的联系，如果制度规范与人性不相容，那么制度规范将失去生命力。在企业制度文化创新实践中，一方面要重视以理性和效率原则为基础的正式制度文化的创新；另一方面，也不能忽视以情感和人性为本的非正式制度文化的培植。

近年来，西方大公司加快了重组、合并、兼并的步伐，进行企业创新、制度创新，目的是为了赢得新的竞争优势。在重组和兼并过程中，不同的企业文化存在着碰撞、整合的过程，这个过程也是新的、包容性更强的企业文化形成的过程。在我国，企业制度创新还存在着一些问题，如政企关系问题、企业内部领导体制和企业管理制度问题、国有资产经营管理和监督体制问题，以及如何规范改制等问题，无不表明我国企业制度创新的任务还相当艰巨。

2）思维方式创新

思维是人类的理性认识过程，是人脑对客观事物间接和概括的反映，思维方式创新是指改变传统的思维习惯和逻辑起点，形成一套全新的思考的方式和方法，释放一种内在的创造力。建立和形成一种新的思维方式，实际上是获得了一枚分析和解决理论及现实问题的金钥匙，使企业能从全新的视角、新的高度对企业文化进行定位和理解，对企业行为、竞争策略、生存方式等另辟蹊径，对企业目标的实现起到定位准确、捷足先登的功效。

20世纪80年代以来，美国企业的持续创新使其国际竞争力多年雄踞榜首。思维创新是深层次理性化的哲学创新，是新思路和新方法的母体。有了新的科学的思维方式，才会有新的思路和新的出路，而新的思路和方法能给企业发展带来现实的有效出路和良好效益，这也是不少企业取得成功的关键所在。企业要想长盛不衰，唯有不断的自我扬弃、自我否定，不断进行思维方式的创新。

3）企业家精神

企业家精神是指企业家特殊技能（精神和技巧）的集合。因此，培育卓越的企业家队伍是21世纪各国经济发展的重要依托。企业竞争或国家之间的经济竞争从形式上看似乎是产品的竞争、劳务的竞争和科技的竞争，但实质上却是企业家和企业文化之间的竞争。成功的企业文化是成功企业家的人格化，是企业家德才、创新精神、事业心、责任感的综合反映，是企业家在长期实践活动中总结提炼出来的。成功的企业家在企业中既是成功的管理者，又是员工的精神领袖，他们以自己的新思维、新观念、新的价值判断来倡导和培植企业文化，这种企业文化既具有时代特色,又与本国传统精神相融合,是先进、科学、有生命力的文化与现代企业的完美结合。

我国企业目前在竞争力上与世界优秀企业存在较大差距,一个重要的原因便是企业家队伍建设跟不上时代发展的步伐。企业经营者普遍存在学历低、观念陈旧、创新能力差的问题。而要真正实现企业文化的创新,必须在制度上为企业家的成长创造宽松的条件。

4) 中国特色与国际惯例

中华文明有几千年的历史,从历史长河中流淌下来的文化是企业文化建设与创新中取之不尽的源泉。企业要充分发挥优秀传统文化的优势,就应该把历史传统当作一种资源,采取积极开发、巧妙利用的态度。继承和发扬优秀的传统文化,还只是企业文化创新的一部分,另一部分是如何吸纳外来文化。在全球经济一体化的趋势下,在我国加入WTO之后,企业竞争的规则越来越趋于国际惯例,外国企业及其产品成批地涌向中国,造成企业活动全球化、抢占市场白热化。企业面对国际化竞争,必须通过实施企业文化创新战略,主动吸纳外来文化的精髓。总而言之,企业的中国特色不能丢,国际准则也必须遵守,即中国特色一定要符合国际惯例,这也是世界经济一体化、企业竞争国际化的必然要求。

5) 企业文化创新需要注意的问题

(1) 企业文化创新必须首先转变观念。企业文化创新是指整个企业的价值观、企业精神、企业目标、企业制度、企业道德、企业文化礼仪等的转变。在这一转变过程中,核心问题是企业价值观的转变。

(2) 特色是企业的生命,企业文化创新也应突出企业的特质。

(3) 企业文化创新过程中,要注意避免走过场。

(4) 企业文化创新过程中,要避免出现从众行为。正确的做法是立足于自己的实际情况,取他人之长补自己之短。

总之,塑造企业文化、创新企业文化是企业生存发展中的良策,因为在市场经济下,企业问题归根结底是人的问题,也就是企业文化的问题。

[案例] 广汇汽车服务公司的企业文化

广汇汽车服务股份公司(以下简称广汇汽车)是中国最大的乘用车经销与服务集团、中国最大的豪华乘用车经销与服务集团、中国最大的乘用车融资租赁提供商及中国汽车经销商中最大的二手车交易代理商。广汇汽车拥有行业领先的业务规模、突出的创新能力,是中国乘用车经销与服务行业中的领先企业。

(1) 企业愿景:成为最有价值的世界500强企业,成为最优秀的国际化汽车服务经销商集团。

(2) 企业精神:追求卓越,科学发展。

(3) 企业使命:建立管理和服务标准,成为行业标杆;成为对社会有责任感的企业。

(4) 企业经营理念:以人为本客户至上。

(5) 企业经营目标:提供员工发展平台;提升客户满意度;建立良好的厂商关系;创造长期的股东价值。

(6) 企业核心价值观:以人为本、专业执着、高效创新、绩效导向、无私奉献、共享企业发展成果。

(7)企业工作作风:认真、用心、激情、信念、决心。

第三节　汽车服务企业形象塑造

在现代市场经济中,企业形象是一种无形的资产和宝贵的财富,可以和人、财、物这三种资源并列,其价值甚至还可以超过有形的资产。在当今国际市场,竞争越来越激烈,企业之间的竞争已经不仅仅是产品、技术、质量等方面的竞争,现在的市场竞争首先是形象的竞争。推行企业形象塑造,实施企业形象战略,已成为现代企业的基本战略。

一、企业形象塑造的基本原则

任何企业要想在公众中建立信誉,保持良好的形象,并不是一件容易的事,因而必须注意遵循以下几条原则。

1. 社会认同原则

企业形象是企业与社会沟通的窗口、桥梁和纽带,社会认同是检验企业形象根本的标准,也是唯一的标准。企业形象的设计与塑造并非是企业单方面的行为,还是企业与社会互动互馈的双向交流过程。企业在形象塑造时,首先要重视并予以充分考虑的是来自社会的意见和建议,尤其是主要顾客群体的意见和建议,切忌主观主义和片面性。

2. 信誉形象至上原则

诚信是企业在市场竞争中最有效的武器,也是企业形象中的皇冠。可以说信誉形象至上是企业的安身立命之本。企业形象塑造就是要向公众持续不断地传达信誉至上的理念,取得公众的信赖和认同,以培养企业发展壮大的根基。纵观国外的"长寿公司"和国内的百年老店,他们无不以诚信享誉于世,有口皆碑。因此,信誉至上原则是企业形象塑造的根本原则。

3. 凸显特色形象原则

企业要给公众留下深刻的印象,除了诚信以外,还必须避免趋同,要凸显特色。这需要企业形象塑造的视野不仅要面向企业内部,更要投向企业外部,研究顾客的需求,研究对手的策略。只有这样,才能凸显特色形象,取得效果。

4. 总体形象原则

企业留给社会公众的形象是整体印象,即企业的总体形象。而企业的总体形象塑造是建立在企业各个形象基础之上的,因此要注意企业各方面形象的塑造及其集成。

5. 领导身教原则

企业形象的塑造,必须从领导自身抓起。领导要率先垂范,身体力行,带头树立形象、抓形象、管形象。榜样的力量是无声的命令,只要领导形象树立起来了,企业形象塑造的工作就会事半功倍。

二、企业形象塑造的基本程序

企业形象塑造的基本程序如下:

1. 分析企业形象现状

分析企业形象的现状,就是对本企业进行企业形象的调查,包括企业总体形象和信誉等企业实情调查。企业可通过调查表了解,也可询问顾客对企业的印象,或者与企业内部员工座谈,认真考察本企业的企业形象现状。在此基础上,客观地分析企业内外对企业形象的认同情况,分析企业的知名度,并做出正确的企业形象现状评估。

2. 总体规划企业形象

在明确企业形象现状的基础上,企业要根据塑造企业形象的基本原则和企业的具体情况,制定出塑造良好企业形象的总体规划以及应达到的具体目标。

3. 设定企业形象

在企业领导带领下,由领导和各部门共同完成企业形象的设定,可借助企业识别系统进行企业形象的设计与管理。

4. 展示企业形象

把设定的企业形象概念应用于具体的载体上或活动中,即将企业观念应用于企业标志、企业造型、象征图案上,应用于新闻发布会、产品展览会、销售洽谈会等方面。总之,要努力使良好的企业形象在社会公众心目中产生共鸣效果,让社会公众对企业形象产生深刻印象。

5. 企业形象的全面总结、监控与反馈

首先,将企业的期望形象和实际形象进行比较,充分肯定成绩,总结经验。其次,分析企业形象塑造中存在的问题及主客观的原因,再次提出企业形象塑造的新思路,不断创造新的经验,将塑造良好的企业形象活动提高到一个新的水平,使其做出新的贡献。需要注意的是,企业形象塑造不是静态的,而应该是动态的信息流管理。为了实现形象塑造的目标,企业必须对企业形象管理的过程进行监控,对企业形象管理的效果进行收集反馈,并采取相应的措施进行动态完善。

三、汽车服务企业形象塑造的基本方法

1. 提升内部形象

1)确立崇高的汽车服务企业价值观

汽车服务企业价值观,一般包括以下内容。

(1)把国家利益和消费者利益放在首位,向顾客提供一流的汽车产品和汽车服务。

(2)员工是企业的主体,充分发挥员工的积极性、主动性和创造性,培养员工的集体精神,强化汽车服务企业的存在价值、增进内部团结和凝聚力,形成一种"自上而下"的团结意识和"企业是我家"的归属感。

(3)强调企业之间、部门之间、职工之间的互相沟通和协作,创造良好的企业软环境。

2)提高汽车服务质量

消费者和社会公众主要是通过汽车产品和服务来了解与评价一个汽车服务企业的。因此,塑造汽车服务品牌形象要在提高汽车产品和汽车服务质量上下功夫,做好汽车售前和售后服务。只有汽车产品和汽车服务质量提高了,才有可能在社会公众心中树立起良好的服务形象,从而促进汽车服务企业形象的提升。

2. 实施企业形象识别系统(CIS)设计

汽车服务企业可以应用企业识别系统,对自身的理念文化、行为方式以及视觉识别进行科学而系统的革新设计,进行统一传播,使企业形象鲜明而富有感染力,以获得企业内外公众的认同,提高企业形象。

3. 创建品牌服务形象

汽车服务企业整体形象塑造要与企业品牌相结合,要为创造良好的企业品牌服务形象保驾护航。品牌化商品已成为当今市场经济中的最基本细胞,品牌是企业最重要的形象资产和集中体现,已成为企业的基本生存门槛和发展的动力。因此,汽车服务企业应努力创建品牌汽车服务形象,并开展相应的研究。

4. 提升企业外部形象

塑造良好的汽车服务企业外部形象的手段是加强广告宣传及公关活动,具体手段主要有:

(1)通过汽车产品、服务广告和企业形象广告等传播媒介,广泛、反复宣传企业的服务目标、宗旨和价值观等。

(2)参与社会公益事业活动,如在春节来临时对车辆提供免费检测诊断,讲解行车安全知识,为春节回家返乡及驾车出行者的安全保驾护航。企业通过这些社会公益活动来提升公众形象,其效果与产品广告有同样的社会影响力。

(3)汽车服务企业形象标志、徽记及建筑造型给人以深刻的印象,有利于企业形象的塑造。

(4)赞助举办引人瞩目的活动,比如体育运动会、大型文艺演出等,引起社会舆论和公众对汽车服务企业的关注。

(5)同新闻、宣传、舆论机构保持密切的关系,及时向外界报道企业动态,加深公众对汽车服务企业形象的认识。

四、汽车服务企业形象设计

企业形象识别系统(CIS)是将企业经营理念与精神文化传达给企业内部与社会大众,并使其对企业产生一致的认同感或价值观,从而达到形成良好的企业形象和促销产品目的的设计系统。企业形象包括企业理念、企业行为和企业视觉三大基本要素,企业形象识别系统则由企业理念识别(MI)、企业行为识别(BI)和企业视觉识别(VI)三个部分构成。企业形象识别系统如图9-2所示,这些要素相互联系、相互作用、有机配合,企业形象正是通过企业形象识别系统设计展示出来的。

1. 企业理念设计

企业理念,是企业在长期的经营实践中形成的并为员工所认同和接受的企业哲学、企业目标、价值观念、企业精神的结合体。企业理念是企业的灵魂,制约着企业运行的方向、速度、空间、机制和状况,反映了企业长期经营与繁荣而确立的战略目标,是企业员工精神力量的基础,成为企业市场行为和社会行为的规范准则,也是构成企业形象最基本、最重要的要素。

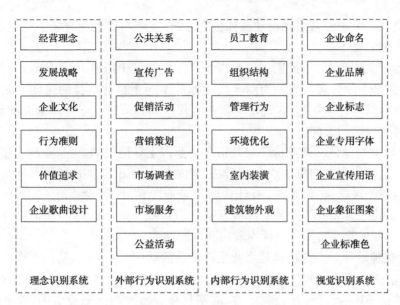

图9-2 企业形象识别系统

1)企业理念设计的原则

企业理念设计,是要确定或提升企业的经营宗旨、经营方针、价值观和精神风貌,目的是增强企业理念的识别力和认同力,因此作为灵魂的企业理念设计,必须遵循如下原则:

(1)个性化原则。企业理念的个性化,就是要在其设计中,从企业经营目标、自身环境、内部条件、历史传统、独特风格等因素出发,找出本企业与其他企业的理念差异,从而创造出独具个性的企业理念。

(2)民族化原则。企业理念设计,应根据自身的民族精神、民族习惯、民族特点,来体现本民族的形象。"只有民族的,才是世界的":企业理念的民族化,只有在民族文化的范围内得到普遍认同,才能在世界范围内弘扬企业的民族文化个性。中国现代企业的理念设计,固然要赋予社会主义市场经济条件下新的内涵,但也必须坚持和弘扬民族精神。

(3)概括化原则。企业理念设计应用简洁的文字,精确、明白、概括地表示出来。这种高度概括的企业理念,既要易读、易记、易懂,又便于向公众传达。

根据上述原则,在企业理念设计过程中,首先,要搞好企业内外调查,既要了解企业的经营方向、行业特点及运行状况,又要了解企业的社会地位、公众期望及实际业绩,通过分析和比较,以确定企业理念的诉求方向。其次,要在调查与分析的基础上,把构成企业理念的经营宗旨、经营方针、经营价值观及企业精神等基本要素加以界定,以确定其基本含义。再次,要用准确、简练的语言文字,借以表达企业理念。这种文字表达要富有哲理、引人思索、生动形象、动人以情,以增强理念的感染力。

2)企业理念设计的内容

企业理念设计,包括企业经营宗旨设计、企业经营方针设计、企业价值观设计、企业精神设计等。

(1)企业经营宗旨设计。任何企业的生产经营活动,都有自己的经营目的。企业经营宗旨是企业经营的最高目标和根本目的,它体现了企业的理想与追求。企业经营宗旨设计,实质上是企业自身的社会定位。企业经营目标定位涉及如何处理经济目标、社会目标和文目标之间的关系。企业经营宗旨设计或社会定位,直接影响着企业与社会的关系,决定着企业的生存与发展。

(2) 企业经营方针设计。经营方针是指企业在经营思想指导下,为实现经营宗旨所确定的基本原则,它是企业一切活动的指南。经营方针不同于企业本身的工作守则、行为标准、操作要求等各种具体行为规范,它规定了企业经营活动必须统一遵守的最高准则,保证企业发展不可偏离所规定的方向。

(3) 企业价值观设计。企业价值观是指在企业占主导地位的、为企业绝大多数员工所共有的对企业经营行为意义的总观点和总看法,它是整个企业理念的基础。企业价值观是企业中占主导地位的观念,也就是说,有什么样的企业价值观,就会有什么样的企业宗旨、使命、经营方针及其行为规范等。企业价值观通过潜移默化的形式渗透到企业经营管理活动的全过程,决定着企业及其员工的行为取向和判断标准。

(4) 企业精神设计。企业精神是企业生产经营活动中,为谋求自身的存在和发展而长期形成的,并为企业员工认同和接受的一种先进群体意识。企业精神是企业的精神动力,代表着企业员工的精神风貌,渗透在企业宗旨、战略目标、经营方针、职业道德、人事关系等各个方面,反映在厂风、厂纪、厂容、厂誉等各个层面上。企业精神对企业员工具有强大的凝聚力、感召力、引导力和约束力,能够增强员工对企业的信任感、自豪感和荣誉感,并使外界通过企业精神产生对企业的信任和好感,获得社会公众的认同和支持。

2. 企业行为识别设计

当企业理念设计完成之后,紧接着就要进行企业行为识别设计。企业行为识别是企业理念的传播形式,它涵盖了企业内部和外部所有经营管理活动,通过企业的具体行为来塑造企业形象。同企业理念识别相比,企业行为识别内容具体,实实在在,便于操作,是企业理念的外化或表现。

1) 企业行为识别的结构

企业行为识别贯彻于企业整个生产经营活动中,规范着企业的组织、管理、教育、生产、开发以及对社会的一切活动。具体来说,企业行为识别由对内和对外两个方面所构成:

(1) 企业内部行为识别。是指在独特的企业理念指导下,通过员工教育等一系列活动,使企业理念渗透到企业及其员工的行为之中,以形成和提升企业形象。它主要包括员工教育、组织设计、强化管理、环境建设、研究开发、福利制度、行为规范、企业文化建设等。通过企业内部这些活动,全面提高企业素质,特别是每个员工的素质,达成共识,使每名员工为实现企业目标而竭尽全力。

(2) 企业外部行为识别。是指在独特的企业理念指导下,通过广泛而有成效的对外经营活动,取得社会公众的广泛认同,达到理解、支持企业的目的。它主要包括市场调查、产品开发、市场服务、营销策划、公关活动、广告宣传、公益活动等。通过这些活动,将企业宗旨、商品质量、人员素质、经营特色、工作绩效等企业形象信息,传播给消费者及其他社会公众,使社会公众对企业产生认同感和信赖感,从而在社会公众中树立成功的企业形象。

2) 企业行为识别设计的内容

(1) 员工教育设计。员工既是企业管理的主体,又是企业管理的客体。员工作为管理主体,就要具有较高的政治素质、文化素质、技术素质和操作技能;员工作为管理客体,也要具有较高的政治素质、文化素质以及理解、接受、遵从管理者的要求。企业员工的这些素质状况直接决定着企业的生存与发展,并影响企业的形象。为造就高素质的员工队伍,就要加强对员工的教育与培训。

(2)组织结构设计。现代企业组织的基本结构,主要有三种可供选择的结构模式,即功能垂直结构模式(U型结构)、事业部型分权结构模式(M型结构)和母子公司分权结构模式(H型结构)。

(3)管理行为设计。企业管理行为是企业为实现企业目标而在生产经营领域中所进行的管理活动,主要包括计划管理、生产管理、质量管理、技术管理、财务管理、营销管理、人事管理、基础管理等内容。

3. 企业视觉识别设计

企业视觉识别设计是继企业理念和企业行为识别设计之后的又一重要识别设计。它是企业理念和行为识别的集中而直接的反映,是将企业识别系统中非可视的内容转化为静态的识别符号,以丰富多样的应用形式,在最广泛的层面上,塑造独特的企业形象。

企业视觉识别是企业整体形象的静态识别符号系统,它是通过个体可见的识别符号,经组织化、系统化和统一化的识别设计,传达企业经营理念和情报信息的形式。企业视觉识别涉及项目最多,层面最广,效果也最直接,可使社会公众快速而明确地识别和认知企业。

企业视觉识别一般由基本要素和应用要素两大部分构成。企业视觉识别的基本要素主要包括:企业名称、企业标志、企业标准字、企业标准色、企业造型和象征图案、企业专用印刷字体、企业宣传标语和口号、企业吉祥物,等等。这些要素是表达企业经营理念的,它要求形式与内涵的完美统一。企业视觉识别的应用要素,主要包括:事务性办公用品、办公室器具设备和装饰、招牌旗帜标示牌、建筑物外观群落、衣着制服、展览橱窗、交通工具、广告媒介、产品包装、包装用品、展示陈列、工作场所规划,等等。这些要素是传达企业形象的具体载体,因此在对应用要素所包括的内容进行设计时,必须严格遵循基本要素的规定,使应用要素能够形成统一的视觉形象。

在企业视觉识别的诸要素中,企业名称、企业标志、企业标准字、企业标准色等基本要素的设计最为重要。

[案例]汽车4S店的形象设计

1. 汽车4S店外部形象

1)外墙及灯光设计

确保建筑整体完好、整洁、干净,定期清洁维护。如遇雨雪等恶劣天气,应及时安排人员清洁维护;确保建筑外部各类设施整体完好、整洁、干净,标牌字体清晰,色泽良好,照明正常。建筑外部设施每天检查一次,如有缺失、损坏,应立即修复或更换。

展厅正门入口处显著位置悬挂营业时间牌、销售公告和服务热线。

每日检视展厅灯光亮度,营业时间内维持明亮的照明。保证各类徽标、塔标、看板、品牌背景墙、重点展示台、设备等在17:30到翌日6:30通宵照明。

2)玻璃幕墙设计

玻璃幕墙应保持洁净,每月清洁一次。如遇雨雪等恶劣天气,应在天气好转后及时清洁;玻璃幕墙内外不得悬挂非厂家认可的宣传海报或喷绘广告;展厅玻璃幕墙内外3m以下严禁摆放、悬挂装饰物和广告,装饰物和广告面积不得超过玻璃幕墙面积的15%。

3) 外部标志设计

4S店外部标志是留给到店客户和路过客户的第一、直观印象。专营店外部标志包括标志牌、指示牌、各类广告招贴、立柱等。客户到店后,要让客户感受到视觉清晰、统一,进店便捷和指向明确。

专营店外部设置的名称标志,包括图画、文字、尺寸、色调等,品牌汽车公司都有明确规定。应确保字迹清晰、明亮、整洁,整体无破损、锈蚀,干净整洁,视觉形象良好。如果有褪色或损坏,需要及时更换。

一般厂家规定,各种标志牌和广告应设立在通往专营店途中客户视线容易触及的地方,能够向来店客户明确指引到店方向和店内布局。要求每个月清洁两次,并有专人负责执行。

4) 外部区域划分

对专营店外部区域划分,要方便客户及专营店内部车辆停放;出入口及通道标志清晰;行车方向指示箭头、进出通道隔离黄线、车位格标志清楚;标线不清晰应及时补漆。

停车功能区标志牌清晰;停车区域随时保持整洁,每天检查一次。停车时车头朝向通道,倒进车位,方便驶出。客户车辆和试驾车辆安排在展厅正面停放。

2. 汽车4S店入口及内部标志

展厅入口处铺设印有厂家标志的地毯,应保持清洁,每早清洗一次;电动门工作状态良好,每日上、下午各清洁一次;展厅入口处一侧放置雨伞架和印有厂家标志的备用雨伞。

专营店内部标志包括导向看板、职能部门指示牌等,要确保内部所有标志字迹清晰、明亮、整洁,整体无破损、锈蚀,视觉形象良好;客户到店后要能够帮助客户依据自身需求迅速、准确地找到相应的职能部门,同时向客户提供更多有关产品的信息,实现总体视觉清晰、统一、导向明确;如果有褪色或损坏,需要及时更换。导向看板应设立在店内客户容易看到的地方,能够向客户明确指引各服务方向和布局;职能部门指示牌应固定在规定的位置,不得有任何遮盖、污损。内部标志每日清洗一次,并有专人负责执行。

3. 汽车4S店展厅

1) 展厅整体

(1) 展厅内、外墙面和玻璃墙等保持干净整洁,应定期(1年/半年)进行清洁。

(2) 相关标志的使用应符合各品牌汽车公司的有关要求。

(3) 按各品牌汽车公司的要求悬挂标准的销售服务店营业时间示意牌。

(4) 展厅的地面、墙面、展台、灯具、空调、视听设备等保持干净整洁,墙面无乱贴的广告海报等。

(5) 展厅内摆设有斜立展示牌,展示牌上整齐放满与展示车辆相对应的各种车型目录。

(6) 展厅内保持适宜、舒适的温度,依照标准保持在25℃左右。

(7) 展厅内的照明要求明亮,令客户感觉舒适,依照标准照度在800Lux左右。

(8) 展厅内须有隐蔽式音响系统,在营业期间播放舒缓、优雅的轻音乐。

(9) 展厅内所有布置物应使用各品牌汽车公司提供的标准布置物或按各品牌汽车公司标准制作的布置物。

2) 车辆展示区

(1) 每辆展车附近的规定位置(位于展车驾驶位的右前方)设有汽车车型说明架,说明架上摆放与该展车车型一致的汽车说明书。

(2) 展车之间相对的空间位置和距离、展示面积等参照《各品牌汽车公司销售服务店设计准则》中的"展示布置规范示意图"执行。

(3) 其他项目参照《展车规范要求》以及《各品牌汽车公司销售服务店设计准则》中的"展示布置规范示意图"执行。

3) 业务洽谈区

(1) 业务洽谈区沙发、茶几等摆放整齐并保持清洁。

(2) 业务洽谈区桌面上备有烟灰缸,烟灰缸内若有3个以上(含3个)烟蒂,应立即清理;每次在客人走后应立即把用过的烟灰缸清理干净。

(3) 业务洽谈区设有杂志架,摆设相关车型的宣传资料。

(4) 业务洽谈区需摆放绿色植物盆栽,以保持生机盎然的氛围。

(5) 业务洽谈区配备有大屏幕彩色电视机、影碟机等视听设备,在营业时间内可播放各品牌汽车公司广告宣传片或专题片。

4) 顾客接待台

(1) 顾客接待台保持干净整洁,台面上不可放任何杂物,各种文件、名片、资料等整齐有序地摆放在台面下,不许放置与工作无关的报纸、杂志等杂物。

(2) 顾客接待台处的电话、计算机等设备保持良好的可使用状态。

5) 卫生间

(1) 卫生间应有明确、标准的标志牌指引,男、女标志易于明确区分。客人和员工分离,由专人负责卫生打扫与清洁,并由专人负责检查与记录。

(2) 卫生间的地面、墙面、洗手台、设备用具等各部分保持清洁,台面、地面不许积水,大、小便池不许有黄垢等不干净的物质。

(3) 卫生间内无异味,应采用自动喷洒香水的喷洒器来消除异味。

(4) 卫生间内相应位置应随时备有充足的卫生纸,各隔间内设有衣帽钩,小便池所在的墙面上应悬挂赏心悦目的图画。

(5) 适度布置一些绿色植物或鲜花予以点缀。

(6) 卫生间洗手处需有洗手液、烘干机、擦手纸、绿色的盆栽等,洗手台上不可有积水或其他杂物。

(7) 在营业期间播放舒缓、优雅的背景音乐。

6) 儿童游乐区

(1) 儿童游乐区有专人负责儿童活动时的看护工作(建议为女性),不宜离楼梯、展车、电视、斜立展示牌、汽车车型说明架等距离太近,但能使展厅里的顾客看到儿童的活动情况。

(2) 儿童游乐区要能够保证儿童的安全,所用的儿童玩具应符合国家有关安全标准要求,应用相对柔软的材料制作而成,不许采用坚硬锐利的物品作为儿童玩具。

(3) 儿童游乐区的玩具具有一定的新意,色调丰富,保证玩具对儿童有一定的吸引力。

4.展车规范要求

1)车身和车外部分

(1)展车车身经过清洗、打蜡处理,保持清洁,风窗玻璃保持明亮。

(2)展车四个轮胎下方放置标准的车轮垫板,位置正确,图标正立。

(3)轮胎经过清洗、上光;展示车辆轮辋盖上的品牌标志保持水平,各轮胎内侧护板要刷洗干净,没有污渍。

(4)车前方与后方安装牌照处需配备标准的车铭牌。

(5)除特殊要求外,展车的车门要保持不被上锁的状态,供客户随时进入车内。

(6)展车左右对应车窗玻璃升降的高度保持一致。

(7)车身上不许摆放价格板、车型说明、宣传资料等其他非装饰性物品。

2)车内部分

(1)汽车发动机室可见部分、可触及部位等经过清洗、擦拭干净,挡风玻璃与其下沿塑料件结合部位应无灰尘。

(2)行李舱应保持干燥洁净,工具、使用手册等物品摆放整齐,无其他杂物。

(3)汽车油箱内备有一定的汽油(不少于5L),确保汽车可随时发动。

(4)车厢内部保持清洁,应去除座椅、遮阳板、转向盘、天窗、门把手(包括后车灯)等部件上的塑料保护套。

(5)中央扶手箱、副驾驶位的手套箱、车门内侧杂物箱、前座椅靠背后的物品袋内均不能存放任何杂物。

(6)前排座椅在前后方向上移至适当的位置(保证普通驾乘者较方便驾驶),并且两座椅靠背向后的倾角保持一致。

(7)车内后视镜和左右后视镜配合驾驶位相应地调至合适的位置,并擦拭干净,不留手印等污迹。

(8)各座椅上的安全带摆放整齐、一致。

(9)车内CD机的机盒中应装有CD试音碟或DVD,可供随时播放,收音机预设已调频完好的收音频道(调至调频立体声音乐台或当地交通台)。

(10)车内的时钟调至准确的时间。

(11)车内要进行异味处理,并可以在车内放置香水或其他装饰物,营造气氛。

(12)车内地板上铺有脚踏垫,并保持干净整齐。

(13)车厢内不许有价格板、CD碟片、车型说明、报纸杂志等其他物品。

(14)所有电器开关应置于关(OFF)的位置。

参 考 文 献

[1] 魏云暖.汽车服务企业管理[M].北京:机械工业出版社,2016.
[2] 许兆棠.汽车服务企业管理[M].北京:机械工业出版社,2015.
[3] 高青.汽车服务企业管理[M].北京:机械工业出版社,2015.
[4] 李美丽.汽车服务企业管理[M].上海:上海交通大学出版社,2012.
[5] 许兆棠.汽车服务企业管理[M].北京:机械工业出版社,2015.
[6] 刘树伟,郑利民.汽车服务企业管理[M].北京:清华大学出版社,2012.
[7] 高青.汽车服务企业管理[M].北京:机械工业出版社,2015.
[8] 许兆棠.汽车服务企业管理[M].北京:机械工业出版社,2015.
[9] 魏云暖,詹芸.汽车服务企业管理[M].2版.北京:电子工业出版社,2016.